U0319625

WHY THE GERMANS LOST

THE RISE AND FALL OF THE

BLACK EAGLE

黑鹰坠落

德意志战史二百年

（英）布赖恩·佩雷特 著 付稳 译

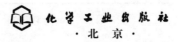

化学工业出版社
·北京·

Why the Germans Lost:the Rise and Fall of the Black Eagle, 1st edition by Bryan Perrett
ISBN 978-1-78159-197-0

Copyright©2013 by Bryan Perrett. All rights reserved.
Translation copyright©2024 by Beijing ERC Media, Inc.
First published 2013 by PEN & SWORD MILITARY
This edition published 2013 by PEN & SWORD MILITARY

北京市版权局著作权合同登记号：01-2018-7415

图书在版编目(CIP)数据

黑鹰坠落：德意志战史二百年/（英）布赖恩·佩雷特（Bryan Perrett）著；付稳译. —北京：化学工业出版社，2023.4
书名原文：Why the Germans Lost
ISBN 978-7-122-42913-1

Ⅰ.①黑⋯ Ⅱ.①布⋯ ②付⋯ Ⅲ.①战争史–德国 Ⅳ.①E516.9

中国国家版本馆CIP数据核字（2023）第031989号

责任编辑：王冬军　张丽丽　　　　　　装帧设计：水玉银文化
责任校对：边　涛　　　　　　　　　　版权编辑：金美英

出版发行：化学工业出版社（北京市东城区青年湖南街13号
　　　　　邮政编码100011）
印　　装：盛大（天津）印刷有限公司
880mm×1230mm　1/32　印张 10$\frac{1}{2}$　字数 256千字
2024年3月北京第1版第1次印刷

购书咨询：010-64518888　　　售后服务：010-64518899
网　　址：http://www.cip.com.cn
凡购买本书，如有缺损质量问题，本社销售中心负责调换。

定　价：89.00元　　　　　　　　　　　　版权所有　违者必究

目 录

◇——◇

WHY
THE GERMANS
LOST

THE RISE AND FALL OF THE BLACK EAGLE

第 01 章

普鲁士

17 世纪末，北欧那片被称为普鲁士①的土地贫穷、落后、贫瘠，当时的强国对它几乎或根本不感兴趣。在这片土地上生活着的少数有野心的家族之一，便是霍亨索伦家族（the Hohenzollerns）。霍亨索伦家族本是狭小的勃兰登堡（Brandenburg）飞地②的封建领主。他们一方面通过购买，一方面靠着为神圣罗马帝国皇帝效力，逐渐实现了领地的扩张。在当时，所有德意志的贵族都臣服于神圣罗马帝国皇帝。终于，当时机来临时，勃兰登堡选帝侯③通过巧施手腕，加之以威逼，赢得了神圣罗马帝国皇帝的重大让步，获得了称自己为普鲁士国王的权利。

　　1713 年，普鲁士的王位传给了时年二十四岁的腓特烈·威廉一

① 普鲁士（Prussia）：欧洲历史地名，位于德意志北部，1525~1701 年为普鲁士公国，其中 1618 年与勃兰登堡公国合并。1701~1918 年为普鲁士王国，其中 1701 年，勃兰登堡选帝侯兼普鲁士公爵腓特烈一世（Frederick I，1657~1713 年）支持神圣罗马帝国皇帝向法国波旁王朝宣战，借以换取普鲁士国王称号。在德国威玛共和国和纳粹德国时期，普鲁士则指普鲁士自由邦。——译者注
② 飞地：指隶属于某一行政区但并不与本区毗连的土地。——编者注
③ 勃兰登堡选帝侯（Elector of Brandenburg）：即勃兰登堡的领主。选帝侯是德国历史上的一种特殊现象，指德意志诸侯中有权选举神圣罗马帝国皇帝的诸侯。这一制度从 13 世纪中期开始实行，一直到 1806 年神圣罗马帝国灭亡为止。——译者注

世[①]。腓特烈·威廉一世性格严厉、强势、果断，并且残酷无情，喜好暴力，总是让臣民不寒而栗。他的抱负是将普鲁士提升到欧洲大国的行列。为此，他认识到必须获得两样东西——经济和军事实力。于是他立即着手稳固国家财政，将原本弱小的军队扩充到89000人。他能做到这一点，一方面是因为他在贵族和乡绅阶层征募军官，让臣民因对他的景仰而从军；另一方面通过激励措施，招募外国人入伍。

腓特烈·威廉一世对士兵的训练全面彻底，且演习频繁，军纪严酷。有一种惩戒措施叫"骑木马"。"木马"的马背两侧各由三四片斜木板组成，违反军规者便要坐在这瘦削的马背上，两条腿各缚有重物，感受锥骨之痛。还有一种更叫人痛苦的责罚手段，叫"绑柱子"。柱子的基座两侧分别埋着尖桩，柱子顶端有两只铁环。违反军规者抱着柱子，赤脚踩在尖桩上，两只手腕穿过铁环，绑在一起。即便战争的残酷性质决定了严酷的军纪必不可少，这种惩罚手段也过于残忍；相比之下，英国军队的主要矫正措施鞭笞则显得微不足道。然而，让士兵害怕自己的长官甚于害怕敌人，这正是腓特烈·威廉一世的意图所在。此外，腓特烈·威廉一世热衷于演习和阅兵，其程度之深以至于人们都说（当然，是在私下里），腓特烈·威廉一世若天生不是国王，而是一名军事训练教官，他也会感到同样的快乐。当然了，就算是当教官，他也和同时代最残暴的那类人一样粗鲁凶蛮、脏话连篇。

然而，即便是外国人也承认，在所有欧洲军队中，没有哪支军队的步兵团能像腓特烈·威廉一世的步兵团那样可以随时投入战斗，只有一个明显的例外，那便是普鲁士军队口中的"巨人掷弹兵团"

---

① 腓特烈·威廉一世（Frederick William I 或 Friedrich Wilhelm I，1688~1740年）：普鲁士国王兼勃兰登堡选帝侯，绰号"士兵王"。腓特烈·威廉一世性格严厉，治军严格，喜好校阅军队，创立了"服从，服从，再服从"的"普鲁士精神"，为普鲁士日后的扩张打下了坚实的军事和经济基础。——译者注

（Riesen Garde）。"巨人掷弹兵团"的成员均是身高 6 英尺以上的男性，有的甚至有 7 英尺之高。[1] 为了募得这样的男性，国王的代理人从爱尔兰到俄罗斯，寻遍欧洲。每当带回这样的男性做新兵，他们便会获得丰厚的回报。当然，并非所有的巨人都是志愿来的。有很多巨人，包括至少一名牧师，是被粗暴地强行抓来的，并在途中遭到严密的看守。"巨人掷弹兵团"的维持费用达到了普通团级单位的八倍。想到腓特烈·威廉一世算是当世最抠门的吝啬鬼之一，这可能会令人感到吃惊。然而，他供养"巨人掷弹兵团"比供养霍亨索伦家族的王子王孙们的条件还好，这却正是他的自豪和乐趣所在。可是，问题在于，当涉及实战时，"巨人掷弹兵团"毫无用处。除了身高太高，很多成员还有严重的心脏疾病，其他器官和消化系统的健康状况普遍也很糟糕。除了做演习示范，供访问普鲁士宫廷的贵客消遣外，"巨人掷弹兵团"并不适合行军出征，因为他们吃不消那样的体能消耗强度，完全撑不了几天。所以，当腓特烈·威廉一世去世后，"巨人掷弹兵团"的规模便立即被缩减，退役的成员也都迫不及待地回归故里了。

　　腓特烈·威廉一世有十四个子女，其中十三个他都不喜欢，尤其讨厌剩下的那一个，即第四个孩子弗里德里希[2]，被后世称为"腓特烈大帝"的那个。弗里德里希从小由一男一女两位家庭教师带大。这两位家庭教师都是法国人，所以弗里德里希形成了对法国文化而非德意志语言和文化的偏爱。弗里德里希吹奏长笛、爱好文学、研究艺术，享受文明交谈的乐趣。然而，在他父亲眼里，所有这些都算不上男子汉的活动，因此也常为其招致鞭打。曾经有一次，他父亲甚至要拿一

---

① 1 英尺为 30.48 厘米。身高均在 6 英尺以上，即身高全部在 1.83 米以上。有的甚至有 7 英尺高，便相当于 2.13 米。——译者注
② 弗里德里希（Frederick）：即腓特烈二世（Frederick Ⅱ，1712~1786 年），普鲁士王国霍亨索伦王朝第三位国王（1740~1786 年在位），著名军事家、政治家、作家和作曲家，被后世尊称为腓特烈大帝（Frederick the Great）。——译者注

段绳子勒死他，鞭打更是家常便饭。有时候，父亲也会对他说"你还不如死掉的好"这样恶毒的话。17岁的时候，弗里德里希被迫入伍后，决定和一位朋友一起当逃兵，逃到国外去，但最后他们两人被抓住并被投进了监狱。腓特烈·威廉一世便逼着弗里德里希眼睁睁地看着他的朋友被处死。如果不是外交使团强烈反对，腓特烈·威廉一世可能会连弗里德里希也一并处决。

被释放后，弗里德里希不再那么叛逆。1732年，他接受委任，成为上校，在父亲封给他的鲁平（Ruppin）领地掌管一个团的兵力。这段时期，弗里德里希与法国作家、哲学家伏尔泰[1]成为朋友，并深受他的影响。这段友谊最重要的结果恐怕是弗里德里希形成了这样的信念：统治者是国家的仆人；如果战争有利于国家，战争就是可接受的政策工具。

1740年5月31日，腓特烈·威廉一世去世，留下了充实的国库，储存有900万塔勒[2]。此外，今人普遍认为，腓特烈·威廉一世也为他的继任者弗里德里希（即腓特烈二世）留下了一支强大的军队，但是事实上，这只是就训练极其严格的步兵而言。腓特烈二世通过向步兵配发铁质的推弹杆，进一步提升了步兵的质量。在当时，其他军队使用的尚是木质的推弹杆。木质推弹杆在使用过程中容易卡住、弯掉或折断，铁质推弹杆则没有这些问题，从而提高了枪支的射击速率。当普鲁士步兵行军准备战斗或战斗时，他们以缓慢的步伐前进，就像在伦敦皇家骑兵卫队阅兵场举行的阅兵仪式上一样。腓特烈二世认为，

---

[1] 伏尔泰（Voltaire）：原名弗朗索瓦－马利·阿鲁埃（François-Marie Arouet，1694~1778年），伏尔泰是其笔名，法国启蒙思想家、文学家、哲学家，主张开明的君主政治，强调自由和平等。——译者注
[2] 塔勒（Taler）：15世纪末主要铸造和流通于德意志等中欧地区的一系列银币，流通有400年之久。1753年奥地利和巴伐利亚（今德国巴伐利亚州）之间形成了关于统一货币规格的协定，之后进入"协议塔勒"时代，成为规范塔勒规格的最重要标志，随后德意志和中欧地区诸国先后加入这一协定。根据协议塔勒的标准，每枚塔勒（即1塔勒）银币约重28.06g，纯度833‰。——译者注

当需要变换阵形，如从行军的纵队变换为战斗队形或者从战斗队形变换为防守骑兵的方阵时，这种行进速度是来不及变阵的。于是，腓特烈二世将行军速度提高到每分钟七十二步，行进时膝关节伸直、脚尖向前。他认为，这样的速度和心脏的平均速率相当，有助于士兵保持镇定。这也是有一定道理的。不过，这种步伐不能与正步混淆。走正步时，每只脚要轮流重重地砸在地上。实际上，直到德意志帝国[①]时期，正步才被引入国内。虽然正步经常被非议，但这种步伐走得久了，的确可以锻炼腿部和腹肌。特别是，腓特烈二世坚决要求行进的纵队之间要保持绝对精确的间距，原因则在于，当命令下达，要求纵队向左或向右调转方向从而形成战斗队形时，如果纵队间的间距计算错误，要么战斗队形中会出现缺口，要么队伍会挤在一起，乱作一团，难以调度。

　　普鲁士骑兵部队由重骑兵和轻骑兵构成。重骑兵包括胸甲骑兵团和龙骑兵团。胸甲骑兵（cuirassier）穿着护住胸部和背部的胸甲，旨在冲击敌阵，施以粉碎性打击。龙骑兵（dragoon）最初是作骑马步兵用，所以他们在配备长剑的同时，仍装备着火枪；虽然龙骑兵也是旨在冲锋敌阵，给敌人带来决定性的打击，但他们不穿胸甲。轻骑兵由骠骑兵（hussar）组成，他们的标识是毛皮制鸟缨高顶帽和一排排的盘花纽扣短上衣。骠骑兵起源于匈牙利，虽然大量的骠骑兵团早已构成奥地利军队战斗序列的一部分，但他们被引入普鲁士军队的历史却相对较短。骠骑兵的正式用途包括派出骑哨、侦察、护卫、追赶败军，在进攻或撤退时提供掩护，当时机来临时向敌军的步兵或骑兵冲锋进

---

① 德意志帝国（German Empire）：德语"Deutsches Kaiserreich"。1871 年，普鲁士王国统一了除奥地利帝国外的德意志全境，德意志帝国建立；1914~1918 年的第一次世界大战后，霍亨索伦王朝最后一任皇帝威廉二世退位，德意志帝国灭亡。德意志帝国是当时的欧洲五大强国和世界列强之一，经济总量居世界第二，仅次于美国，超过英国和法国。它在历史上也被称为"德意志第二帝国"，因为德国人在论述其历史时，将神圣罗马帝国定义为"德意志第一帝国"。——译者注

攻等。枪骑兵（lancer）也不时地成为腓特烈二世军队的一部分，但他们要花更长的时间才在军队中占有永久的一席之地。枪骑兵的功能与骠骑兵类似。只有在追击敌军时，枪骑兵才最具战斗力、最致命；在与其他类型的骑兵进行近身肉搏时，枪骑兵则会处于劣势。

1740 年末，当腓特烈二世首次率军打仗时，骑兵的表现大不如人意。但过不了太久，普鲁士的骑兵会成为欧洲最精良的部队，这份功劳则属于两位高级将领。轻骑兵部队大大得益于汉斯·约阿希姆·冯·齐腾 [1] 将军的领导。冯·齐腾将军身材特别矮小，声音轻细，但脾气火暴，容不下任何个人的批评。想拿他开玩笑的人很快就会为自己的冲动而感到后悔，因为据说他跟人决斗了不少于七十四次而活到了最后；至于他对手的命运如何，似乎就没有什么详尽记载了。冯·齐腾出生于 1699 年，被人看作早过了战时服役的年龄也是理所当然的，但他自己却不这么认为。1763 年七年战争 [2] 结束时，冯·齐腾退役，但在 1778 年巴伐利亚王位继承战争 [3] 爆发时，他宣称已整装待发，要继续上阵杀敌。直至腓特烈二世亲自向冯·齐腾下令，他才被迫放弃这个念头。冯·齐腾卒于 1786 年。

重骑兵的成功要归功于弗里德里希·威廉·冯·塞德利茨 [4] 将军。塞德利茨的父亲也是一名骑兵军官。塞德利茨的父亲去世后，家庭经济拮据，他在 14 岁时便被送到了性情古怪的勃兰登堡-施韦特（Brandenburg-Schwedt）的弗里德里希·威廉（Friedrich Wilhelm）侯

---

[1] 汉斯·约阿希姆·冯·齐腾（Hans Joachim von Ziethen）：或称汉斯·恩斯特·卡尔·格拉夫·冯·齐腾（Hans Ernst Karl Graf von Zieten，1699~1786 年），腓特烈大帝时期的普鲁士元帅，著名骑兵将领。1763 年成为骑兵总监。——译者注
[2] 七年战争（Seven Years' War）：1754~1763 年发生在英国、普鲁士为首的阵营与法国、奥地利、俄罗斯为首的阵营之间的战争。这次战争在欧洲以攻城战、焚城以及伤亡惨重的野战而著称，战争共造成约 90 万~140 万人死亡。——译者注
[3] 巴伐利亚王位继承战争（War of Bavarian Succession）：1778~1779 年普鲁士与奥地利哈布斯堡家族因巴伐利亚王位继承问题而爆发的战争。——译者注
[4] 弗里德里希·威廉·冯·塞德利茨（Friedrich Wilhelm von Seydlitz，1721~1773 年）：普鲁士著名骑兵将军。——译者注

爵的小宫廷，做了一名侍童。在那里，他学会了享受烟草和女人带来的快乐，并以马术而闻名。他的英勇事迹多是关于骑马全速飞奔穿过或越过危险的障碍物，有一次则是疾驰穿过了风车快速转动的扇叶。

1740 年，塞德利茨接受任命，成为弗里德里希·威廉侯爵胸甲骑兵团的一名骑兵。两年后，已是骑兵中尉的塞德利茨被奥地利人包围，但是在被打败、俘虏之前进行了极为顽强的反抗。腓特烈二世目睹了这一幕，于是提出拿一名被俘的奥地利上尉来交换他这名中尉。1743 年，已被擢升为上尉的塞德利茨被调到骠骑兵团。在骠骑兵团，他将自己指挥的骑兵中队的战斗力提升到了极高的程度，乃至到了第二次西里西亚战争①时，他在二十四岁的年纪便被擢升为少校。1752 年，塞德利茨以中校军衔成为第 8 胸甲骑兵团的指挥官。很快，第 8 胸甲骑兵团被公认为普鲁士军队中的王牌，它的治军措施也被作为标准在全军推广。

然而，普鲁士骑兵在欧洲获得极高声誉，是在塞德利茨任将领的时候。塞德利茨多次率领骑兵部队瓦解敌军、大败敌军，或者在普鲁士军队自己被迫撤离时阻断敌军的追击。1763 年七年战争结束时，塞德利茨被任命为西里西亚的骑兵总监。在和平时期，普鲁士骑兵的大部分兵力都驻扎在西里西亚。腓特烈二世派遣最有前途的军官到塞德利茨那里学习治军打仗的精髓，塞德利茨的价值由此可见一斑。1767 年，被擢升为骑兵上将不久，塞德利茨便退役了。他的晚年生活因为与腓特烈二世的争吵以及不愉快的家庭生活而蒙上阴影。说到他不愉快的家庭生活，主要是他的妻子和两个女儿都不把婚姻生活中的忠诚当回事。塞德利茨卒于 1773 年，但他的名字却得到了最好的纪念：德

---

① 第二次西里西亚战争：在 1744~1745 年奥地利王位继承战争期间，普鲁士为争夺西里西亚而对奥地利发动的第二次战争。——译者注

意志帝国海军 ① 中最著名的一艘战列巡洋舰便是以他的名字命名。

从表面上看，腓特烈二世的炮兵部队和当时大多数欧洲的军队相似。表面上看，这支炮兵部队似乎实力强劲，但是仔细观察，会发现一些超大型火炮只是来自另一个时代的淘汰品，它们的性能既配不上将它们拖到战场所要消耗的人力，也不值得那么多火药的耗费。不过，大多数火炮是被称为步兵炮（battalion gun）的武器，能够发射3磅重的炮弹。每个步兵团会配发两门步兵炮，由步兵操纵，并常常有一名专业炮手辅助。在实际作战中，步兵炮由士兵用人力推动，根据战斗队形的变动而变动，并为战斗队形提供直接支持。那些超大型火炮很快被淘汰，虽然步兵炮继续列装使用了一段时间，但腓特烈二世还是为大部分炮兵部队统一配备了可以发射实弹或杀伤性霰弹的6磅炮、12磅炮和24磅炮，以及可以发射爆破榴弹的10磅榴弹炮。这些武器只能由专业的炮兵操纵，在沿着战线部署的炮列中发挥作用。1759年，腓特烈二世组建了一支配备6磅炮的骑炮兵团（horse artillery regiment），以便为骑兵的行动提供支持。但是，腓特烈二世最爱的武器是12磅炮，它被看作是终结战斗的撒手锏。另外，腓特烈二世对10磅高射角榴弹炮印象也很深刻，为每一组炮列都配备了一门这样的榴弹炮。视风与天气状况的不同，这种榴弹炮的最大射程可以达到4000步幅 ②，炮弹爆炸时粉碎一切，在反炮列任务中效果尤其突出。另一种高射角武器是短炮身迫击炮，这种迫击炮也可以发射爆破榴弹，往往在摧毁建筑物及加筑防御工事的城池时使用。

炮兵和工兵军官出身的阶层要比步兵与骑兵军官稍微低一些。这一点，加上他们兵种的技术特性，让他们与陆军军官团的其他成员有

---

① 德意志帝国海军：德意志帝国建立时创建的军队，于1871~1919年存续。——译者注
② 1步幅等于2.5~3英尺。——译者注

些不同。此外，炮兵部队本身也笼罩着一层"地狱妖术"的氛围，这是自中世纪便流传下来的，包含了许多无法消除的神秘甚至不合法的习俗。例如，普鲁士炮兵部队会理所当然地将占领的敌方城镇教堂的钟取下，送到柏林的军队铸造工手里，让铸造工把这些钟铸造成新的火炮。毫无疑问，在这种处置过程中，金钱易手了。如果神职人员提出反对意见，就会被告知，有意见可以与圣芭芭拉①探讨，而圣芭芭拉则是炮兵的"守护神"。

除了被历史学家称为"大帝"，腓特烈还有另一称号，是德国军界对他使用的极尽赞美之意的称呼，即"大将军"（The Feldherr）。"Feldherr"这个德语词没有确切的英文译法。虽然字典里简单将该词等同于英语里的"将军"（General），这却是有些过于简化了，因为英语中的"将军"一词并不能完整地表达"大将军"的含义。事实上，要用一个词来概括"大将军"的含义几乎是不可能的，因为该词最朴素的含义是指能力超乎寻常的军事统帅，这样的统帅本能地知道如何利用地形和自己部队的特点获得决定性的胜利。当腓特烈二世初次带兵打仗时，他这种天分还未明显表现出来，但是随着时间的推移，这种天分便成为腓特烈二世率军作战的特色，尽管战事的结果胜负不一。

---

① 圣芭芭拉（St Barbara）：公元3世纪罗马帝国的基督教"圣徒"和殉道者，在历史上，被西方奉为火炮、采矿、铸造等行业的"守护神"。——译者注

WHY
THE GERMANS
LOST

THE RISE AND FALL OF THE BLACK EAGLE

第 02 章

腓特烈大帝

1740 年 10 月 20 日，神圣罗马帝国皇帝查理六世（Charles Ⅵ）辞世。查理六世没有儿子，所以早在去世之前，他便想出一项措施，以确保王位的继承。这项措施便是公布了世称的《国事诏书》①。根据诏书规定，神圣罗马帝国必须保持领土的完整，并由他的女儿根据长嗣继承权的原则统治帝国。最初，这份诏书得到了除巴伐利亚外欧洲所有强国的承认。但是，当查理六世的长女玛利亚·特蕾西亚②继承王位时，不仅巴伐利亚选帝侯，西班牙的国王与萨克森的国王也提出了反对意见。

普鲁士这边，腓特烈二世认为正好可以对当前局势的发展加以利

① 《国事诏书》（The Pragmatic Sanction）：又译作《国本诏书》，是神圣罗马帝国皇帝查理六世为巩固哈布斯堡家族的领地继承权而公布的诏书。根据哈布斯堡家族的宗室继承法规定，女性无王位继承权。查理六世继位时尚无子女，他担心身后哈布斯堡家族的领地被瓜分，于是在 1713 年 4 月 19 日规定：哈布斯堡家族所属各邦不可分离、不可分割；如果哈布斯堡家族无男性继承人时，领地可由女性继承；如果既无子又无女时，领地可由查理六世的兄长、上一任神圣罗马帝国皇帝约瑟夫一世（Josef I）的女儿及其后代继承。查理六世于 1720 年公布这一诏书，先后在哈布斯堡家族各领地议会中获得批准，并取得约瑟夫一世的女婿萨克森选帝侯和巴伐利亚选帝侯、帝国议会、俄国、西班牙、英国、法国、普鲁士、荷兰、丹麦、撒丁等的承认。查理六世 1740 年去世后，巴伐利亚选帝侯卡尔·阿尔布雷希特（Karl Albrecht）和普鲁士国王腓特烈二世起初却不承认查理六世长女的继承权，从而引发奥地利王位继承战争。——译者注
② 玛利亚·特蕾西亚（德语名 Maria Theresia，英文名 Maria Theresa；1717~1780 年）：奥地利大公，匈牙利女王和波希米亚女王，神圣罗马帝国皇帝查理六世之女，神圣罗马帝国皇帝弗兰茨一世（全名为 Franz Stephan）的妻子。——译者注

用，以便为普鲁士谋取利益。他大方地承认了玛利亚·特蕾西亚的王位继承权，甚至向她提出，如果她受到其他争夺王位的继承人的攻击，他愿意助她一臂之力，但是有一个前提，即让他占有物产富饶、人口众多的西里西亚。勃兰登堡自古以来便对西里西亚拥有领土主张，却拿不出足以支撑其主张的证据。自然地，玛利亚·特蕾西亚拒绝了他的提议。

于是，1740 年 12 月 16 日，腓特烈二世干脆入侵了西里西亚。在接下来的两个月里，除了少数由奥地利驻军镇守的城镇外，普鲁士军队完全确立了对西里西亚的控制。1741 年 3 月 9 日，上述少数奥地利驻军控制的城镇之一 ——要塞格洛高（Glogau）被普军成功攻陷。与此同时，奥地利也并没有坐以待毙。在亚当·奈伯格 [1] 将军的指挥下，一支奥地利大军正在毗邻的波希米亚集结。腓特烈二世坚信，从波希米亚过来的山路仍被积雪覆盖时，奥军是不会行动的。在这一点上，他严重失策了。1741 年 3 月，奈伯格率军出动，没等腓特烈二世将军队从分散的冬季营地集结起来，奥地利军队就不仅解救了他们被围困的要塞奈塞（Neisse），而且切断了敌军与普鲁士的联系。

虽然被打了个措手不及，腓特烈二世仍然迅速地做出了反应。4 月 10 日，两军在莫尔维茨（Mollwitz）相遇，其中普军 2.2 万人，奥军 1.9 万人。不过，奥军这 1.9 万人里面还包括了 8500 名精锐骑兵，而普鲁士则只能调动 4000 名素质一般的骑兵。晚年的时候，腓特烈二世喜欢评论说，他从不重复自己的错误，但是在莫尔维茨，他犯了一个严重的错误，这个错误误打误撞，因另一个错误才得以弥补。

两军都按照传统布阵，步兵在中间，骑兵在两翼。然而，不幸的

---

[1] 亚当·阿尔伯特·冯·奈伯格（Adam Albert von Neipperg, 1775~1829 年）：奥地利将军、政治家。——译者注

是，在普鲁士军队的右翼，最后从行军纵队中部署出来的步兵分队发现，他们在战线上的既定位置被骑兵团占据了，而且他们拒绝挪让位置。因此，步兵分队被迫在与军队其他单位形成直角的位置停了下来。接下来的情况几乎要造成灾难性的后果。在一阵短暂的交火中占了上风之后，奥军左翼的骑兵全力冲锋，将普军冲得四散而退。腓特烈二世的位置距离战斗现场很近，所以立即被他的高级将领、年长的陆军元帅库尔特·冯·施维林 ① 伯爵建议离开。腓特烈二世听从建议，由他的护卫队护送着离开了。

施维林认为，获胜的奥地利骑兵将会放弃追击，直接从右侧夹击正面受敌的普鲁士阵线。奥地利骑兵的确是这样打算的，但是他们却径直撞上了在正式战斗队形中未能就位、现在正面向右方的普鲁士步兵分队。这些骑兵的队形已经乱了，现在遇到步兵火枪齐射，便被击退了。在其他位置，铁的纪律让普鲁士军队坚守阵线毫不动摇，奥军一波又一波的攻击在暴风雨般的火枪弹丸之下一又一次地退了回去。最终，虽然普军损失更惨重，但他们的铁纪却成了决定性的因素，撤退的反而是奥军。普军的损失包括3930人伤亡、690人失踪，奥军的损失接近于3000人伤亡，另有1400人被俘或失踪。这一时期，"失踪"的说法可以指人员被敌军俘虏，但更可能的情况是指，人员失去了继续过艰难的军旅生活的意愿，利用战场的混乱而溜之大吉。

接下来是一段漫长的停战期。但是，1742年，腓特烈二世入侵波希米亚，并于5月17日在查图西茨（Chotusitz）第二次让奥地利品尝到了战败的苦果。玛利亚·特蕾西亚一番权衡之后，认为在她众多的敌人之中，普鲁士威胁性最小。于是，特蕾西亚决定，在无暇一一兼

① 库尔特·克里斯托夫·格拉夫·冯·施维林（Kurt Christoph Graf von Schwerin，1684~1757年）：普鲁士元帅，腓特烈大帝最倚重的军事顾问，参加过奥地利王位继承战争和七年战争，阵亡于七年战争中的布拉格战役（1757年5月6日）。——译者注

顾敌手的时候，腓特烈二世可以保留对西里西亚的控制权，于是特蕾西亚与他缔结和约，从而结束了第一次西里西亚战争。经此一战，腓特烈二世不仅大大充实了普鲁士国库，子民人数也增加了百分之五十，让他有了扩军的资本。

腓特烈二世对几乎酿成灾难的莫尔维茨战役反思良久，得出一个结论，与自中世纪以来便没什么变化的列阵方式相比，还存在更好的列阵作战方式。如最后敲定的那样，腓特烈二世的新体系被称为斜行战斗序列（oblique order of attack）。这需要确定敌军选定的战斗路线，然后以优势兵力攻其一翼，将该侧翼击溃。这进而需要重点加强己方实施侧翼攻击的一翼的兵力；与此同时，中军和另一翼针对敌军其余阵线佯攻，只有当侧翼的主攻取得良效时才真正进攻。侧翼主攻的发起，是指主攻部队斜刺插入事先选定的攻击目标，即敌军阵线的侧翼，接着一旦在对敌军侧翼形成包抄或部分包围时，主攻部队就迅速转身，形成战斗队形，增援部队则跟进进攻。战斗前进应以纵队行进，这样纵队才可以迅速转身，摆好战斗队形，发起进攻。为了保证进攻成功，团与团之间的距离必须精确计算好，这样在阵列中才不会出现重叠或缺口。这进而要求，营级单位的移动要经过无数次的操练。此外，作为整体列阵的骑兵们集结在一起，迂回绕过受威胁的敌军侧翼，将其与后方隔离，不给它任何获得增援的机会。最后，除了步兵炮，更重型的火炮也要加入进攻。

1744 年，腓特烈二世明显感觉到，玛利亚·特蕾西亚和她的同盟不仅对敌手越来越强硬，而且这位未来的帝国皇后 [1] 还打算一有机会就收复西里西亚。于是，腓特烈二世先发制人，发起第二次西里西亚战

---

[1] 玛利亚·特蕾西亚的丈夫弗兰茨·史蒂芬于 1745 年即位成为神圣罗马帝国皇帝，即弗兰茨一世，这时她才能称为神圣罗马帝国皇后。此前，她只是匈牙利和波希米亚的女王、奥地利大公国的女大公。——译者注

争，入侵波希米亚，在此期间占领了布拉格。然而，很快便可以清楚地看到，腓特烈二世与西里西亚的联系正面临着被东山再起的奥地利军队切断的危险。但是，奥地利反应迟缓，直到 1745 年的春天，一支包含 1.2 万名骑兵共 7.2 万人的奥地利大军才在洛林亲王 ① 的率领下临危受命。普鲁士方面，除了冯·齐腾麾下撤出的骑兵掩护部队外，几乎或完全不见腓特烈二世麾下军队的影子。这一异常本该引起奥地利方面的警惕。

6 月 3 日，在施特里高（Striegau）小河以西一段距离、霍亨弗里德堡（Hohenfriedberg）这一要塞处，洛林亲王建立了司令部，其余人在司令部北边一字排开，建立露营地。军队的左翼由萨克森盟军组成，在艾斯多夫村（Eisdorf）休憩。当晚，洛林亲王向萨克森分队下达一道命令，大意是让他们在黎明时分赶走据知正占据着施特里高镇的普鲁士分遣队。施特里高镇有一座横跨施特里高河的坚固桥梁。

洛林亲王完全没料到，腓特烈二世由 4.9 万名步兵、2.8 万名骑兵组成的大军，就埋伏在施特里高河以东的几英里处。而且，在普鲁士骑兵的侦察下，腓特烈二世对洛林亲王的一举一动了若指掌。很明显，洛林亲王打算攻击施特里高。于是，黄昏以后，腓特烈二世派出了一支由步兵、骑兵和炮兵组成的混合部队，借助施特里高镇与艾斯多夫之间连绵的低矮山丘，排成一道阵线。率领这支混合部队的是法国的杜穆林（Du Moulin）将军。当天夜里大雾。在余下的整个夜里，腓特烈二世军队的大部都在纪律严明的沉默中行军，跨过了施特里高桥，向左调头，如此便在黎明时形成了面对着奥军的战斗队形。此外，冯·齐腾将军另率一万骑兵，沿着河岸向南进军，准备天一亮就涉过

---

① 原文 "Prince Charles of Lorraine"（洛林的查理亲王，1712~1780 年），历史上习惯称其为 "洛林亲王"，是神圣罗马帝国皇帝弗兰茨一世之弟，在弗兰茨与玛利亚·特蕾西亚结婚后，于 1737 年开始为神圣罗马帝国效力。——译者注

霍亨弗里德堡对面的浅滩。

短暂的夏夜在凌晨4点钟便结束了，萨克森盟军几乎刚出动便遭遇不利。黎明时分一到，萨克森方面便开始朝施特里高进军，但在抵达那一排低矮的山丘时，他们遇到了出人意料的猛烈抵抗。因为在普鲁士方面，杜穆林将军进行的不是被动的防守，而是麾下所有步兵、骑兵一起发动猛烈的反攻，总共六门大炮一起向前推进，积极进攻。在盟军的其余部队看来，战斗的隆隆炮声只是表明普鲁士的后卫部队在艰难地抵抗。然而，当雾霭散去，他们发现腓特烈二世的军队已经在他们对面整好队列，兵力并没有比他们少一分。在普鲁士的阵线向前进攻、子弹一轮轮齐射的时候，格斯勒（Gessler）将军率领龙骑兵冲破了奥军的阵线，将奥军右翼与中军孤立。接着，这时已经在步兵进攻掩护下涉过河流的冯·齐腾麾下的骑兵，横扫了奥军的侧翼。到了早晨9点，洛林亲王看到他整个被孤立的右翼已被彻底地击退，意识到他撤出山路的路径也有被切断的危险，于是批准了全面撤退。虽然冯·齐腾将军追获了大量奥军俘虏，但大多数普鲁士士兵在夜间行军、列阵，又打了一场持续5个小时的战役后，已经筋疲力尽，无力追击了。经此一役，奥地利军队共伤亡9580人，被俘5650人，损失大炮45门、军旗61面。当前一段时间，奥地利军队都处于完全无战斗力的状态。腓特烈二世的损失包括伤亡4750人。为了纪念此次胜利，骄傲于自己的音乐才能不亚于骄傲于自己的战术技巧的腓特烈二世，创作了《霍亨弗里德堡进行曲》（Hohenfriedberg March）。这首曲子至今仍被德国的军乐队在演奏。

在这一年的剩余时间里，奥地利军队又被打败了好几次。为此，玛利亚·特蕾西亚求和并得到同意。她接受了普鲁士抢取西里西亚的现实，作为交换，腓特烈二世则承认她丈夫为神圣罗马帝国皇帝。

在接下来的两年时间里，中欧享受了和平带来的好处。然而，很多欧洲强国，包括奥地利、法国、俄国、瑞典和萨克森，都把腓特烈二世视为危险的暴发户，一个必须教训一下、剥夺其利益的新贵。但是，英国是个例外。英国的国王同时是汉诺威（Hanover）的选帝侯，英国与法国处于半永久的战争状态，而且这种状态现在已经延伸到北美和印度。所以，在这种局势下，英国成了普鲁士的天然盟友。

即使最初级的情报收集机构，也会让腓特烈二世了解正在发生的事。于是，1756 年 8 月 29 日，腓特烈二世决定先发制人，入侵萨克森，从而发起了著名的七年战争，或者按照更凸显地域特色的称法，叫第三次西里西亚战争。腓特烈二世占领了德累斯顿（Dresden），萨克森的弱小军队撤退到了易北河（Elbe）河畔皮尔纳（Pirna）的一处要塞。奥地利出动 5 万人大军救援萨克森军队时，10 月 1 日，腓特烈二世在罗布西茨（Lobositz）打败了奥军。萨克森军队投降，并被腓特烈二世编入普鲁士军队。

第二年 4 月，腓特烈二世入侵波希米亚，包围了布拉格。从整个 5 月一直到进入 6 月，利奥波德·冯·道恩[1]元帅率领 6 万新军前来救援。6 月 18 日，腓特烈二世将围城阵线上能匀出的所有兵力召集起来后，率领 2.2 万名步兵、1.4 万名骑兵，对利奥波德·冯·道恩元帅的阵地发起了进攻。道恩元帅的阵地位于一排低矮的山丘上，这排山丘向南面对布拉格—科林（Kolin）公路。腓特烈二世的意图是对道恩元帅的右翼进行斜刺攻击，但是从一开始就不顺利。在掩护着道恩元帅右翼的橡树林里，奥军在林荫道和空地上都已做好了充分的防御准备，于是冯·齐腾的骑兵遭遇了加农炮和火枪的猛烈攻击，在这种火

---

[1] 利奥波德·约瑟夫·冯·道恩（Leopold Joseph von Daun，1705~1766 年）：神圣罗马帝国陆军元帅，杰出军事家，七年战争中奥地利的拯救者，擅长防御战。——译者注

力下，冯·齐腾连一门大炮也部署不了。冯·赫尔森（von Hulsen）的第1步兵纵队攻占了一座村子，但是却无法再进一步向前。曼施坦因（Manstein）将军率领的第2纵队偏离了既定的进攻轴线，去对付一些克罗地亚的狙击手，突然发现自己和奥地利的主力阵线交上了火。莫里茨（Moritz）将军率领的第3纵队也向右偏离，同样被奥地利正面的猛烈火力阻住了脚步。每一次零碎的进攻都失败了，且伤亡惨重，整个会战也就打输了。腓特烈二世别无选择，只好放弃围城，从波希米亚退军。科林战役表明，在腓特烈二世的战法中，各部只要有指挥官偏离既定作战计划，或自作主张，就会导致灾难性的后果。

另一方面，这并没有影响腓特烈二世与士兵的关系。虽然他对士兵要求苛刻，但他们的关系却保持得非常融洽。一次，在类似战斗之后，一名逃兵被带到腓特烈二世的面前。腓特烈二世问逃兵，为什么要抛弃他。那名逃兵回答，战场失利，大家都很难撑下去。腓特烈二世说，第二天还会发生战斗，如果还这样失利的话，他就和他一起抛弃自己。这名逃兵不仅没受到对待逃兵的可怕惩罚，还被送回所属的单位，继续为军队效力。类似的带着一些自我揶揄的幽默故事，在队伍中迅速传开，将腓特烈二世的形象衬托得无比高大，这是严格地执行军法无论如何也比不上的。

腓特烈二世虽然在科林受到重挫，但他与自己最著名的两场大胜仗，就只差几个月的时间了。11月初，腓特烈二世的司令部布置在了萨克森的小镇罗斯巴赫（Rossbach）。小镇后边是一排坡度平缓的低矮山丘，山丘中间有一处山谷，普鲁士的一小支军队就隐蔽在此处。这支军队只有步兵18600人、骑兵5400人，火炮72门。11月5日一早，腓特烈二世收到情报，获悉一支庞大的法奥联军正从西面逼近。腓特烈二世爬到镇政厅的屋顶，用望远镜观察逼近的敌军。敌军以三列纵队行进，领头的是骑兵部队。他敏锐的眼光立刻确认，敌军的人数应该超过了 4 万人，并有不少于 109 门大炮在队伍间推行前进。突然，敌军的纵队停住了，接着朝罗斯巴赫方向派出了一支自卫性质的掩护部队。显然，各纵队的指挥官决定就地享用午餐。腓特烈二世也决定让大家用餐，并下令部队沿着山丘的波峰整好队列。

这支联军的统帅是法国有名的朝臣夏尔·德·罗昂①。他是路易十五和他的情妇蓬帕杜夫人（Madame de Pompadour）跟前的大红人，所以成了现在人们口中的苏比兹亲王（Prince de Soubise），并一路升到了法国元帅的职位。事实上，他对带兵打仗知之甚少，对于侦察更是一窍不通，这在当前的局势下将成为法奥联军最不幸的因素。

法国纵队再次行动时，他们朝着这片山脉的最东边、波尔森山（Polsen Hill）的山肩前进。显然，苏比兹亲王意图包抄普军。对苏比兹亲王来说，如果能侦察到普军正在做什么，这将是个很好的点子，但是很遗憾，他没有先遣部队。随着法军的意图昭然若揭，腓特烈二世调动部队迅速而隐秘地朝着波尔森山进军。领头的是塞德利茨和 4000 骑兵，后边跟着 18 门大炮和普鲁士步兵的主力。

令法军惊恐的是，当法军的先头部队到达波尔森山的半山坡时，普鲁士骑兵已经登上了他们左侧的山顶。塞德利茨毫不迟疑，下达了冲锋的命令。他麾下的 38 支骑兵中队从容不迫，沿着平缓的斜坡向下飞驰，猛冲入法军的骑兵队列，在他们杀开血路的同时，立刻将法国骑兵逼入了不利境地。现在，调整后的普鲁士骑兵战术的特点是这样的：在完成一次成功的冲锋后，前面的骑兵立刻重整队伍，之后掉过头来再次冲锋。塞德利茨在敌阵中冲锋了四次，打得敌人溃不成军，

---

① 夏尔·德·罗昂（Charles de Rohan，1715~1787 年）：法国贵族、元帅，9 岁父母双亡，在祖父的安排下入法国宫廷与 5 岁的王太孙成为伙伴。这位王太孙便是后来的法国国王路易十五。——译者注

全都只想着逃跑。从第一次冲锋到歼灭敌军的骑兵，塞德利茨只用了30分钟。

与此同时，从毗邻的雅努斯山（Janus Hill）上，18门普军大炮齐射，炮弹落在法军步兵纵队的队伍中，炸开了一片又一片缺口。腓特烈二世步兵的七个营也到达了现场，将下面的法军队中又炸开新的缺口。法军已经停止前进，但他们的高级军官中似乎没有一人可以重整完整的战斗队形或重新夺回主动权。他们朝着雅努斯山山顶的普军维持着零落的、毫无效力的射击，即便如此，也在塞德利茨又一次发起冲锋时终结了。虽然塞德利茨受了重伤，接下来几个月都不能上战场，但他仍然朝着敌军的主力发起了又一次冲锋。这一次，法军朝着雅努斯山山顶的普军苦苦维持的零落的火力也被终结了。战斗打响的两小时后，漫山遍野到都是四散奔逃的法奥联军的逃亡者。

就伤亡人数而言，苏比兹亲王仅伤亡2700人，但有5000名士兵被俘，另有67门大炮、22面军旗落入普军之手。腓特烈二世的损失包括517名士兵和23名军官伤亡。就实际参战兵力而言，1万人在不到两小时之内打败了4万人。罗斯巴赫战役的记忆能够压在法国人心头几乎半个世纪之久，这也是可以理解的了。

单是罗斯巴赫战役，便足以为腓特烈二世扬名。然而，一个月后，他又迎来了一场更大的胜利。在罗斯巴赫战役之后，腓特烈二世率军进入西里西亚。在西里西亚，洛林亲王和道恩元帅已经占领了城市布雷斯劳（Breslau）。为了重新夺回布雷斯劳，腓特烈二世集结了一支由骑兵、步兵和炮兵分遣队组成的大军，其中骑兵1.1万人，步兵3.2万人，炮兵分遣队刚补充了从格洛高要塞抢来的10门12磅炮。在布雷斯劳的西面是诺伊马克特（Neumarkt）—布雷斯劳大道。为了阻断腓特烈二世的进路，奥军建立了一条南北横跨这条大道的阵线，阵线的左侧在青松覆盖的山丘之间，中间的兵力部署在村庄洛伊滕（Leuthen），右侧是沼泽和湿地形成的天然屏障，这些沼泽、湿地包围着的是另一个村庄尼配恩（Nypern）。通过为村庄加筑防御工事，建造土木堡垒，阵线得到了巩固。整个阵线由 7.2 万人、167 门大炮镇守。

12 月 5 日早晨，普鲁士军队沿着大道朝奥军阵地进发，领头的是冯·齐腾率领的前卫部队。此时，降雪加上冬雾，能见度受限。突然，雾蒙蒙的视线中出现了一队奥地利骑哨的身影。冯·齐腾立即下令冲锋，将他们赶回了主阵地，其间抓到了少数俘虏。洛林亲王和道恩元帅收到了骑哨消息，确认普军正在逼近后，得出了显而易见的结论，认为腓特烈二世将发起正面进攻，而且进攻迫在眉睫。

这可就大错特错了。腓特烈二世绝不想再重蹈科林战役的覆辙，并打算好好利用折损了骑哨而导致敌方不掌握他意图的事实。他率领一半人马离开大道，斜刺着向右侧前进，穿过积雪覆盖的松树林，躲过了奥军的视线。腓特烈二世的意图在于以优势兵力围攻敌军的左翼。一旦突破左翼，其余人马则对奥军发起正面攻击，牵制住敌军，防止敌方形成新的侧翼。大约下午 1 点的时候，普鲁士纵队的前部进入了一处山谷，现已冻结的施韦德尼茨（Schweidnitz）小溪便流经这处山谷，从这里可以看到奥地利阵线的尽头，被砍倒的树木堆积组成的障碍保护着，障碍后边可以看到已经就位的加农炮和身着白色制服上衣的奥地利步兵组成的阵线。

普鲁士步兵在左侧布好阵线，炮兵的 10 门 12 磅攻城炮齐射，被炸飞的树木和木头碎片如雨点一般落到阵线后边的敌人中间。除此之外，再加上步兵的火力，这让几分钟之前还以为自己的阵地坚不可摧的奥军完全吃不消。虽然冯·齐腾过早地深入了敌军后部，但是实际上，镇守着左翼的 6000 名奥军现在正对付的普军也多达 2 万之众。

冯·齐腾暂时被敌人阻住而不能深入进攻之后，又从后方集结了几个步兵营的兵力，恢复了前进的步伐。

普军的进攻是无情的，奥军每一次试图形成新的防守阵线的努力都被打碎了。腓特烈二世的其余兵力从主干道的方向加强了进攻。一场激烈的战斗在洛伊滕村庄内外展开。这里的教堂、筑有围墙的墓地和两幢风车都变为临时的堡垒，必须打到拼刺刀的地步才能被攻占。冯·齐腾将军率领的右路骑兵和德里森将军率领的左路骑兵保护着普鲁士先头部队的两翼，当奥地利骑兵试图阻挠进攻时，左路和右路骑兵便用持续的步枪火力冲击奥地利骑兵的侧翼，将其撕裂，只有少数骑兵成功逃脱了攻击。等到黄昏战斗结束时，洛林亲王和道恩元帅已经彻底失去了对局面的掌控，他们余下的兵力纷纷沿着通往布雷斯劳的大道不管不顾地溃逃。

实际上，腓特烈二世和他的护卫队混入了奥军仓皇的逃亡者中间而没有被认出。在村庄利萨（Lissa），腓特烈二世走进了一座宅邸的院子里，却看到屋子外边有十几名奥地利军官。国王谦恭有礼地和他们打招呼，说虽然他知道，他们不会欢迎他的到来，但是如果他们愿意和他分享在此落脚的机会，他将会非常感激。在眼前的形势下，这些奥地利军官很难拒绝这个请求。

经洛伊滕一战，普鲁士伤亡 6000 人。奥地利的损失包括伤亡 1 万人，被俘 2.1 万人，另加 116 门大炮、51 面军旗和 4000 辆马车。12月 9 日，另有 2000 辆马车被普军截获。12 月 19 日，一支 1.7 万人兵力的布雷斯劳驻军另加 81 门大炮落入了腓特烈二世的手中。

洛伊滕会战是腓特烈二世的军事杰作。从当前看，奥地利气数已尽。但是，不幸的是，战争并未结束，一直持续到了 1762 年。这段时期内，腓特烈二世几乎不停歇地与奥地利、俄国、瑞典和法国打着仗。

在这些战役中，他有赢也有输，甚至他的首都柏林一度也落入了敌手。渐渐地，他的军力被削弱，前路开始暗淡，直到 1762 年他最危险的敌人俄国女沙皇伊丽莎白[①]去世。伊丽莎白的继任者沙皇彼得三世[②]崇拜腓特烈二世，消除了俄罗斯对普鲁士的敌意。欧洲其余国家也厌倦了战争，纷纷与普鲁士缔结和约，将西里西亚留给腓特烈二世占有。

从战争结束到去世的 1786 年，多年来腓特烈二世致力于恢复普鲁士的繁荣。总的来说，他的成就是将普鲁士发展成为欧洲的强国之一，尽管在这一阶段，普鲁士想领导德意志地区实现统一尚是不可能的事。这里有几十个独立的德意志邦国，其中很多邦国小如弹丸。在未来的很多年里，这种状态仍将持续。在整个欧洲，腓特烈二世最被人铭记的是他的军事成就，但往往被人们忽视的却恰恰是他军事成就的精髓。其他国家的军队盲目地照搬他对严格军事训练的重视，仿佛这才是他在罗斯巴赫和洛伊滕取胜的原因，而不是因为他天才的谋略。人们忘记了，军事训练只是达到目的的手段，而不是目的本身。普鲁士军队变得沉湎于过往，而那些曾经在腓特烈二世手下效力过的军官也开始被视为一切军事知识的源泉。普鲁士终将为此付出代价。

---

① 沙皇伊丽莎白一世（1709~1762 年）：俄罗斯罗曼诺夫王朝第十位沙皇，俄罗斯帝国第六位皇帝（1741~1762 年在位），彼得一世与叶卡捷琳娜一世的第三个女儿。——译者注
② 彼得三世（1728~1762 年）：俄罗斯罗曼诺夫王朝第十一位沙皇，俄罗斯帝国第七位皇帝（1762 年 1 月 5 日 ~7 月 9 日在位）。在他统治时期，普鲁士势力在俄罗斯宫廷的影响达到顶峰。——译者注

WHY
THE GERMANS
LOST

THE RISE AND FALL OF THE BLACK EAGLE

第 03 章

耶拿—奥尔施泰特惨败

1763 年七年战争结束后，在"仁慈"的君主统治下，中欧各邦国享受了一代人的和平与繁荣。除了南北之间的宗教和地形差异外，如果有人从一国游历到相邻的邦国，他很有可能不会意识到自己已经跨越了国境。一些邦国，如普鲁士、汉诺威和巴伐利亚，疆域已经达到了民族国家的规模，但其他很多邦国却比英国一般的郡大不了多少。这些邦国之间最显著的差异体现在士兵的制服上，即便那样，人们也可以在相距很远的邦国看到，士兵们操练时采用的队形变化却是相同的，都是由腓特烈大帝的军队改良而成的变阵方式。确实，普鲁士军队的威名远扬，即便在德意志地区以外，也可以看到很多其他国家的军队在操练时，采用了这些相同的变阵方式。

当然，也有例外。英国步兵进行战斗时，更喜欢由步兵分队依次组成二列横队式的火线。而且，现在英国步兵也放弃了简单地扫射敌军阵线的打法，而是瞄准单兵射击，从而取得更突出的效果。这种队形第一次在重大场合派上用场，是在 1759 年发生于明登（Minden）的战役。在这次战役中，面对英国步兵，法国骑兵的三次冲锋均以惨败告终，而无论是由法国步兵还是萨克森步兵组成的步兵分队，也都被穿着红色上衣的英国步兵的凶猛进攻所打退。不仅如此，在与法国争夺北美殖民地的持久战中，英国步兵还认识到了在遭遇战中或在冈峦起伏的山野战斗时轻步兵的价值。

当然，法国军队也在北美学会了轻步兵遭遇战的技巧，但是他们专注的是建立能够确保打赢普鲁士和其模仿者的陆战体系。幸运的是，法国拥有那个时代最有远见的炮兵之一——让·巴蒂斯特·德·格利包佛尔（Jean Baptiste de Gribeauval）将军。从 1765 年开始，格利包佛尔便着手于武器改革，将野战炮统一为由铁或青铜铸造的 4 磅、8 磅与 12 磅的滑膛炮以及 6 英寸口径的榴弹炮。火炮的重量减轻，并配备了正切标尺和升降螺旋以方便瞄准，同时加固了炮架以改善其机动性。此外，他们还制造了配套的弹药箱和拖车。马匹开始成对使用挽具，而不是像过去那样前后纵列。雇用民间马车夫的做法也被终止。以往这些民间马车夫遇到危险情况时，常常会骑着坐骑逃之夭夭。更守纪律的士兵取代了他们。就这样，不到十二年时间，格利包佛尔将军便打造出了当时各国之中最精良的炮兵体系。

此外，法军还引入了名为"营纵队"的新进攻方式，但稍晚时候才被认可。纵队相比阵线的优势在于，它会让士兵们因为有无数的同伴在并肩战斗而信心十足，让阵容的深度和速度结合得足够完美，可以迅速撕破敌方阵线。当然了，如果在进攻之初，敌方坚守阵地，打头阵的营会损失惨重。而且另一个劣势在于，如果敌方的火力令进攻受阻，只有打头阵的士兵才能做出回应。除此之外，在集中攻击时，即便不是训练有素的士兵，这也是非常优秀的用兵方式。

法国支持寻求在政治上脱离英国的殖民者，介入美国独立战争之后，法国的国库便差不多空虚了。自此开始，君主、贵族、教堂神职人员与政府官员似乎使尽了浑身解数，只为激发一场革命——当然，不是因为他们想推翻自己，而恰恰是因为他们想维持现状。不幸的是，对他们来说，由穷人、弱势群体、无代表人和税赋过重的市民组成的劳苦大众，并不愿意继续支持旧制度，1789 年，大革命爆发了，随着时间的流逝，暴力变得越来越严重。

就法国军队而言，一些军官和士兵逃到了国外，开始在此后的战争中与祖国为敌，尽管这些流亡者的军事素质还有待提高。那些留在军队的人迎来了新的加入者。这些新人中间，一些是空想家，一些是不想回到过去黑暗日子的人，一些是因为革命派而被逼入伍者。他们失去的东西最多，在战斗时都带有强烈的个人动机，而这恰是他们的敌人、那些职业军队所不具备的。就法国军队的军官群体而言，骑兵失去了大部分贵族军官，步兵的比例稍低，因此常常要通过提拔有经验的军士来弥补军官的不足。在炮兵和工兵中，这两个服役单位需要的是技术技能，而不是社会地位，所以大部分原有的军官都留了下来。在这些军官中有一名炮兵中尉，便是拿破仑·波拿巴。

革命派的指挥官面对的问题是，如何最有效地利用麾下背景各异的兵力。幸运的是，方法已经近在手边。指挥官可以派出大队的散兵去骚扰敌方阵线。如果敌方派出步兵迎击，他们便散开，由己方的骑兵冲击敌方步兵。如果敌方派出骑兵迎击，他们便如以往那样形成防守方阵。一旦敌方的阵线被削弱，就派出强大的进攻纵队进行袭击。如果敌方阻挡不住，他们便撕破其阵线，将敌方的有生兵力打退。这种打法和欧洲职业军队的打法不同，欧洲职业军队的打法是在长期受腓特烈大帝战术学派的影响之下训练而成的。有一段时间，他们并不适应这种打法。

没有比 1792 年 9 月 20 日发生的一场令人震惊的交战更能说明这

一点的了。此前，几个大陆国家形成同盟，旨在通过武力恢复法国的旧秩序，普鲁士便是这几个国家之一。不伦瑞克公爵卡尔[1]曾为腓特烈大帝效力，他率领一支普鲁士军队在凡尔登区域行动，国王腓特烈三世[2]陪同出征。值得关注的是，不伦瑞克公爵的部队包括一支法国流亡者分遣队。不伦瑞克公爵既不喜欢这些人，也不信任他们，而且很可能的是，他也不愿意牺牲太多自己的兵力，为法国人火中取栗。在凡尔登的西北，有一支3.6万兵力、约40门火炮的大军，由凯勒曼[3]将军和迪穆里埃[4]将军率领，在普军的交通线对面安顿下来，以一座山顶上有座风车的低矮山丘为中心建立了阵地。不伦瑞克公爵好像没将这支法军放在眼里，仅仅派出3.4万兵力和36门火炮迎敌。当日黎明，雾霭笼罩，普军赫然耸现，攻占了法军名为"月亮"（la Lune）的一个村庄的一处前哨，赶走了据守的法军。不知出于何故，两军却用了比预计更久的时间，才布好各自的阵线，直到过了中午，炮兵才对敌军开火。很少有人料到，凯勒曼将军的志愿兵分队能抵抗很长时间，但他们做到了。他们唱着激励人心的爱国歌曲，如鼓舞士气的《事将成》[5]，喊着"祖国万岁！法兰西万岁！"（Vive la Nation! Vive la France!）的口号，来保持自己昂扬的斗志。

到了下午1点，不伦瑞克公爵认为，击退敌人的决定性时刻到了。不伦瑞克公爵的掷弹兵团布好战斗阵形后，开始稳定、缓慢地向敌军

---

① 不伦瑞克公爵卡尔（Charles, Duke of Brunswick）：即卡尔·威廉·斐迪南（德语：Karl Wilhelm Ferdinand，英语：Charles William Ferdinand，1735~1806年），不伦瑞克 - 吕讷堡公爵，普鲁士陆军元帅，母亲是腓特烈大帝的妹妹。——译者注

② 腓特烈·威廉三世（Frederick William Ⅲ，1770~1840年）：普鲁士国王，1797年11月16日~1840年6月7日在位，统治期间曾领导普鲁士参加欧洲反法同盟。文中这次战役打响时，腓特烈·威廉三世尚未即位。——译者注

③ 弗朗索瓦·克里斯多夫·凯勒曼（François Christophe Kellermann，1735~1820年）：法国军事指挥官、陆军上将，拿破仑时期的法国元帅。——译者注

④ 夏尔·弗朗索瓦·迪穆里埃（Charles Francois Dumouriez，1739~1823年）：法国大革命时期的著名人物、军事家。——译者注

⑤ 《事将成》（Ça Ira）：法国大革命时的著名歌曲，又译《一切都会好》。——译者注

推进。双方的炮火都达到了高潮。法国常备军装备了格利包佛尔体系的火炮，事实证明，他们的炮火更有成效，在不伦瑞克公爵的掷弹兵团仅仅通过 200 码①距离时，便阻住了他们的进攻。这时，普鲁士的一发炮弹炸毁了山顶风车旁边的三架弹药拖车，扰乱了法军军心，这正是不伦瑞克的掷弹兵团继续发起进攻的好时机。但是，他们没有这样做，这主要是因为不伦瑞克公爵声称，如果进攻，他们将立刻陷入被法国骑兵冲击的危险之中。与此同时，凯勒曼将军集结了志愿军，迪穆里埃将军派出了两组新的炮列到被威胁区域。双方的交火一直持续到大约下午 4 点。当时，一场瓢泼大雨结束了战斗。此时，不伦瑞克公爵已经离开战场，放弃了将凯勒曼将军赶出阵地的希望。法军损失了 300 人，普鲁士方面损失了 185 人。这两个数字低得令人震惊，尤其是考虑到每一方仅是炮弹就打了 2 万发。造成这种局面的原因其实在于，炮兵战斗的区间是 1350 码，这是当时野战炮的最大射程，此役大多数的炮弹都落在了湿漉漉的黏土里，失去了从地面弹开而杀伤人员的威力。人们几乎难以将瓦尔密（Valmy）的这次战斗冠以"战役"之名，大多数人只是称其为"炮兵的对轰"罢了。然而，无论是爱德华·克里西（Edward Creasy）爵士还是 J. F. C. 富勒②少将，都将这次战斗纳入了他们对世界关键战役的研究之中。如果不伦瑞克公爵没有让自己被法军兵力在瓦尔密牵扯精力，他本可以不受任何抵抗而直捣巴黎，从而占领法国大革命的大本营。然而，不知何故，他失去了胜利的意志，并在不到一个月的时间内，将军队撤到莱茵兰地区（Rhineland）。德意志伟大的文学天才、博学大师约翰·冯·歌德③当

---

① 1 码等于 3 英尺或 0.9144 米。——译者注
② 约翰·弗雷德里克·查尔斯·富勒（John Frederick Charles Fuller，1878~1966 年）：英国军事理论家、军事史学家，装甲战理论的创始人之一。——译者注
③ 约翰·沃尔夫冈·冯·歌德（Johann Wolfgang von Goethe，1749~1832 年）：出生于美因河畔法兰克福，德国著名思想家、作家、科学家。——译者注

时就在和不伦瑞克公爵一起行军。歌德敏锐地察觉到了战争性质的改变，在他们跋涉着离开战场时，他向同伴们指出："此时此地，一个新的时代开启了。你们可以说，你们见证了这一时刻。今日和今日之后果，将要用今后的三十年时间来弥补。"换言之，过去一个世纪的小规模王朝战争，就要让位于武装的主权国家的全面战争了。

在法国首都，革命政府欣喜若狂。凯勒曼将军和迪穆里埃将军击退了欧洲最强大的军队，大革命安全了！两天后，君主制被废除。第二年，国王路易十六和王后玛丽·安托瓦内特（Marie Antoinette）被处决。新的共和国①处于崩溃边缘的场合还有好几次，但没有哪一次比瓦尔密战役前夕的那次，潜在的危险更大。此外，1793 年也见证了法国被所谓"恐怖统治时期"②所支配的情势。这一时期内，人人自危，大革命的理想主义也让位于恐惧强加的无情规训。这一年，法国政府还引入了《全国总动员法令》（levée en masse），规定全部男性人口均有被征募的义务。这一法令由法兰西第一共和国的战争部部长拉扎尔·卡诺（Lazare Carnot）将军实施，仅仅在几星期的时间内，便征募了不下于能够组建 14 个军团的兵力。

战争持续在法国边境四周激烈地进行着，却没有决定性的战果。普鲁士国王腓特烈·威廉二世③完全没有他已故的伯父腓特烈大帝那样的精力和不达目的誓不罢休的意志。的确，战争打了那么久，腓特烈·威廉二世的军队却没有拿出值得一提的战果，再加上国库持续消耗的压力，他的自信似乎也被一点点磨蚀。他开始怀疑奥地利和俄罗斯这两个盟友的动机，并在 1795 年与法国单独缔结了和约。根据《巴塞尔

① 指法兰西第一共和国（国号为法兰西共和国，法语：République française），1792 年 9 月 22 日建立，1804 年 5 月 18 日灭亡，是法国大革命期间建立的法国历史上第一个资产阶级共和国。——译者注
② "恐怖统治时期"（Reign of Terror）：法国大革命时，1793~1794 年间由罗伯斯庇尔（Robespierre）领导的雅各宾派（激进共和主义派）统治法国的时期，又称雅各宾派专政时期。——译者注
③ 腓特烈·威廉二世（Frederick William Ⅱ，1744~1797 年）：普鲁士王国国王，1786 年 8 月 17 日~1797 年 11 月 16 日在位。——译者注

和约》（Treaty of Basel）规定，普鲁士耻辱地放弃了莱茵河沿岸的德意志领地，却也在波兰被瓜分时取得了多个东部省份，这些领地几乎让普鲁士的疆域扩大了一倍。然而，它们的价值微乎其微，也不能提升普鲁士的国力。结果就是，普鲁士的国家声誉跌落，伴随着的还有军队力量的削弱和经济活动的衰减。

1797 年，腓特烈·威廉三世继位。腓特烈·威廉三世试图修复一些他父亲统治时期国家遭受的损害。然而，他天性优柔寡断，又因为这样的性格，而不受臣民爱戴，甚至到了臣民认为他漂亮的王后梅克伦堡—施特雷利茨的路易丝（Louise of Mecklenburg-Strelitz）才是"普鲁士唯一的男人"这种地步。臣民们这样认为，主要还是因为王后对法国的憎恶。

1805 年，法国在奥斯特利茨（Austerlitz）大败奥地利和俄罗斯之后（奥地利已与法国讲和），拿破仑"大军团"（Grande Armée）的大部分兵力都撤到了德意志中部地区的驻地。拿破仑本人也很鄙视普鲁士国王，总是想方设法公开羞辱腓特烈·威廉三世。路易丝王后可咽不下这口气。据说，王后收回了腓特烈·威廉三世行房的权利，除非他拿出自己的男子气概来。

尽管如此，腓特烈·威廉三世还是要求法国皇帝[①]将军队撤出德意志，并确保他们今后只驻扎在莱茵河的左岸地区。鉴于拿破仑已经击溃了奥地利，将俄国人赶回了维斯瓦河（Vistula）的对岸去，腓特烈·威廉三世的这一要求还真是大言不惭，让无数巴黎人惊掉了下巴。当普鲁士的国王卫队胸甲骑兵团的军官骑马小跑着来到法国大使馆下达通牒时，他们给柏林大众的感觉就是，假如两国发生了战争，那么普鲁士的胜利应该唾手可得。事实上，当 1806 年 8 月 9 日普鲁士开始

---

① 指法兰西第一帝国（1804~1814 年）的皇帝拿破仑。——译者注

动员时，它还不具备打任何层面战争的条件。它的军队总参谋部由几个半吊子官员组成，且经常争吵。普鲁士军队采用的包含了各兵种分队的师级组织架构，和法国采用的规模更大、更灵活的包含了几个师的军级组织架构，根本没有可比性。腓特烈大帝大量的骑兵已经分散到军队各个单位，而且他们缺少从前那种冲劲十足的领导者。更为吊诡的是，胸甲骑兵团保留了他们的称号，却不再穿戴胸甲。在昔日辉煌的岁月里，军队是保留着炮兵后备队的，但是现在，这都不存在了。轻步兵战术不再流行，只有屈指可数的几个团接受过这些基本技术的训练。至于机动性，师的移动速度取决于他们长长的辎重队的移动速度。辎重队的移动速度该有多么缓慢，这对他们的战术灵活性百害而无一利。

拿破仑自然不会无视腓特烈·威廉三世的挑战，立即着手制订入侵普鲁士的计划。普鲁士军队也在不伦瑞克公爵的指挥下踏上了征途，但公爵现在已是 71 岁的高龄。腓特烈·威廉三世本人对军事事务一窍不通，便带了私人顾问一同出征，这位顾问就是老迈的陆军元帅冯·莫伦道夫（von Möllendorff）。但问题是，这位陆军元帅已经 82 岁，身体上不大可能扛得住征战的要求。此外，随同出战的还有军队官僚机构的大多数成员，包括各种总监和部长，你别期望他们能一团融洽，更不用说还有各师的指挥官了。他们的确相处得也不融洽。不用说，当军队向南朝着行动区域进发时，关于具体目的地的问题，争执又出现了。有人主张，要夺下拿破仑美因河沿岸的补给站。但是，在这方面，他们连一张可靠的地图也没有。

事实上，到了 10 月 10 日，普军发现他们大部分兵力已经来到了小镇耶拿（Jena）的附近，其中多数兵力在萨勒河（Saale river）的西面，其他分队在河的北面和东面。与此同时，在 10 月的前两个星期，拿破仑的"大军团"已经以三路主纵队穿越了崎岖坎坷、森林覆盖的图林根瓦尔德山（Thüringer Wald）地带，他们的统帅则是拿破仑最有经验的六位元帅：拉纳①和奥热罗②在左路，苏尔特③、内伊④和巴伐利亚分遣队在右路，贝尔纳多特⑤和达武⑥再加上骑兵后备队、帝国御前卫队（Imperial Guard）和总指挥部在中军。关于法军行军的速度，在法国步兵中流行一种说法：比起士兵的胳膊，皇帝让士兵的腿更能物尽其用。所以，没多久，法军就到了道路不那么崎岖的地区。10月10日，在萨尔费尔德（Saalfeld）附近，拉纳的第5军遭遇了普军指挥官中比较有血性的路易·斐迪南⑦亲王率领的普鲁士先遣支队，这支部队共8300兵力。两军之间的第一次战斗打响了。路易·斐迪南亲王虽然在人数上处于严重劣势（拉纳可以部署的兵力有2.1万人），但他仍然英勇地选择了与敌军交火。这场交战持续了2个小时。在此期间，路易·费迪南亲王在带领5支骑兵中队孤注一掷地冲锋时，在肉搏中被杀死。亲王的部队在溃败中慌乱而逃，抛弃了2800名战友和25门大炮。

　　拉纳继续率军向西北前进，他右侧的其余法国各军也朝着同一方

---

① 让·拉纳（Jean Lannes，1769~1809年）：法国大革命战争时期与拿破仑战争时期法国将领，法兰西帝国元帅。——译者注
② 查尔斯·奥热罗（Charles Augereau，1757~1816年）：法兰西帝国元帅，是一名勇敢、精力充沛的指挥官和战术家。——译者注
③ 尼古拉斯·让·德迪乌·苏尔特（Nicolas Jean de Dieu Soult，1769~1851年）：法国军事将领和政治人物，先后为法兰西第一帝国元帅、波旁王朝大元帅，还担任过三次总理之职。——译者注
④ 米歇尔·内伊（Michel Ney，1769~1815年）：法国大革命战争时期及拿破仑战争时期法国将领，1804年被授予帝国元帅。1815年滑铁卢战役失败后被波旁政府以叛国罪逮捕，同年12月6日被判有罪，翌日在卢森堡公园附近被处决。——译者注
⑤ 让-巴蒂斯特·贝尔纳多特（Jean-Baptiste Bernadotte，1763~1844年），出生于法国波城一个律师家庭，最早在路易十六皇家步兵团任下级军官，法国大革命开始后追随拿破仑一世，1794年升为将军，1804年成为帝国元帅。1810年，因为瑞典原王储暴卒，贝尔纳多特被亲法派贵族推选为瑞典王储，改信路德宗，取名为卡尔·约翰（Karl Johan）。1812年，他与拿破仑决裂并与俄国结盟；1813年秋，任反法联军北路军统帅，参加莱比锡会战。1818年，他分别以卡尔十四世·约翰（Karl XIV Johan）和卡尔三世·约翰（Karl Ⅲ Johan）的名号加冕为瑞典国王与挪威国王，在位至1844年去世。——译者注
⑥ 路易斯·尼古拉·达武（Louis Nicolas Davout，1770~1823年），法国大革命战争时期及拿破仑战争时期法国将领，法兰西第一帝国二十六元帅之一。——译者注
⑦ 路易·斐迪南（Louis Ferdinand，1772~1806年）：原名弗里德里希·路德维希·克里斯蒂安（Friedrich Ludwig Christian），普鲁士霍亨索伦王朝贵族，军事统帅，腓特烈·威廉一世第七子奥古斯特·斐迪南之子。——译者注

向前进。与此同时，不伦瑞克公爵命令他部队的其余兵力，包括一支萨克森分遣部队，在埃尔福特地区（Erfurt）的萨勒河以西集中。此时，拿破仑尚不清楚不伦瑞克公爵军队主力的踪迹。然而，10月11日，拿破仑的骑兵前卫部队报告了敌军在萨勒河以西集结的动向。拿破仑立即命令整个法国军队改变向西行进的方向。于是，拉纳和奥热罗的两个军就成了先遣部队，达武和贝尔纳多特的两个军变为右翼，内伊的一个军和重骑兵变为左翼，苏尔特的一个军殿后。

现在，双方都清楚对方在向自己逼近。10月13日早晨，不伦瑞克公爵召开指挥官会议，宣布他无意在耶拿地区打一场决定性的战役，命令大军主力向北撤退，经过奥尔施泰特（Auerstädt）、瑙姆堡（Naumberg），撤到哈雷市（Halle）。弗雷德里希·冯·霍恩洛厄 - 英格尔芬根（Friedrich von Hohenlohe-Ingelfingen）亲王率领的一支后卫部队仍留在耶拿附近，恩斯特·冯·鲁歇尔（Ernst von Rüchel）麾下一支加强师规模的兵力此刻正从西北赶来保护他的右翼。下午时分，拿破仑和拉纳爬到萨勒河西岸名为兰格德拉芬贝格（Landgrafenberg）的高地，俯瞰耶拿小镇。拿破仑观察着在眼前展开的地势，误以为整个普鲁士军队都在此地，但这并没有影响他第二天早晨发起进攻的决心。他觉察到，兰格德拉芬贝格的山顶是布置炮兵的绝佳位置，尽管火炮和装弹药的马车唯一可能通往山顶的路是一条狭窄、险峻的山道。所以，当天夜里，在火把熊熊火光的照耀下，法军大部分时间花在了使山道可供通行上。拿破仑亲自坐镇，指挥这项工作的实施。在耶拿镇，部队经过时抢夺了食物和水，当时还发生了几起火灾。

10月14日的交战主要集中在耶拿以西和以北的几个村子。早晨6点半，在雾霭的掩护下，拉纳的出现让克罗斯维兹（Closewitz）的驻军大感意外。一小时后，在炮兵的火力支持下，拉纳已经率军抵达了维森海里根（Vierzehnheiligen）这个地名非常奇怪的村子（"维森海里根"意为"十四圣徒"）。早晨 8 点 15 分，苏尔特经过克罗斯维兹，但是在劳迪根村（Rodigen）外遭到顽强的抵抗，进攻受到阻滞。一小时后，奥热罗绕过考斯佩达（Cospeda），做好了进攻依斯尔斯提德（Isserstedt）的部署。

现在，霍恩洛厄已不再怀疑自己即将迎来一场大战。上午 9 点 30 分，他命令冯·霍尔岑多夫（von Holtzendorff）中将对苏尔特发起反攻。霍尔岑多夫中将指挥的是普鲁士第 1 师的骑兵分队，手下共有 1900 名胸甲骑兵和龙骑兵。与此同时，第 1 师的其余兵力在冯·格拉韦特（von Grawert）中将的指挥下，将法军赶出维森海里根。内伊的一个军也几乎在同时加入了战斗。内伊这位性急的阿尔萨斯人迫切地想要加入这正酣的战斗，率领他的先遣部队攻打了维森海里根。到了 10 点 15 分，维森海里根便落入内伊之手。接着，他轻率地继续进攻，打到了维森海里根村外，从而失去了右侧拉纳军的支持。内伊突然发现自己被孤立了，此时他只带着两个骑兵团、一队 6 门火炮的炮列和三个步兵营。内伊的步兵被迫组成防守方阵，对抗将他们包围的普鲁士骑兵，此时格拉韦特的步兵已经回头，准备对内伊施以致命一击。

就在这千钧一发之际，拿破仑发现了内伊的困局。10 点 30 分，拿破仑派出御前卫队的重骑兵前去驰援。一场混战帮内伊解除了被孤立的局面，但他仍然受到严重的威胁。直到 10 点 50 分，拉纳率军出现在他右侧，危机才得以解除。40 分钟后，奥热罗攻陷依斯尔斯提德，到达内伊左侧。看到局势稳定下来，感到满意的拿破仑下令 12 点 30 分发起总攻。虽然萨克森分遣部队在下午 1 点重新夺回了依斯尔斯提德并守了一个小时，普军的决胜意志已经涣散。霍恩洛厄下令撤退。当拿破仑派出乔基姆·穆拉特（Joachim Murat）亲王的 1.9 万名胸甲骑兵和龙骑兵追击时，普军的撤退也变成了伤亡惨重的溃逃。下午6点，追兵追到魏玛（Weimar）便停止了追击。在耶拿一战，法军伤亡4000人，普军死伤及被俘共2.5万人。

然而，战事还远没有结束。拿破仑回到战地指挥部，收到了令他震惊的消息。在他摧毁敌军后卫部队的同时，在北边15英里处的奥尔施泰特，单独作战的达武军消灭了普军的其余兵力。当天凌晨3点，拿破仑向达武下令，命他在奥尔施泰特切断普军的撤退路线，并通知贝尔纳多特，令他的一个军采取一致行动。然而，在贝尔纳多特的心里，掌握自主权才是最重要的事，再加上他又讨厌达武，所以他拒绝听命于达武。贝尔纳多特不仅没有向北行军，与达武军会师，一起切断敌军的撤退路线，反而向南调头，旨在加入耶拿的战斗。但是，等贝尔纳多特赶到时，战斗已经结束了。

达武在凌晨4点30分便开始动身了。他的军队不可避免地要急速行军，在6点45分时，已经在奥尔施泰特以北的村庄哈森豪森（Hassenhausen），与不伦瑞克公爵的先头部队有了接触。法国方面，艾蒂安·居丹（Étienne Gudin）将军麾下的一个师已经在哈森豪森做好了防守部署。在8点至8点45分之间，居丹将军抵挡住了好几轮的进攻。此时，路易斯·弗里昂（Louis Friant）将军的一个师抵达战场，占领了普军右侧的村子斯普尔堡（Spielberg）。与此同时，达武军的骑兵和火炮也开始陆续到达战场。然而，普军还在不断施加压力。10点，当新的援军抵达时，面临陷落危险的哈森豪森才解除危机。在激烈的短兵相接中，年迈的陆军元帅冯·莫伦道夫被人从马上击落，做了俘虏。不久之后，不伦瑞克公爵受到致命伤。紧接着，腓特烈·威廉三世收到这个噩耗，成为事实上的统帅，双方便暂停了交火。腓特烈·威廉三世完全不知所措，他始终未能真正地控制局面。当奥兰治亲王①麾下的一个师赶到普鲁士的右侧，与来到达武左侧的安托万·莫朗德（Antoine Morand）将军的一个师进行对峙时，战斗走向了孤注一掷的高潮。接着，莫朗德的一部分步兵帮助抵御了普军又一次对哈森豪森的进攻，同时该师的其余兵力迅速高效地组成方阵，沿着村子面向左侧的围墙与篱笆布好阵线。当普鲁士骑兵不下于三十支骑兵中队声势浩大地快速经过，去攻击莫朗德将军的方阵时，看到的人无不紧张地屏住了呼吸。然而，这些骑兵首先要承受来自村庄侧面的火力攻击，接着又遭到三十步外莫朗德步兵方阵的子弹齐射，被打得分散开来。他们冲锋了五次，被打退五次，调头清点损失。莫朗德的师组成方阵，毫不犹豫地进攻，将奥兰治亲王的步兵打得仓皇撤退。

右翼的崩盘让普军丧失了战斗意志。令人难以置信的是，达武军已经战斗了整个上午，以单个军的兵力抵挡了一支军队，现在又发起总攻，并一直追击敌军，直到下午4点30分追到奥尔施泰特村子上面的群山处才停止。更远处，普鲁士残军在向西、南、北三个方向仓皇逃离。达武遭受了7000人的伤亡，占据其很大比例的兵力。普军死伤及被俘达1万人。在耶拿和奥尔施泰特，法军共缴获普军200门火炮。在这两次战役中，普鲁士已经竭尽全力战斗，有时甚至更为英勇，并一如他们传统的顽强。然而，本质上，他们却是业余的军队，由根本不理解现代战争机制因而也无法为此谋划的业余人士和年迈者统率。他们的对手是在每个层面都指挥高效、经验十分丰富的职业军人，因而他们的失败也是注定的。

虽然取得了完胜，但拿破仑对他的其中两位元帅还有不满。他不能容忍任何形式的蠢行，并尖锐地批评内伊莽地将自己军的大部分

---

① 即威廉一世，全名威廉·弗雷德里克（William Frederik，1772~1843年），是第一任尼德兰国王和卢森堡大公。——译者注

兵力置于被消灭的危险之中。他更不能容忍别人违抗命令，贝尔纳多特因为在两次行动中都没起到作用的行为，已经距离将自己送上军事法庭只有毫厘之差了。他最终逃过这一劫，纯粹是靠裙带关系。拿破仑曾经与德西蕾·克拉里（Desirée Clary）短暂地订过婚，她是马赛（Marseilles）有名的美女。后来，他们取消婚约，德茜蕾嫁给了贝尔纳多特，开始走上一段不同的人生道路，这条路最终令她成为瑞典和挪威的王后。德茜蕾的姐姐朱莉则嫁给了拿破仑的长兄约瑟夫·波拿巴（Joseph Bonaparte），成为那不勒斯和后来西班牙的王后。无论当时拿破仑对贝尔纳多特说了什么，贝尔纳多特后来在背叛了拿破仑——他的这位从前的皇帝和保护人——时都没有丝毫不安。眼下，拿破仑不允许贝尔纳多特休息，命令他率队追击溃败的普鲁士军队。

10月16日，乔基姆·穆拉特的骑兵抵达埃尔福特，抓获1.4万名普军俘虏。第二天，贝尔纳多特在哈雷采取行动，打败了符腾堡公爵麾下的一支部队。到了10月20日，法军已经抵达易北河，两天后便拿下了河边的两座桥头堡。与此同时，内伊包围了马格德堡（Magdeburg），马格德堡11月10日投降，又带来2.2万名俘虏。另外，达武于10月25日开进柏林，拿破仑住进了皇宫。不久，奥热罗押着耶拿—奥尔施泰特会战期间抓获的数不清的俘虏，也抵达了柏林。这些俘虏中间，有一些是国王卫队的成员，之前他们向法国大使馆下战书时趾高气扬，现在却求奥热罗不要让他们在城里游街。下战书那件事发生时，奥热罗恰好也在柏林，他目睹了整件事的经过。奥热罗对他们的请求无动于衷，令他们游街经过法国大使馆，这也是可以理解的。当他们经过法国大使馆时，受到了柏林人的奚落。这些年轻富有的贵族们把柏林城视为他们个人的财产，做出了相应的举动，柏林人的内心对他们自然也是鄙视的。

与此同时，拿破仑骑马来到了罗斯巴赫战役的战场。在那里，他命人将一座纪念 1757 年普鲁士战胜法国的小型纪念碑推倒、砸碎。10 月 25 日，拿破仑造访了位于波茨坦驻军教堂（Garrison Church）的腓特烈大帝之墓，拿走了腓特烈大帝的佩剑、冠帽、将军腰带、黑鹰勋章的勋带和七年战争期间普鲁士国王卫队的军旗。

达武、奥热罗和刚抵达的热罗姆·波拿巴（Jerome Bonaparte）麾下的各军受命向东进军，前往奥德河（Oder），预防俄国可能进行的干预。贝尔纳多特和穆拉特的骑兵还在追赶霍恩洛厄。霍恩洛厄带着余下的兵力正逃往河口之地斯德丁（Stettin）。10 月 26 日，霍恩洛厄的侧卫在策德尼克（Zehndenick）被击溃。两天后，霍恩洛厄带着剩余的 1.4 万名兵力在普伦茨劳（Prenzlau）投降。10 月 29 日，穆拉特的轻骑兵师的指挥官安托万·拉萨尔（Antoine Lasalle）少将未开一枪便成功劝降了斯德丁 5000 名驻军。

普鲁士剩下的最后一支自由行动的部队，是格布哈德·冯·布吕歇尔（Gebhard von Blücher）少将的 2.2 万人，他们正朝着波罗的海海岸附近的吕北克（Luübeck）和丹麦边境行进。穆拉特、贝尔纳多特和苏尔特正对他穷追不舍。与此同时，拿破仑的弟弟——现荷兰国王路易·波拿巴，和莫蒂埃①元帅从莱茵兰出发的一个军一样，正在向汉堡推进。布吕歇尔鲁莽之下，用武力强行占领了本是自由、中立城市的吕北克，并要求吕北克交出钱和粮食。他两样要求都没得到满足。11 月 6 日，苏尔特和贝尔纳多特攻占吕北克，将城市洗劫一空。普鲁士

---

① 爱德华·阿道夫·卡西米尔·约瑟夫·莫蒂埃（Édouard Adolphe Casimir Joseph Mortier, 1768~1835年）：特雷维索（Trévise）公爵，拿破仑的元帅之一。——译者注

军队的前总参谋长格尔哈德·冯·沙恩霍斯特[1]上校被迫和自己的 1 万士兵一同投降，但布吕歇尔设法带着部分兵力逃出了吕北克。不过，到了 11 月 7 日，布吕歇尔还是带着饥肠辘辘的 8000 士兵在拉特考（Ratkau）投降了。同日，只剩 600 人的瑞典分遣队投降。马格德堡原本打算再坚持一些天，但 1806 年的战役到此便结束了。

对于普鲁士而言，战争的代价无比高昂。普军阵亡 2 万人，受伤人数可能要多一倍，另有 14 万人成为战俘。此外，普鲁士被缴获800 门火炮、250 面军旗。然而，这仅仅标志了普鲁士一系列困顿的开端。国王腓特烈·威廉三世和路易丝王后向沙皇寻求庇护，因为俄国仍然与拿破仑处于战争状态。路易斯王后坚决不同意普鲁士与法国缔结和约，而且在 1807 年的会战尤其是于埃劳（Eylau）和弗里德兰（Friedland）的战役中，一支由逃亡军官和士兵组成的军级规模的兵力，在安东·莱斯托克（Anton L'Estocq）将军的指挥下，维护了普鲁士军队的荣誉。不过，有一段时间，甚至连拿破仑都承认，持续的战斗并没有实际的好处。于是，1807 年 7 月，在提尔西特（Tilsit），在尼曼河（Nieman river）上泊着的一只木筏上，交战方缔结了和约。其间，路易斯王后一度被允许和拿破仑进行了较长时间的会面，或许她是希望为普鲁士争取更优惠的条款吧。然而，她发现，这位皇帝对她的魅力无动于衷，而他唯一准备同意的条款几乎摧毁了普鲁士。普鲁士将丧失位于易北河与莱茵河之间的领土以及在瓜分波兰期间获得的土地。其结果就是，与战前相比，普鲁士的面积和人口削减了二分之一。普鲁士的军队要将规模限制在 4.2 万人以内。此外，普鲁士要赔款 1.4 亿

---

[1] 格尔哈德·冯·沙恩霍斯特（Gerhard von Scharnhorst, 1755~1813 年）：普鲁士将军、军事改革家，普鲁士总参谋部的奠基人。1806 年，作为普军总司令布伦瑞克公爵的总参谋长，沙恩霍斯特参加耶拿—奥尔施泰特会战，但不受重视，不伦瑞克仅将他当作副官做一些跑腿的活。沙恩霍斯特做了拿破仑的战俘后，不久在战俘交换中被释放回国。回国后，沙恩霍斯特任军事局局长兼军事改革委员会主席，对普鲁士军队进行军事改革，组建总参谋部，实行义务兵役制。——译者注

法郎，而且在赔款到位之前，国家将保持在法国的占领之下。和约还明确规定，虽然腓特烈·威廉三世可以保留王位，但他最好切记他的国家是法兰西帝国的附属国这一现实。还要等很多年过去，普鲁士的这种地位才会有所改变。

WHY
THE GERMANS
LOST

THE RISE AND FALL OF THE BLACK EAGLE

第 04 章

重整旗鼓

签订《提尔西特和约》之后，普鲁士当局的当务之急，是想办法规避该和约的限制性条款，尤其是那些与大幅削减普鲁士军队规模相关的条款。腓特烈·威廉三世建立了军事改革委员会，来审查应该采取的适当对策。军事改革委员会的成员囊括了当时最优秀、最有才智的年轻军官。后来该委员会制定的对策不仅对 1866 年、1870 年、1914 年和 1939 年的战争适用，甚至直至今日仍行之有效。所以，这里探讨一下改革委员会一些成员的职业生涯，也是有价值的。

军事改革委员会的领导者，是近期刚得到提拔的格尔哈德·冯·沙恩霍斯特少将。普遍认为，沙恩霍斯特的专业能力是哪怕最有前途的参谋军官也无法比拟的。1775 年，沙恩霍斯特出生在汉诺威以经营农场为生的家庭。他对自我的教育非常成功，以致能够被绍姆堡—利珀（Schaumburg-Lippe）伯爵在威廉斯泰因（Wilhelmstein）要塞建立的军事学校所录取。1778 年，沙恩霍斯特获得汉诺威勤务部队的任命，在炮兵服役。为在薪水之外增加收入，沙恩霍斯特创办了一份军事杂志，撰写了大量与军事问题相关的文章。

沙恩霍斯特参加的第一次战役，是 1793~1794 年在约克公爵[①]的麾下服役时，在荷兰打响的与法国革命军的战役。沙恩霍斯特凭借其军事写作的声望，受到了反法同盟中各国军队的邀请。在《巴塞尔和约》签订后，沙恩霍斯特加入普鲁士军队，被任命为中校职衔，并获得贵族特权，让他可以在姓之前加上代表贵族身份的"冯"。沙恩霍斯特在柏林军官学校讲课时，听他课的其中一名低年级学生，便是卡尔·冯·克劳塞维茨[②]。1806 年的战争期间，沙恩霍斯特担任不伦瑞克公爵的总参谋长。在那场毁灭性的大战的最后阶段，沙恩霍斯特投到了布吕歇尔将军麾下，并与布吕歇尔将军先后投降。不久之后，双方交换了俘虏，沙恩霍斯特又在安东·莱斯托克的普鲁士军团中发挥了重要的领导作用，与俄国军队并肩作战，并因为在埃劳战役中表现出色而获得了普鲁士最高级别的勋章蓝马克斯勋章[③]。

作为改革委员会的主席，沙恩霍斯特停止军队招募外国人的做法，放弃了长期服役的职业军队的理念，取而代之的是全国所有适龄男性均有服役义务的国民军队的理念。直至他去世，这一理念尚未完全实现，但是通过采用短期服役的义务兵制，他为普鲁士军队建立了强大的后备军，这支后备军的可用人数远远超出了拿破仑所要求的限制。沙恩霍斯特的其他改革举措还包括：废除体罚，但在公然违抗命令的情况下除外；实行唯人才任命制而不是唯贵族任命制；实行战场委任制以及普遍的战功擢升制。为了让初级军官的表现实现标准化，柏林、柯尼斯堡（Königsberg）和布雷斯劳建立了培养见习军官的军事学校。同时，为了推动高级军官的继续教育，1810 年又正式成立了著名的柏

---

① 约克公爵：弗雷德里克·奥古斯塔斯（Frederick Augustus，1763~1827 年），英国国王乔治三世（George Ⅲ，1738~1820 年）的次子，拿破仑战争期间英国陆军总司令。——译者注
② 卡尔·冯·克劳塞维茨（Carl von Clausewitz，1780~1831 年）：普鲁士军事理论家和军事历史学家，著有《战争论》（Vom Kriege 或 On War）。——译者注
③ 蓝马克斯勋章（Pour le Mérite）：或称"功勋勋章"，普鲁士和德意志帝国军队最高勋章。——译者注

林高级步兵学校（柏林军事学院的前身）。

　　沙恩霍斯特尤其重要的一条改革举措是，决定在每个省招募并驻扎一个包括步兵、骑兵和炮兵在内的军团，每个市镇或每一村落集群分配数个团，与其建立永久的联系。这样一来，这种制度便很好地利用了如下的原则：一名士兵，如果他的战友包括了邻居或亲戚，那么他在作战时将更加勇猛。这种制度也简化了动员程序，因为部队的后备军就生活在部队驻地附近。另外，沙恩霍斯特还创建了为炮兵培训初级军官和军士的学校，设立了技术检测委员会，以检验军事发明的效用。

　　奥古斯特·奈哈特·冯·格奈森瑙 [1] 生于 1760 年，出生在萨克森的希尔道（Schildau），父亲奥古斯特·奈哈特（August Neidhardt）是萨克森炮兵部队的一名中尉。奥古斯特家庭拮据，父亲将仅有的钱似乎也用在了他的教育上。1777 年，他考进了埃尔福特大学。两年后，加入了驻扎在该市的奥地利团。1782 年，奥古斯特获得委任，在拜罗伊特—安斯巴赫（Bayreuth-Ansbach）亲王麾下效命，同时将"格奈森瑙"加在自己的姓氏之后。"格奈森瑙"这一姓氏是取自奥地利一个没落的家族庄园。此后，格奈森瑙的职业生涯有了不寻常的发展。格奈森瑙所在的拜罗伊特—安斯巴赫亲王的一个团被借给英国政府，他也跟着前往北美参加了美国独立战争。1786 年，格奈森瑙回国时，战斗经验已经很丰富，并成功申请加入了普鲁士军队，经腓特烈大帝批准，被任命为步兵中尉。在此后的十年间，格奈森瑙承担驻军任务，利用业余时间研究政治和军事史。

　　被任命到改革委员会后，格奈森瑙主要参与的是军队改组的问题，

---

① 奥古斯特·威廉·安东·奈哈特·冯·格奈森瑙（August Wihelm Anton Neithardt von Gneisenau，1760~1831 年）：普鲁士军事改革家、要塞和工兵司令、陆军元帅。——译者注

但他非常支持沙恩霍斯特和他的改革。到了 1809 年，格奈森瑙已经任上校职，他的活动吸引了法国情报部门不怀好意的关注。格奈森瑙只好退职，但紧接着他便对奥地利、俄国、瑞典和英国进行了一系列秘密的访问。这些国家或者已经是法国的敌人，或者是法国的潜在敌人。格奈森瑙究竟与这些国家探讨了什么，到现在仍是未知，但显然他们探讨的主题与未来联合抵抗拿破仑有关。格奈森瑙回到柏林后，再次担任了普鲁士爱国党的领袖。

赫尔曼·冯·博伊恩 [①] 生于 1771 年，出生在东普鲁士的克罗伊茨堡（Kreuzberg）。博伊恩 1784 年参军，1806 年在不伦瑞克公爵的总参谋部任职，在奥尔施泰特战役中受伤。《提尔西特和约》签订之后，博伊恩加入改革委员会，被沙恩霍斯特视为最得力的助手。然而，1812 年，当拿破仑强迫普鲁士与法国结盟时，博伊恩从上校职退役，访问了维也纳和圣彼得堡。

卡尔·冯·格罗曼（Karl von Grolman）生于 1777 年，出生在柏林，1795 年被正式任命为见习军官，1797 年任少尉，1804 年升任中尉，1805 年任上尉。在 1806 年的战争之前，格罗曼便受到了沙恩霍斯特的关注。在耶拿战役和签订《提尔西特和约》期间，格罗曼在普鲁士军队总参谋部任职，因为战争中的杰出表现而被擢升为少校。此后，格罗曼加入改革委员会。

这时，格罗曼的职业生涯受到了意想不到的形势变化的影响。1806 年 6 月，一个名为美德会（Tugendbund 或 League of Virtue）的组织成立了。该组织的慈善目的是什么暂且不论，它的成员包括了一些以爱国著称的人，其中便有沙恩霍斯特、格奈森瑙和格罗曼。自然，

---

① 赫尔曼·冯·博伊恩（Hermann von Boyen，1771~1848 年）：普鲁士陆军元帅，1810~1813 年、1841~1847 年先后任普鲁士战争部部长。——译者注

这引起了法国情报部门的注意，尤其是其中一名成员费狄南·冯·兹希尔（Ferdinand von Schill）少校的活动。兹希尔的父亲是一名萨克森的军官。在七年战争期间，他父亲曾招募一支义勇军。这支义勇军是一支规模不大的突袭部队，由骑兵和骑马步兵组成。

兹希尔在十三四岁的时候，便加入了普鲁士骑兵。他在龙骑兵团任少尉时，在奥尔施泰特战役中负伤，但他设法前往了科尔贝格（Kolberg）要塞，在科尔贝格要塞的攻城战中发挥了重要作用。兹希尔继承了家族传统，也招募了一支自己的义勇军，率领这支军队在法国阵线的后方进行了广泛的突袭。《提尔西特和约》签订之后，兹希尔被擢升为少校，并受命指挥一支包括其大部分义勇军士兵在内的骠骑兵团。

1809 年，法国和奥地利之间爆发战争的可能性给了兹希尔鼓舞，这让他有了将德意志从法国的统治之下解放出来的想法。兹希尔多位美德会的同仁相信，拿破仑新近为他最小的弟弟热罗姆·波拿巴建立的威斯特伐利亚王国，如果得到充分的鼓励，将有反叛波拿巴家族的可能。尽管兹希尔自己做好准备以发动必要的起义，但他计划中不太实际的方面还包括奥地利、西班牙和大不列颠提供的积极支持。

在正式举起威斯特伐利亚反叛的旗帜之前，兹希尔先是率领骠骑兵团离开柏林，之后穿过萨克森，进入威斯特伐利亚，一路吸引了很多军官和一个轻步兵连的加入。1809 年 5 月 5 日，在道登多夫村（Dodendorf），面对不尽力的威斯特伐利亚军队，兹希尔取得了一场小规模的胜利。之后，他麾下的兵力很快便超过了 2000 人。然而，兹希尔却没有获得他原本希望的外国的支持，甚至他自己的君主腓特烈·威廉三世也谴责他的行动，因为腓特烈·威廉三世担心，他本就衰弱的普鲁士会再次被拖入与拿破仑开战的泥潭。兹希尔被迫向东北撤退

至施特拉尔松德（Stralsund）。在那里，他被法国领导的大约有 8000
名士兵的荷兰和丹麦军队包围。5 月 31 日，施特拉尔松德镇被攻占，
兹希尔在战斗中阵亡。兹希尔手下大约 1000 人逃到了普鲁士，其中普
鲁士的军官被送上军事法庭、撤职并被囚禁，但随后得到了赦免。其
他人逃到瑞典，但余下的人或者被杀死，或者被俘虏。570 名俘虏中，
大部分人被判为舰艇摇橹的苦役，同时有 11 名军官和 14 名威斯特伐
利亚逃兵被处决。兹希尔的头颅被从遗体上砍下献给了路易·波拿巴
直到 1837 年才归还德国。或许有人会认为，兹希尔是乐观得无可救
药，甚至愚蠢，但在德国，他已经被视为民族英雄。人们为他竖立了
大大小小的纪念碑，在全国各地有无数的街道和广场以他的名字命名。

　　如果不是兹希尔的起义过早夭折，格罗曼或许会加入他的行
列。由于格罗曼对兹希尔起义的同情将他置于了危险的境地，他加
入了奥地利军队，在总参谋部获得少校职衔。之后，格罗曼前往加
的斯（Cadiz），率领一支志愿军保卫加的斯，为西班牙与拿破仑的斗
争提供了援助。格罗曼参加了艰苦卓绝的阿尔布里亚战役（Battle of
Albuera），在萨贡托（Saguntum）和瓦伦西亚（Valencia）的战斗中也
有他的身影。在瓦伦西亚的战斗中，格罗曼被敌军俘虏，但他出人意
料地逃到了瑞士。1813 年，格罗曼回到普鲁士军队的总参谋部。

　　沙恩霍斯特负责军事改革的团队中还有一位成员，就是军人、哲
学家、军事理论家卡尔·冯·克劳塞维茨。克劳塞维茨生于 1780 年，
12 岁时加入军队，成为准下士。克劳塞维茨参加了 1793~1794 年的莱
茵河大战，1806 年在耶拿—奥尔施泰特会战中被俘。在法国被囚禁两
年后，克劳塞维茨回到柏林，协助改革委员会，并在军官学校讲课。
虽然常常遭到否认，但有时会有人提出，克劳塞维茨的思想受到了哲
学家黑格尔的影响。不过，关于这一点，最好还是留给拥有深入哲学

训练的人士来论证吧。克劳塞维茨最著名的作品《战争论》（ *On War* ），对战争的性质提出了论断：第一，"战争是一种迫使敌人遵从我方意志的武力行为"；第二，"战争不过是政策通过其他方式的延续"。

1812 年，当拿破仑强迫普鲁士与法国结盟时，克劳塞维茨一想到要为法国作战，便完全不能容忍。于是，他离开普鲁士，加入俄罗斯—德意志军团（ Russo-German legion ）。克劳塞维茨随后的经历包括参加激烈的波罗地诺战役（ Battle of Borodino ），协助了最后达成《陶罗根专约》（ Convention of Tauroggen ）的谈判。《陶罗根专约》签订于 1812 年 12 月 30 日，由普鲁士方面的路德维格·约克·冯·瓦滕堡[①] 将军和俄罗斯方面的汉斯·卡尔·冯·迪比奇（ Hans Karl von Diebitsch ）共同签署。《陶罗根专约》的作用是保持与拿破仑的"大军团"一起在俄罗斯境内行动的普鲁士军团的中立，允许俄罗斯军团在普鲁士境内自由通行。这一结果在普鲁士引起了广泛的民众起义，促使腓特烈·威廉三世与俄罗斯缔结了进攻性同盟。1813 年 3 月 17 日，普鲁士对法国宣战。

与入侵俄罗斯之前相比，拿破仑的"大军团"现在只剩下可怜的残兵败将。随着"大军团"的剩余兵力从入侵俄罗斯的战争中铩羽而归，克劳塞维茨也积极地介入了推动普鲁士军队反抗"大军团"的活动之中。这一情况吸引了作家 C. S. 福雷斯特[②] 的注意。福雷斯特在他的小说《分舰队司令霍恩布洛尔》（ *The Commodore* ）中，他的主人公霍雷肖·霍恩布洛尔（ Horatio Hornblower ）率领一支分舰队来到了波罗的海。在福雷斯特的安排下，霍恩布洛尔和克劳塞维茨在里加

---

① 路德维格·约克·冯·瓦滕堡（ Ludwig Yorck von Wartenburg, 1759~1830 年）：普鲁士元帅、瓦滕堡伯爵。——译者注
② 塞西尔·斯科特·福雷斯特（ Cecil Scott Forester, 1899~1966 年）：英国历史小说家，其作品大都反映拿破仑时代的海军生活。——译者注

（Riga）的攻城战中会面，并交换了对互相都有利的意见。1815 年，俄罗斯—德意志军团被编入普鲁士军队，克劳塞维茨再次回归普军。

对沙恩霍斯特提出的国民军的理念做出最重要贡献的不是军人，而是一名政府高级官员——海因里希·冯·施泰因帝国男爵 [①]。施泰因生于 1757 年，出生在位于拿骚（Nassau）附近的家族庄园。在签订《提尔西特和约》之后，施泰因被委以要职，并被授予广泛的权力。简而言之，施泰因的成绩包括：废除农奴制；消除贵族的土地和农民的土地的区别，推行土地的自由交易原则；废除各职各业中的阶级限制；并进行一定程度的市政改革，批准普鲁士所有市镇和居民人口在 800 人以上的村庄实行地方自治。类似的措施为改革后的军队提供了动力，让军队感到他们是在为国家本身而战，而不是仅仅为君主而战。

施泰因也是一位坚定的爱国者，但拿破仑对此毫不知情。所以，当拿破仑的情报机构拦截到施泰因的一封信，信里表达了类似于西班牙的民族起义将很快在德意志地区爆发的希望时，拿破仑的愤怒是无以复加的。施泰因明白，他现在的处境非常危险，于是在 1809 年 1 月 5 日匆匆离开柏林，穿过边境，来到波希米亚。在这里，施泰因的前同事弗里德里希·冯·雷登（Frederick von Reden）伯爵在自己位于利森山区（Riesengengebirge）的城堡里为他提供了临时避难所。之后的三年时间，施泰因生活在奥地利，待在布尔诺（Brno）的时间居多，但到了 1812 年，他越来越有可能被奥地利当局交给拿破仑。幸运的是，在这紧要关头，他收到了沙皇亚历山大一世（Alexander Ⅰ）请他访问圣彼得堡的邀请。

---

① 海因里希·弗里德里希·卡尔·冯·施泰因帝国男爵（Heinrich Friedrich Karl Reichsfreiherr von und zum Stein，1757~1831 年）：通称施泰因男爵，普鲁士王国民族主义和民主主义政治家、改革者，1807 年 10 月被任命为普鲁士首相。上任第二天，施泰因男爵便颁布命令，宣布在三年后将全部废止普鲁士的农奴制度，并允许土地自由买卖；之后又推行了一系列的改革，实施地方自治，改组中央政府机构等。——译者注

《陶罗根专约》之后，沙皇请施泰因担任东普鲁士和西普鲁士的临时总督。任职期间，施泰因建立了后备役军队（Landwehr）、一支民兵武装和一支被称为战时后备军（Landsturm）的预备队。在腓特烈·威廉三世看来，施泰因作为一名政府官员，其所作所为却已经远远超出了自己的职权范围。这引起了腓特烈·威廉三世的反感，他与施泰因之间的关系也冷淡了一段时间。然而，当英国和奥地利加入俄罗斯—普鲁士同盟时，施泰因关于拿破仑不从法兰西的帝位退位战争必然会持续下去的主张赢得了广泛的赞同，施泰因本人也被委以监管被解放领地的治理的重任。他在推动中欧从法国统治下解放出来的一系列事件中发挥了重要作用，但是他希望将德意志重组为一个统一的政治实体的愿望，却被奥地利的梅特涅① 亲王和德意志小邦国的统治者挫败了。事实上，施泰因的想法离实现也并没有那么遥远。

---

① 克莱门斯·冯·梅特涅（Klemens von Metternich，1773~1859 年）：19 世纪奥地利著名外交家，1809 年开始任奥地利帝国的外交大臣，1821 年起兼任奥地利帝国首相。——译者注

WHY
THE GERMANS
LOST

THE RISE AND FALL OF THE BLACK EAGLE

第 05 章

空胜一场

对所有将军而言，接管一场即将失败的战役都如同一场噩梦，更不用说接管一场注定会失败的战役了。1812 年 12 月初，随着拿破仑"大军团"的残兵败将从俄罗斯铩羽而归，进入波兰，这支军队的战斗力就几乎荡然无存了。倘若不是同样精疲力竭的俄罗斯人停止了追击，这支军队可能已经被歼灭了。12 月 5 日，拿破仑离开军队，回到法国募集新的兵力，将军队留给了乔基姆·穆拉特元帅指挥。自 1808 年开始，穆拉特元帅更常用的称呼是"那不勒斯国王"。穆拉特带领军队通过了维尔纳（Vilna）、科夫诺（Kovno）、柯尼斯堡和埃尔宾（Elbing）。1813 年 1 月 1 日，之前在拿破仑"大军团"的编制下效力的普鲁士军团转而投奔俄罗斯，普鲁士全境范围内掀起了反法起义的浪潮。1 月18 日，穆拉特思索再三，得出一个结论，认为冬天那不勒斯的生活要比在波罗的海沿岸度过惬意多了，于是将军队交托给了拿破仑皇帝的继子欧仁·德·博阿尔内 [①]。欧仁的生父是亚历山大·德·博阿尔内

[①] 欧仁·德·博阿尔内（Eugene de Beauharnais，1781~1824 年）：法国大革命战争时期及拿破仑战争时期的军事家、政治家，拿破仑的继子，意大利总督，父亲是亚历山大·德·博阿尔内（Alexandre de Beauharnais）将军，母亲是约瑟芬·塔契·德拉·帕热利（Josèphe Tascher de la Pagerie），即拿破仑的约瑟芬皇后。——译者注

将军，在"恐怖统治时期"被处决，母亲是约瑟芬·塔契，后来成为拿破仑的第一任妻子。欧仁并非无谋之人，所以当普鲁士军团投敌后，他采取了防守的策略，等待拿破仑皇帝的援军到来。欧仁将卫成部队派驻到但泽（Danzig）、托伦（Thorn）、斯德丁、库斯特林（Kustrin）和奥得河畔法兰克福，他自己则撤退到易北河畔的马格德堡。2月底，第一批援军抵达马格德堡，将欧仁的兵力增加到 6.8 万人。但是，之前与"大军团"一起作战的奥地利分遣部队脱逃，抵消了欧仁兵力的增加效果。奥地利分遣部队在抵达华沙后，便调转方向，进入了波希米亚。在 2 月和 3 月间，整个欧洲似乎都开始与拿破仑为敌了。俄罗斯、普鲁士、瑞典和英国形成了新的同盟，在易北河谷马格德堡与德累斯顿之间部署了久经沙场的 10 万大军。在伊比利亚半岛，威灵顿公爵 [①] 麾下的英普联军，包括了主要但不仅限于由流亡的汉诺威人组成的英王德意志军团（King's German Legion），与西班牙爱国军联手，给约瑟夫·波拿巴国王带来了致命的打击，解除了他对西班牙的控制，将他的法国军队赶出西班牙，迫使法国军队越过比利牛斯山脉，回到了法国境内。

尽管如此，在法国，拿破仑还是提前了征募新兵的日期。4月，拿破仑回到德意志地区时，已经多了一支 20 万人的大军，与"大军团"的余部编在了一起。在外人看来，拿破仑的军队似乎由两部分人员组成：一部分是面带稚气的男孩子，很多人都还未到剃须的年纪；另一部分是目光冷峻的中年人，因为最近的战争经历而过早地显出衰容。然而，令人好奇的是，当拿破仑号召他们战斗时，这两类人员都会一呼百应，而拿破仑号召他们即将打的这场大战，在一些历史学家

---

① 威灵顿公爵：指第一代威灵顿公爵阿瑟·韦尔斯利（Arthur Wellesley，1769~1852 年），人称"铁公爵"，拿破仑战争时期的英国陆军将领、第 21 位英国首相。——译者注

笔下，也成为拿破仑军事生涯中最为显赫的一次。

普鲁士方面，军队的统帅是格布哈德·列博莱希特·冯·布吕歇尔将军。布吕歇尔虽然出生在 1742 年，一直当的都是轻骑兵，但在内心里他仍是位有锐气的骠骑兵。正如前文已经提到的，在耶拿—奥尔施泰特那场灾难之后，布吕歇尔仍率领着大批普鲁士军进行抵抗，直到被困普伦茨劳，在缺少继续战斗所必不可少的食物和弹药的情况下被迫投降。1813 年，在德意志解放战争[①]之初，布吕歇尔的总参谋长是格尔哈德·冯·沙恩霍斯特，沙恩霍斯特因而得以亲身体验他推行的改革对军队素质的提升。沙恩霍斯特的才华与名气之大，以至于联军的总司令、俄罗斯的维特根斯坦亲王[②]也请沙恩霍斯特临时担任他的总参谋长，布吕歇尔慷慨地同意了这个请求。

这场新战争的第一次重大行动于 5 月 2 日在吕岑（Lützen）展开。拿破仑遭到突袭，但他很快集结部队，集中炮兵部队攻击维特根斯坦亲王的中央军力。接着，拿破仑亲自带领部队进行大反攻，将联军切割开，迫使他们撤退。双方各伤亡大约 1.8 万人。对于普鲁士军队而言，这场战役没有获胜，但也算不上大败，因为法国的新兵实在缺乏追击的毅力。普军当天最大的损失，是沙恩霍斯特脚上受了伤，伤口开始化脓，最后致使他在前往布拉格与施瓦岑贝格[③]和拉德茨[④]两位谈判，争取让奥地利加入战争时，于 6 月 28 日在布拉格病逝。

① 德意志解放战争：1813 年，德意志反对法国拿破仑统治争取独立的战争。1813 年年底，整个德意志从拿破仑的统治下获得解放。——译者注
② 彼得·克里斯蒂安诺维奇·维特根斯坦（Peter Christianovic Wittgenstein，1769~1843 年）：俄罗斯帝国陆军元帅，1834 年普鲁士国王腓特烈·威廉三世册封他为萨因－维特根斯坦亲王（Prince Sayn-Wittgenstein）。——译者注
③ 卡尔·菲利普·施瓦岑贝格亲王（Karl Philipp Fürst zu Schwarzenberg 或 Prince Charles Philip of Schwarzenberg，1771~1820 年）：奥地利陆军元帅、外交家，施瓦岑贝格家族第一任施瓦岑贝格亲王。——译者注
④ 约瑟夫·拉德茨基·冯·拉德茨（Joseph Radetzky von Radetz，1766~1858 年）：奥地利陆军元帅，1814 年作为联军总司令施瓦岑贝格亲王的参谋长策划了莱比锡战役，发展了重兵集团大规模围攻战术。1831~1847 年任驻北意大利奥军总司令，1836 年晋升陆军元帅。文中此时的拉德茨尚不是元帅。——译者注

　　吕岑战役的三个星期后，在包岑（Bautzen）爆发了这场战争的第二场战役。之前，拿破仑对联军发起了正面攻击，同时内伊夜间行军，对联军进行包抄，这样就可以在黎明时袭击联军的侧翼和后方。一旦内伊按计划实施，联军将被包围起来，几乎会被歼灭。对法军而言，不幸的是，内伊似乎没有理解计划对他的要求，维特根斯坦亲王得以摆脱接触，撤退到西里西亚。这场战役，双方各伤亡约2万人。

　　现在，天平开始朝着不利于拿破仑的方向倾斜。贝尔纳多特原是法国的元帅，现在是瑞典的王储，正率领一支12万人的普鲁士—瑞典联军朝法军逼近。同时，在奥地利，在宣战的前夕（奥地利实际上是8月12日宣战的），施瓦岑贝格麾下一支24万人的大军正在波希米亚北部集结，已经危险地靠近了法军的交通线。另外，布吕歇尔接管了维特根斯坦亲王的军队，整顿之后用于阻止法军的前进。拿破仑意识到了当前局势的潜在危险，于是请求停战。令人难以置信的是，6月4日，联军竟然答应了这一请求，停战一直持续到8月16日。拿破仑利用这段时间将部队以最有利的方式进行了部署，同时训练新兵，让他们达到了更高的标准。到了8月16日，拿破仑可以立即投入战场的兵力为30万人，但对峙的联军有45万人。然而，联军对拿破仑的威名畏惧太深，他们的策略是避免与拿破仑直接交战，而是只要逮到机会，就集中兵力攻击他下属的主要指挥官。这种策略显示了一定的成效：8月23日，在格罗斯贝伦（Grossbeeren），贝尔纳多特击溃了他从前的战友乌迪诺[1]；3天后，在卡兹巴赫（Katbach），布吕歇尔打败了麦克唐纳[2]。

---

[1] 尼古拉－夏尔·乌迪诺（Nicolas-Charles Oudinot, 1767~1848年）：法国大革命战争时期及拿破仑战争时期的法国将领，法兰西第一帝国元帅，被誉为"掷弹兵之父"。——译者注

[2] 埃蒂安－雅克－约瑟夫－亚历山大·麦克唐纳（Etienne-Jacques-Joseph-Alexander MacDonald, 1765~1840年）：法国大革命战争及拿破仑战争时期的法国将领，1809年晋升为法兰西第一帝国元帅，受封塔兰托公爵。——译者注

　　这些胜仗虽然令人乐见，却具有欺骗性，因为 8 月 26 日，一场重大的战役在德累斯顿爆发了。此前，奥地利皇帝、俄罗斯沙皇和普鲁士国王的军队已经加入了施瓦岑贝格的军队。现在，这支大军攻打德累斯顿，守城的则是洛朗·德·古维翁·圣西尔①元帅。在联军看来，一切进展顺利。但是，第二天，当拿破仑率领援军突然降临战场时，联军顿时手忙脚乱。虽然拿破仑的兵力只有对方的一半，但他仍然冲破了联军左翼，造成了严重的伤亡。施瓦岑贝格在被彻底包围和撤退之前，已经损失了 3.8 万名士兵，他们或死或伤，或被俘，同时也损失了 40 门大炮。

　　如果不是拿破仑越来越频繁发作的隐疾再一次发作，只好离开战场，恐怕他这次的胜利会更加彻底。然而，拿破仑的军司令官之一多米尼克·旺达姆（Dominique Vandamme）却没有放弃这种可能。他在完全没有援助的情况下，率领部队强行军，攀过高山，进入波希米亚，在库尔姆（Kulm）的联军交通线的对面占据了一块阵地。这次追击最后带来的却是一场灾难，连德累斯顿战役的成果也被抵消了。8 月 29 日，旺达姆的一个军兵力被超过 10 万的奥地利、俄罗斯和普鲁士联军包围，第二天便几乎被全歼。旺达姆是一位行事硬气、言辞粗鲁的职业军人。他曾经吹嘘天不怕地不怕，但却承认，在拿破仑面前却感到真正的畏惧。的确，旺达姆流氓式的做派不仅远远未博得拿破仑的好印象，而且拿破仑曾经说过，他真希望有两个旺达姆在他手下效力，这样他就可以命令其中一个把另一个处决。战败后，旺达姆被带到沙皇亚历山大一世面前。亚历山大一世对他的强盗之名②早有耳闻，于是因此而对他痛加斥责，结果只得到他挑衅的回应："至少我从来没有被

---

① 洛朗·德·古维翁·圣西尔（Laurent de Gouvion St Cyr, 1764~1830 年）：法国海军大臣兼殖民大臣、陆军大臣，优秀的野战指挥员和战术家。——译者注
② 旺达姆曾经因为掠夺而被送上军事法庭，遭到停职。——译者注

指责杀害了自己的父亲！"①

对于法军而言，形势每况愈下。9月6日，内伊试图攻占柏林，但是当他的几个萨克森师弃之而去后，他被贝尔纳多特打败了。9月8日，向来是法兰西的可靠同盟的巴伐利亚退出拿破仑建立的莱茵联邦②，加入了反法同盟。这标志着德意志解放战争第一次将德意志人团结起来一起抗敌，这也是前所未有的事。

拿破仑的应对措施是将军队集中在莱比锡。拿破仑成功集结了18.5万人、600门大炮。与拿破仑对峙的普鲁士、俄罗斯与瑞典有30万人、1400门大炮，围拢在莱比锡的四周。随后的战斗从10月16日持续到18日，因为一些显而易见的原因，这场战役也被称为"民族之战"（The Battle of the Nations）。拿破仑在西北与普军对敌，在南面与奥军与俄军对抗，在东面则与贝尔纳多特的军队对峙。此外，贝尔纳多特的军队几乎实现了对法军包围圈的闭合。之后，联军发起了一系列集中的正面进攻，逼迫法军退入城内，凶残的战火紧接着又烧到了城内。当萨克森军团离拿破仑而去时，即使先前他有几分胜算，现在这点胜算也彻底消失了。埃尔斯特河上的桥被提前炸毁时，又一个灾难出现了：雅克·麦克唐纳和安东尼·波尼亚托夫斯基亲王③这两位元帅试图骑马涉过河流，但是只有麦克唐纳元帅成功到达了远处的河岸。

莱比锡战役的惨败对拿破仑打击极大。拿破仑手下大约有6万人

---

① 1796年，亚历山大一世的祖母叶卡捷琳娜二世去世，父亲保罗一世登基，亚历山大一世正式被立为皇储。保罗一世常常因为一些琐碎的事务训斥亚历山大，渐渐地亚历山大结交了一些有实权的朋友，这些人对保罗一世的统治颇有微词，后来于1801年发动政变，杀死了保罗一世。或许因为这个原因，亚历山大一世被指责弑父。——译者注
② 莱茵联邦（Confederation of the Rhine）：1806年，奥斯特利茨战役中俄罗斯帝国沙皇亚历山大一世和奥地利帝国皇帝弗朗茨二世被法兰西帝国皇帝拿破仑打败后，由拿破仑建立的德意志地区的政治实体，最初成员有16个前神圣罗马帝国的邦国。——译者注
③ 约泽夫·安东尼·波尼亚托夫斯基（Józef Antoni Poniatowski, 1763~1813年）：法兰西第一帝国元帅，生于维也纳，父亲安德烈·波尼亚托夫斯基是波兰亲王，叔叔奥古斯特为波兰国王。波尼亚托夫斯基是一位著名的波兰爱国者，为波兰独立而加入拿破仑的阵营。——译者注

伤亡或被俘，物质损失包括 150 门大炮和 500 辆马车。对联军来说，这场胜利也并非轻而易举。联军的损失也超过了 6 万人。这场战役中有趣的一面，是瑞典分遣部队中一支英国火箭部队的出现。在射出点的位置，火箭兵会对仔细瞄准发射，但它们往往拖着喷火的尾巴，发着刺耳的叫声，随心所欲地飞到对面的战场上。火箭弹造成的伤亡相对较少，但在敌人心中激起的恐惧很大。

拿破仑率领残余兵力朝着莱茵河的方向撤退。巴伐利亚军队获悉拿破仑战败后，派出一支 4 万人的部队，由卡尔·冯·弗雷德（Karl von Wrede）指挥，前去切断拿破仑的退路。然而，10 月 30 日至 31 日，弗雷德亲王在哈瑙（Hanau）遭受重创，损失了 9000 人和大量火炮，而法军付出的代价仅为伤亡 5000 人。之后，法军继续撤退，在 1813 年 11 月 1 日至 5 日的 5 天时间里，渡河到了莱茵河的左岸。

11 月 8 日，出乎意料的是，拿破仑收到了联军慷慨的和解提议。提议中最重要的一点是，在法国的边境线重新划到阿尔卑斯山脉和莱茵河后边的前提下，可以允许拿破仑保留他的帝位。在当前这种局势下，鉴于荷兰公开叛乱，莱茵联邦也在土崩瓦解，再加上 11 月 11 日德累斯顿的法国驻军业已投降，拿破仑皇帝本该以赞成的倾向考虑这些条件的。但是，他却不明智地拒绝了提议。因此，联军剩下的唯一选择，就是通过入侵法国来结束战争。12 月 21 日，联军在曼海姆（Mannheim）和科布伦茨（Koblenz）渡过了莱茵河。

拿破仑仍拥有的兵力太过分散。12 月 30 日，但泽的驻军投降，虽然在德意志的驻军仍然有大约 5 万人，但大多数驻守在汉堡，缺乏影响未来战事走向的能力。在西班牙，拿破仑另有 10 万人的军队在艰苦战斗，阻延西班牙人和威灵顿公爵的英葡联军向法国进军，这支 10 万人的军队想撤出一兵一卒都是不可能的。欧仁·博阿尔内亲王在意大利东北的 5 万人的军队也是如此，与他们对峙的是一支兵力相同的奥地利军队。在更近的地方，拿破仑可以在莱茵河下游从安特卫普到里昂（Lyon）沿线的扎营地召集大约 11.8 万人。随着 1814 年到来，拿破仑的意图是打算在内线作战，将联军的部队逐个消灭。在这方面，联军自己的部署也助了他一臂之力：联军的核心目标是巴黎，所以他们分别沿各自的路线朝着巴黎逼近。贝尔纳多特率领 6 万大军经荷兰、比利时向西进发；布吕歇尔率领 7.5 万名士兵沿摩泽尔河谷（Moselle Valley）北上进入洛林；施瓦岑贝格的军队是三军之中兵力最强的一支，他带领 21 万名士兵正在穿越中立的瑞士领土，进入贝尔福山口（Belfort Gap）。

　　拿破仑在从 1814 年 1 月底至 4 月的一系列后续行动中的指挥，被人们认为是他军事生涯中最出色的指挥。他的首要目标是阻止布吕歇尔和施瓦岑贝格会师。从 1 月 29 日开始，拿破仑对布吕歇尔发起了一系列攻击，旨在阻止布吕歇尔沿着马恩河（Marne）向巴黎逼近。在大多数战斗中，拿破仑给布吕歇尔造成了沉重的损失，但是他的强阻却只能是暂时性的。2 月 18 日，拿破仑袭击了施瓦岑贝格，他正沿着塞纳河向巴黎逼近。拿破仑在蒙特罗（Montereau）打败施瓦岑贝格，迫使他后退了大约 40 英里。与此同时，布吕歇尔重整旗鼓，已经抵达了距离巴黎只有 25 英里处。3 月 7 日，拿破仑将警戒施瓦岑贝格的任务交给麦克唐纳，自己率军在克拉奥纳（Craonne）攻打布吕歇尔，迫使他向北撤退，重创了其俄罗斯后卫部队。不久之后，布吕歇尔获得贝尔纳多特两个军的增援，将兵力提升到 10 万人，整整是拿破仑可用兵力的 3 倍。与此同时，施瓦岑贝格在奥布河畔巴尔（Bar-sur-Aube）打败麦克唐纳，迫使他朝巴黎撤退。

　　不言而喻的是，无论拿破仑的指挥多么出色，仅是兵力的消耗便在渐渐消磨拿破仑军队的战斗力。当然，不可否认的是，普鲁士的军队也要承受损失，但他们是沙恩霍斯特创建的国民军，他们所打的每一场战斗都体现了他们的动机和顽强的决心。3月9日至10日，当拿破仑贸然攻击普鲁士军队在拉昂（Laon）把守的一处坚固据点时，这一点显然可见。当天夜里，到了关键时刻，布吕歇尔率军发动反攻，导致法军的整支军团仓皇逃亡。3月13日，当拿破仑将一支孤立的普鲁士军团赶出兰斯（Rheims），给对方造成严重伤亡时，他才算报了几分仇。

接着，拿破仑马不停蹄朝着奥地利的交通线进攻，希望施瓦岑贝格在恐慌之下能够撤退。施瓦岑贝格并没有恐慌。3月20日至21日，他在奥布河畔阿尔西（Arcis-sur-Aube）有效地击退了法军的进攻。拿破仑意识到，现在他已经接近于可用人力物力的极限，处境危险，于是命令马尔蒙[1]和莫蒂埃两位元帅的军团加入他。然而，这两个军团都兵力不足，3月25日被施瓦岑贝格在费尔尚庞瓦斯（la Fère-Champenoise）打败，接着被赶回巴黎，留下拿破仑自己的军队被孤立在远远的城东面。

3月25日，布吕歇尔和施瓦岑贝格在巴黎附近会合，实现了大约11万兵力的集结。马尔蒙和莫蒂埃能调用的兵力只有2.2万人。他们浴血奋战，试图阻止联军前进，但是在3月30日，他们还是被逼退到蒙马特高地（Buttes de Montmartre）。从蒙马特高地，联军的炮兵就可以直接往巴黎城内开炮了。马尔蒙意识到再抵抗下去也没有意义，第二天便将首都交了出去。

那时，不顾一切想要解救巴黎（如果还有一丝可能的话）的拿破

---

[1] 奥古斯特·马尔蒙（Auguste Marmont，1774~1852年）：法国大革命时代的法国将领，法兰西第一帝国元帅。——译者注

仑已经到达枫丹白露停了下来，不确定接下来该怎么办。他麾下的那些元帅没容他迟疑。战争的局面已经无可挽回，因此，战争绝没有再继续打下去的意义，而皇帝也必须退位。毋庸置疑，波旁王朝也是要复辟的，这些元帅们必须考虑一下与未来的法国统治者的关系了。此外，他们的成年生活基本上都是在不断的战争中度过，他们也累了，希望能享受一些他们相信自己为法国戎马一生而应得的报答。4 月 6日，拿破仑退位，但要以他儿子继位为条件。这对于联军来说是不可接受的。4 月 11 日，拿破仑被迫无条件退位。他被允许退隐到意大利海边的一座小岛厄尔巴岛（Elba）上生活，并保留一支规模不大的卫队。

"最虔诚的陛下"国王路易十八重新登上法国王位。对于他的臣民而言，这并不是一件可能会鼓舞人心的事。国王现在已经快六十岁，体重约 310 磅①，走路时摇摇摆摆，必须两个仆人扶着才行。俄国沙皇的军队对拿破仑的战败发挥了至关重要的作用，但路易十八对沙皇的态度却粗鲁得令人难以置信。经过 20 多年的侵略战争，法国仍被允许保留 1792 年时的边境，而且领土比那时还多了点儿，但他也并没有过分地感激。路易十八似乎铁了心，要让国家回到大革命之前的状态。他立即将早就被公认为国旗的三色旗替换成波旁家族的白底金色鸢尾花旗。他将帝国御前卫队改名为法兰西掷弹兵团（Grenadiers of France），严重削弱了它的地位。与此同时，他却招募流亡的纨绔子弟，付给他们过高的薪金，组成新的、军事上一无是处的卫队。在那些纨绔子弟之中，有些人甚至连几分之一的族徽的权利都不拥有。原先拿破仑任命的数以百计的老资历军官被遣散回家，只付给他们半薪，而这半薪还不一定能实际拿到。先前流亡国外的贵族成员在回国

---

① 1 磅约为 0.45 千克。——编辑注

后，惊恐地发现普通民众已不再向他们卑躬屈膝，他们中世纪以来就拥有的产权也不再具备多少法律上的效力。然而，为了夺回早已变成寓所的宅邸和早已变成耕地的猎场，他们拼死搏斗。而且，他们背后有路易十八和大臣们的同情。至于追随拿破仑的贵族，包括那些元帅们的妻子，则被蓄意公开羞辱。对于新政府而言，似乎除了将时钟拨回到 1789 年，便没有任何重要的事。在拿破仑治下享受了多年稳定的民众，并不准备忍受这种行为太久。自然，法国国民生活中这些令人不安的趋势也被报告给了欧洲各国政府，尤其是报告给了维也纳。在维也纳，战胜国正在讨论欧洲的新格局。此外，这些趋势当然也被身在厄尔巴岛新家中的前皇帝带着特别的兴趣观察着。

　　一旦确信自己将在法国深受欢迎，拿破仑便做好了回国重新执政的准备。1815 年 2 月 26 日，拿破仑带着 3 艘不大的舰船、1100 人、40 匹马、两门火炮和一驾马车，驶离了厄尔巴岛。不知何故，这只小小的入侵队伍避开了在那片海域活动的英国和法国的战舰，并于 3 月 1 日在儒昂湾（Golfe Juan）登陆。登陆后，这支队伍立即往北向格勒诺布尔（Grenoble）进发，行进路线也借由 M. 克劳德·沙普（M. Claude Chappe）新近发明的电报系统被报告给了巴黎。到了 3 月 5 日，路易十八已经意识到了当前的局势。他通知了战争部以及所有可能有能力阻挡拿破仑前进的人。他们一致认为，很快拿破仑就会被阻挡住，并被投入监狱。而实际上，在沿路的每一个点，被派出拦截拿破仑的军队居然都加入了他不断扩大的队伍。同时，民众唱着大革命的老歌，竖起三色旗，诅咒着路易十八、他的大臣、贵族和教士快下地狱。维也纳的政客们的计划虽然很好，但是却真正破灭了。他们或许可以宣布拿破仑现在是一名亡命之徒，但就法国人而言，就算是逃犯，他也是一个深受欢迎的人。

　　3 月 7 日，拿破仑到达格勒诺布尔，10 日在里昂，14 日在索恩河畔沙隆（Chalon-sur-Saône），17 日到了欧塞尔（Auxerre）。3 月 19 日，拿破仑进入桑斯（Sens），路易十八仓皇离开巴黎。3 月 20 日，拿破仑进入巴黎，而路易十八正准备为了比利时的安全着想离开阿布维尔（Abbeville）。法国和欧洲各国再次动员起来，已经持续了 20 多年的战争又要重新拉开序幕。

WHY
THE GERMANS
LOST

THE RISE AND FALL OF THE BLACK EAGLE

第 06 章

滑铁卢

虽然双方的军队都集结在法国边境的两侧，但普遍认为最有可能产生新战争的决定性成果的战场将会是在低地国家，尤其是比利时。在比利时，联军集结了两支军队，一支由威灵顿公爵指挥，另一支由陆军元帅布吕歇尔指挥。第一支军队是匆忙集结而成的，统帅威灵顿公爵对队伍的成分非常不满意，甚至将它称为"狼藉之师"（an infamous army）。当年追随威灵顿公爵参加半岛战争的英国老兵中，大多数都被运到了大西洋的彼岸，参加对抗美国的战争去了，只有相对很少的人留在了这支军队，其中大部分的英国步兵都是经验有限的二线队伍，除了身经百战、令人闻风丧胆的"英王德意志兵团"是个例外。在半岛战争之后，"英王德意志兵团"本来希望伴着兵团解散，可以回德意志的故乡，但拿破仑从厄尔巴岛逃走，让他们的愿望落了空。另外，还有更多直接来自汉诺威、不伦瑞克和拿骚的分队加入了威灵顿，但是这些队伍的素质却严重参差不齐。例如，在接下来的战役中，大部分汉诺威的分队坚守了阵地，但在滑铁卢战役中，其中一支分队就不仅拒绝战斗，还在战斗中间骑马跑开，去警告布鲁塞尔的人们，说威灵顿公爵吃了败仗。这支分队，就是"坎伯兰骠骑兵团"，兵团的名称取自乔治二世[①]那个把自己搞得在苏格兰高地极其不受欢迎的次子[②]。不过，令人好奇的是，在之后的几年里，"坎伯兰骠骑兵团"竟被视为年轻的富家子弟竞相加入的"时髦"兵团。大多数穿着绿色制服的拿骚士兵曾在半岛战争中与英军为敌。但是，现在在威灵顿公爵的军中，拿骚分队除了数量不占优之外，他们被视为经验丰富的可靠战友，是所有分遣部队中作战记录最优秀的部队。不伦瑞克公爵的父亲先前在耶拿战役中战死，他的妹夫则是英国摄政王[③]，因为这一点，他那规模不大的分遣队则被编在了威灵顿公爵的麾下。不伦瑞克公爵的分遣队统一穿着黑色的制服，有些分队头上还戴着正面绣有银色骷髅标志的高顶硬军帽，看起来一副凶神恶煞的样子。据说，他们这套装扮是为了纪念已故的公爵而引入的。在半岛战争中，威灵顿公爵对不伦瑞克军形成了不好的看法，但是在这次的战争中他们尽到了军人的职责。在夸特布拉斯（Quatre Bras），不伦瑞克公爵率军发起冲锋时战死。在滑铁卢，尽管不伦瑞克军表现得特别紧张，但他们抵抗住了敌军的火力和骑兵的攻击，参与了最后的进攻。在规模上仅次于英国分遣部队的是荷兰分遣部队。荷兰分遣部队既包括荷兰士兵，又吸收了比利时士兵。这些人中间，有些在最近的 1814 年尚在拿破仑麾下效力，这对他们的忠诚度则有了一定的质疑。最终，一些人在这场战争中拿出了杰出的表现，而另一些人很难有理由对自己感到满意。威灵顿公爵的军队共有步兵 63632 人、骑兵 14480 人，以及火炮 174 门。

---

① 乔治二世（1683~1760 年）：大不列颠、爱尔兰汉诺威王朝第二位国王（1727~1760 年在位），同时也是德意志汉诺威的选帝侯。——译者注
② 指坎伯兰公爵（Duke of Cumberland）威廉·奥古斯都（William Augustus，1721~1765 年）。——译者注
③ 指乔治四世（1762~1830 年），大不列颠及爱尔兰联合王国及汉诺威国王，1820 年 1 月 29 日至 1830 年 6 月 26 日在位。1762 年被立为王储并获封威尔士亲王，1811 年父亲乔治三世罹患精神病无法执政时兼任摄政王。——译者注

在 1814 年的战役之后，布吕歇尔便被封为西里西亚的瓦尔施塔特亲王（Prince of Wahlstatt）。拿破仑第一次投降之后，布吕歇尔访问英格兰，所到之处，皆受到隆重的接待。所以，担任另一支军队的统帅，与威灵顿公爵协作，布吕歇尔是最理想的人选。布吕歇尔的总参谋长是中将奥古斯特·冯·格奈森瑙伯爵，卡尔·冯·格罗曼少将任军需总监。在当前的形势下，相比威灵顿公爵，布吕歇尔的一个优势是，他率领的普鲁士军队成分纯粹。联军的两支军队使用不同的语言，可能会造成一些语言沟通上的问题。幸运的是，这个问题被少将卡尔·冯·米夫林（Carl von Müffling）男爵解决了。在战争最关键的日子里，布吕歇尔派他担任了威灵顿公爵优秀的联络官。

布吕歇尔的军队由四个军组成。第 1 军的指挥官是中将汉斯·冯·齐腾伯爵。他是一位职业骑兵，曾在德意志解放战争中与法国战斗。第 2 军的指挥官是格奥尔格·皮尔希（Georg Pirch）少将。一个月前，皮尔希的前任指挥官被处分离职，他才走马上任。第 3 军的指挥官是中将约翰·冯·蒂尔曼男爵①。他出生在德累斯顿，在入侵俄罗斯的战争中指挥了一个萨克森骑兵旅，并在博罗季诺战役（Battle of Borodino）中表现出色。1813 年，蒂尔曼担任拿破仑皇帝于托尔高（Torgau）驻军的指挥官，但是当拿破仑召他率军奔赴战场时，他却投奔了联军。在针对法军位于莱比锡和埃尔福特之间的交通线进行行动时，蒂尔曼在梅泽堡（Merseburg）被另一位职业骑兵将领勒菲伯-戴斯努埃（Lefebre-Desnouettes）打败。不过，后来在阿尔滕堡（Altenburg），蒂尔曼向勒菲伯-戴斯努埃报了仇。第 4 军的指

---

① 德语系国家的男爵即为"Freiherr"，直译为"自由领主"（free lord），意为"自由爵"，是神圣罗马帝国讲日耳曼语的地区内贵族头衔的一种，在级别上相当于男爵，但与男爵不同的是，男爵需要为更高级别的领主或君主效力，而自由领主是独立的领主，对居住在其属地上的居民拥有世袭的行政和司法特权。它最早指的也是除君主外不受制于其他贵族的分封贵族，后来则发展成为纯粹的贵族头衔。——译者注

挥官是将军弗里德里希·比洛·冯·登讷维茨（Friedrich Bülow von Dennewitz）伯爵。1831年，比洛指挥普鲁士军队的一个师，在德意志解放战争中打赢了好几场重大战役。第二年，他获得所属军的指挥权，并率领该军在拉昂战役中发挥出色。布吕歇尔的军队共包括步兵99646人、骑兵11948人，以及火炮296门。

关于战争在比利时的发展态势，其中确实有一定的必然性。威灵顿公爵的根据地在布鲁塞尔，此前布吕歇尔经由那慕尔（Namur）进入了比利时，这两位统帅约定在圣让山（Mont St Jean）一起出兵，打一场决定性的战役。圣让山位于滑铁卢这个村庄的南面，而滑铁卢本身则坐落在布鲁塞尔—沙勒罗瓦（Charleroi）大道沿线的布鲁塞尔以南，还可以在法军到达此地之前对法军的进军采取必要的遏制。威灵顿和布吕歇尔希望在此地会师，是完全符合逻辑的，而根据拿破仑的传统做法，他将阻止威灵顿和布吕歇尔会师，也同样符合逻辑。过去，当拿破仑面对两支敌军时，他会在两支敌军会合前，先集中兵力歼灭其中一支，再倾全军之力消灭另一支。眼下，拿破仑由80350名步兵、13049名骑兵和286门火炮组成的北方军团，已经在1815年6月15日经由沙勒罗瓦进入比利时境内，并拉开了阵线向北推进。了解到拿破仑的动向后，威灵顿和布吕歇尔分别进军至夸特布拉斯和林尼（Ligny），计划在退到圣让山上之前，对法军进行遏制。在这个阶段，我们主要关注的是影响普鲁士军队的事件。

在林尼，布吕歇尔将齐腾、皮尔奇和蒂尔曼麾下各军部署在了林尼河这条小河以北的连绵低矮山脊上，将兵强马壮的分遣队部署在林尼河沿岸的各村庄里，尤其是林尼村内。拿破仑的计划是利用热拉尔[①]

[①] 艾蒂安·莫里斯·热拉尔（Étienne Maurice Gérard，1773~1852年）：1815年当拿破仑从厄尔巴岛返回国内后，热拉尔被任命为北方军团第4军的指挥官。1830年，热拉尔成为法国元帅。——译者注

和旺达姆的两个军来抵抗敌军的进攻，同时将埃尔隆[1]的一个军从内伊麾下调出，向西进发，包围普鲁士军队的右翼；这时，近卫军将对普军发起最后的歼灭性攻击，普军逃离战场时，大队的骑兵则负责对溃败的普军进行追击。然而，战局并没有像拿破仑预想的那样发展。热拉尔与旺达姆在下午 2 点 30 分发起进攻，但遭到普军顽强的抵抗。在激烈交火几小时后，普军才表现出一丝退让的迹象。这个时候，本该是埃尔隆加入战斗的时刻，但是战场上完全没有他的踪影。不过，正在此时，有一支浩浩荡荡的队伍被看见正朝着法军的左后方前进。如果这支部队属于威灵顿，那么后果将非常严重。过了很久，才确认这支新来的队伍是埃尔隆的部队。埃尔隆理解错了命令，他的部队一整天都在夸特布拉斯和林尼之间奔走，却对两地的战斗都未做出任何贡献。拿破仑当然是大发雷霆，并在晚上 7 点 30 分派出近卫军加入战斗。普军立即被打退。布吕歇尔亲自率领骑兵冲锋，希望能稳住局势，但是他的战马被杀死，他自己也被马压住脚不能动弹。四周战斗还在激烈地进行，布吕歇尔本就剧痛难忍，又被旁边的马蹄踢得后仰着倒在了地上。过了好久，他的副官、上尉诺斯蒂茨（Nostitz）伯爵才把他救起扶到相对安全的地方，拿牛奶和白兰地掺在一起，喂他下肚，他才慢慢恢复过来。

　　这时，漫长的夏日已经走到尽头。趁着天色越来越暗，布吕歇尔的总参谋长格奈森瑙和参谋人员竭尽全力召集部队。显而易见的是，虽然他们吃了大败仗，死、伤或被俘 2.5 万人，另有逃兵人数未知，但这次挫折并不是彻底的灾难，这支军队仍然可以正常运作。近年来，一些德国的历史学家表示，格奈森瑙并不完全信任威灵顿，他认为相

---

① 埃尔隆伯爵（comte d'Erlon，1765~1844 年）：原名让 - 巴蒂斯特·德鲁埃（Jean-Baptiste Drouet），法国元帅，阿尔及利亚第一任总督。——译者注

比与盟军的协作，威灵顿会把自己军队的安危放在第一位。格奈森瑙显然是错怪威灵顿了。普军的军需总监格罗曼便与格奈森瑙看法不同，当布吕歇尔了解情况时，他也不同意这种看法。他们决定向北撤到瓦尔夫（Wavre），这样在接下来的两天里普军就可以与威灵顿处于能够互相支援的范围。

这恐怕是整个战役中最关键的决定了。而且，幸运的是，法军接下来犯的一连串错误也证实了这一点。拿破仑先前命令埃曼努尔·格鲁希①元帅率领热拉尔和旺达姆的两个军追击布吕歇尔。不幸的是，格鲁希观察普军的逃兵，误以为普军是沿着通往那慕尔的公路撤退的。因此，一开始格鲁希便率军朝那个方向追去。等到他发现追错方向，最宝贵的时机已经流逝。一直到6月18日，格鲁希才追上布吕歇尔，但那时布吕歇尔已经在瓦尔夫的新阵地站稳了脚跟。

在夸特布拉斯那边，威灵顿鏖战许久，伤亡4800人之后，总算是抵御住了内伊的进攻。尽管如此，普军被迫从林尼撤退的消息，意味着威灵顿也必须与他们保持行动的一致。当夜至6月17日，威灵顿停止交火，在骑兵和骑马炮兵的掩护下，干净利落地将军队撤到了圣让山。

6月17日至18日的夜里，暴雨如注，整夜不停，双方都没有躲雨的地方。随着天亮雨歇，地面已经成了一片泥淖，除非等几个小时地面变干，任何形式的机动都是不可能的事。在滑铁卢的战场上，战斗直到11点30分拿破仑的大炮列开火时才打响。

大多数读者对滑铁卢战役过程中的事件走向都非常熟悉，但是对于不熟悉的读者，下面的概述将让他们对战役的六大阶段有个总体上

---

① 埃曼努尔·格鲁希（Emmanuel Grouchy，1766~1847年）：法国军人、世袭侯爵。百日王朝期间，格鲁希因镇压保王党叛乱有功，于1815年4月15日被授予法国元帅权杖，指挥北方军团的骑兵军。——译者注

的了解。

在大约 11 点 30 分时，曾短暂担任威斯特伐利亚王国国王的热罗姆·波拿巴，现任奥诺雷·雷耶（Honoré Reille）将军军团的一个师的指挥官，对霍高蒙特农庄（château of Hougoumont）发起进攻，旨在迫使威灵顿支援他的右翼。在这方面，战斗换来的效果非常差。但是，作为波拿巴家族中最无能的一个，热罗姆还在不断施加压力，到了下午 1 点时，已经投入了不少于两个半师的兵力。农庄的建筑已经被法军射出的榴弹引燃，但法军的进攻仍遭到拼死的抵抗。这场战斗贯穿了整个战役，但它唯一的结果是毫无意义地牵扯了雷耶整个军的兵力。虽然与拿破仑这个任性的弟弟打交道一定不容易，但雷耶为什么不制止热罗姆，原因至今未知。

下午 1 点 30 分，埃尔隆一个军的兵力开始针对布鲁塞尔—沙勒罗瓦大道以东的联军中军，发起计划中的决定性进攻。联军的炮火让埃尔隆的军队伤亡惨重，在一支身经百战的英国步兵师反攻的火力之下，埃尔隆的进攻最终停滞不前。接着，两支英军重骑兵旅向着埃尔隆已经乱作一团的队伍冲锋，打得埃尔隆的军队四散溃逃，伤亡惨重。其中一个重骑兵团一直冲到了法军大炮列的位置，但战马已经因为跑得太远而累得气喘吁吁，这支骑兵团也在法军新征募的枪骑兵的攻击下，遭到沉重打击。

与此同时，意想不到的好运降临到了拿破仑头上。法军抓住了一名普鲁士的骑兵通讯员，他带着一条给威灵顿的信息，大意是布吕歇尔已经行军前来支援他。作为应对，拿破仑派出中将洛鲍（Lobau）伯爵到他的右翼，在弗里西蒙（Frichermont）和普朗斯努瓦（Plancenoit）之间面对着巴黎森林（Bois de Paris）的地方，拉开防守阵线，因为那片森林正是普军必须穿过之地。最终，当普军开始加入战役时，东面越来越猛烈的隆隆炮火声，让很多面对着威灵顿军队的人纷纷紧张地朝那个方向望去。接着，法军中间故意传开谣言，说那边的炮火声只不过表示格鲁希的到来，他正在猛攻威灵顿的左翼。这个谣言将造成灾难性的后果。

几乎与此同时，拿破仑感到他的隐疾又犯了，头脑晕沉，要离开战场一会儿，便将军队的实际指挥权交给了内伊。威灵顿已经开始将他最先头的部队调到了阵地的山顶后边，以便给他们一些保护，躲避法军的炮火。与此同时，联军的部队似乎在向山脊另一边大举移动。实际上，这里的联军部队一部分是前往最近的医疗站的伤员，一部分是被派去押送埃尔隆军的俘虏的士兵。然而，内伊以为联军在大撤退，于是在没有充足炮兵和步兵的火力支持下，发起了一连串大规模的骑兵进攻。骑兵的冲锋遭到联军防守方阵的反击，每一轮冲锋都被联军挫败，紧接着又被联军的骑兵赶下山坡，遭到联军炮火的扫射。拿破仑回到战场时，发现他的精锐骑兵已经被消灭大半，当场震怒不已，立刻停止了这场被动屠杀，派出仅存的几支骑兵分队尽可能地营救幸存者。

与此同时，6月17日，格鲁希口授令人撰写了一封给拿破仑的信，信的内容表明他还根本没掌握实际的情况：

> 到了今晚，我将把兵力集中到瓦尔夫，从而部署在威灵顿和普军之间。我相信，威灵顿此刻在陛下您的面前，应该已经在撤退。陛下下一步希望我采取什么行动，我需要您的指示。陛下，臣俯拜恭候您的命令。我可以在明天开始转移之前收到您的命令。

事实上，瓦尔夫比格鲁希想象的要远多了。当天夜里，格鲁希收到骑兵前卫部队的情报，大意是在瓦尔夫地区已经与普军有了接触。

格鲁希决定，第二天自己的队伍继续朝瓦尔夫方向前进，并派出信使到拿破仑那里报告情况，并再次请求他下命令。

第二天上午 10 点 30 分，格鲁希在施莫海茵（Smohain）一位律师的家里停下了，这里距离瓦尔夫仍然有大约 12 英里。他的两位军长热拉尔和旺达姆以及他的参谋成员也来到了这里，与他一起共进午餐。一个小时后，就在他们快要吃完时，西边传来了持续的炮火声。那位律师认为声音来自圣让山区域。热拉尔说，如果是这样，那么他们应该立即往战斗方向行军。格鲁希知道，在夸特布拉斯，内伊因为没有遵从具体的命令而受到拿破仑一顿责骂，他可不想将自己置于类似的处境。因此，格鲁希的回答有些急躁：

> 如果陛下希望我加入战斗，他就不会在他向英军逼近时把我派出去……我的职责是服从陛下的命令，陛下的命令就是让我追击普军。如果听从你的建议，那就是置陛下的命令于不顾。

格鲁希继续向北前进，但是当法军的后卫部队接近瓦尔夫时，完全不利于法军的局面出现了。布吕歇尔充分利用领先格鲁希的优势，在迪勒河（Dyle）的西面立稳脚跟，而格鲁希的军队这时还在河的东面。当然，迪勒河在西欧算不上大河，但也足以阻止一支大军的前进。法军需要借助相关防区沿线的多个桥梁才能通过，而这些桥梁大多数都被普军牢牢地把守着。

更糟的是，很明显，布吕歇尔正在一点点缩小他的队形，可以看到，一些士兵消失在了巴黎森林，林子里的小路分别通往拿破仑军队右翼所在的帕佩洛特（Papelotte）、弗里西蒙和普朗斯努瓦。显而易见，布吕歇尔的意图是加入威灵顿与拿破仑的战斗，而这是格鲁希拼尽全力也要阻止的。问题是，布吕歇尔已经留下蒂尔曼的一个军的兵力来镇守渡口。虽然蒂尔曼的兵力只有 1.7 万名步兵和 48 门火炮，要对抗格鲁希的 3.3 万名步兵和 80 门火炮，但普军肯定会拼死为他们的战友殿后。时间是最重要的。对于格鲁希来说，关键的问题是，他能否及时击退蒂尔曼，阻止布吕歇尔的余下兵力影响圣让山的战斗。

事实上，他们已经做了很多工作来阻止大多数人进入法国。在瓦尔夫和下瓦尔夫（Basse Wavre）之间，冯·伯克（von Borcke）少将将他自己的第 8 团和迪特富特（Ditfurth）少校第 1 师第 30 团的神射手，部署在布满树篱、绿树成荫的沿河两岸，并在半英里距离之外的每栋建筑和附屋上都打了枪眼。与此同时，在瓦尔夫城区，那些面向河流的建筑也打了枪眼。

大约下午 4 点时，旺达姆命令法军第 10 师向村庄艾瑟蒙（Aisemont）进攻，艾瑟蒙大约就位于瓦尔夫和下瓦尔夫之间的位置。在两组 12 磅炮炮列的支援下，法军以连纵队的阵形向艾瑟蒙的桥梁发起了进攻。纵队先头的士兵立即遭到来自远处河岸和建筑枪眼里的火枪扫射和来自桥上火炮的轰炸。不到几分钟，大约 800 名攻击者，包括师长哈伯特（Habert）在内，就都被消灭了。第 10 师又发起了两次进攻，但每次都以失败告终，而且伤亡一次比一次惨重。凡是可以做掩护的东西，都被幸存者利用了起来，但是可做掩护的东西太少了，因为普军的榴弹炮和大规模散兵的持续火力实在太猛烈。

另外，第 1 库尔马克①后备役团（Kurmark Landwehr Regiment）的一个营还在法军火力下，将别尔赫（Bierge）的桥梁的木板掀了去。法军试图干扰他们的破坏作业，但每次进攻都被打了回去。法军勒佛（Lefol）少将的第 8 师此后又进攻数次，试图占领这座木桥，但是一方面，该营得到了第 31 团和另一个库尔马克后备役营的支援，另一方

---

① 库尔马克（Kurmark）：神圣罗马帝国时期，帝国领地中属于勃兰登堡侯爵的地区。——译者注

面，地面雨水未消，路面泥泞，也不利于进攻，所以勒佛少将第 8 师的数次进攻全被打退了。

　　然而，在瓦尔夫城，法军奋力穿过石桥，但是又在残酷的巷战中被普军的两个后备役团打了回去。法军第二次进攻不仅跨过了石桥，而且沿着主街前进了更远，但却遭到来自小巷和房屋的火枪的近距离猛烈扫射，接着又被敌军的刺刀冲锋逼回到石桥上。防守的普军又获得了 1 个步兵营和 3 门火炮的支援。虽然双方的拉锯战一直持续到晚上，但法军仍然寸步难进。

　　眼看旺达姆遭到普军顽强的抵抗，显然寸步难行，格鲁希决定利用热拉尔的军和他的直属骑兵，再往更远些的南面试试。在那里，幸运之神眷顾了格鲁希，因为利马尔（Limale）的桥梁既没有做好防御的准备，也没有被拆除来阻止法军使用。一支骠骑兵团按照四名骑兵一排的队形很快从桥梁上通过，塔斯特（Teste）少将的步兵师紧随其后，一举击溃离得最近的普鲁士士兵，将剩余的士兵一直追到利马尔村外的高地。热拉尔军的剩余兵力跟着也通过了，但热拉尔本人却被狙击手打中。普军这边，蒂尔曼看到利马尔方向正形成重要威胁，于是部署了后备军前去迎敌。虽然在天黑前，战斗仍在继续，但非常可能的情况是，普军将向北撤退。与此同时，布吕歇尔率领剩余兵力已经沿着巴黎森林间的小道和次干道朝正在发生战斗的圣让山进军，其中齐腾的第 1 军在右翼，比洛的第 4 军在左翼，皮尔奇的第 2 军在中央和略偏后的位置。地面上本就灌满了前一天下了一夜的雨水，再加上成千上万人的脚印以及炮兵部队的火炮、拖车和弹药车留下的深深的车辙，现在已经如同沼泽一般，只有在最前头跋涉的队伍在通行时还算省力，而那些在后边的队伍很快就筋疲力尽了，因为他们不仅自己行走吃力，而且还不断需要帮忙将火炮与车辆从泥坑里拖拽出来。

然而，布吕歇尔丝毫不让他们休息。他一边随队伍骑行，一边督促士兵加速："前进！我已经答应我的朋友威灵顿了——难道你们要让我食言吗？"

布吕歇尔和格奈森瑙都认识到了普朗斯努瓦这个村庄所具有的极其重要的战略意义。他们推断，只要普朗斯努瓦在普军手里，他们就可以切断布鲁塞尔—沙勒罗瓦大道，从而将拿破仑大部分的兵力孤立。到了下午4点30分，第4军已经做好进攻准备，诺斯蒂茨将命令下达给比洛，命他占领普朗斯努瓦。不幸的是，普军的进逼被发现，指挥法军离得最近的分队的是中将洛鲍伯爵，他命令自己的部队前去占领普朗斯努瓦，而在此前，普朗斯努瓦的战略意义被忽略了。法军赢了这场比赛，迅速占领了普朗斯努瓦，并在短时间内将其尽可能地防御起来。

有那么一会儿，胜利的天平朝着法军倾斜了。拉海圣（la Haye Sainte）与帕佩洛特这两座农庄被法军攻陷。拉海圣陷落，是因为驻守的英王德意志军团在史诗级的防守后，弹药耗光。帕佩洛特陷落，则是因为防守者被近距离的加农炮从墙上轰了下来。这些事件的影响有两方面，首先是威灵顿的中央军被削弱到了危险的程度，其次是让法军哪怕暂时地放心，他们阵线的枢纽还是安全的。

尽管遇到这些挫折，布吕歇尔仍然将冯·拉塞尔（von Ryssel）的第14旅派往普朗斯努瓦，发起整个滑铁卢战役中最凶残的战斗之一。普军靠刺刀战一直从村口杀到了村子的中间。村子中间有一片墓地，墓地有围墙，已经被改造成据点。从这里开始，法军的火枪手布满街道，让普军寸步难进。普军推了两个小型的加农炮上来，朝围墙射出的榴霰弹整整轰炸了15分钟，不仅将沿墙排列的法军扫除，连墙根成排的树木也轰倒了。轰炸过后，便是不留任何俘虏的刺刀冲锋。

　　幸存者向洛鲍中将报告了局势的危机，洛鲍向拿破仑再三强调，如果不想失守普朗斯努瓦，就需要增派大批援军。拿破仑命令青年近卫军的统帅杜埃斯姆（Duhesme）将军夺回普朗斯努瓦和周边的林地。4200多名近卫军冲到了街道，奋勇向前，赶走了普鲁士士兵，担负起进一步防守村庄的责任。

　　大约此时，布吕歇尔和格奈森瑙收到蒂尔曼在瓦尔夫那边的消息，大意是他正遭到敌方优势兵力的攻击，不确定自己还能坚持多久。在当前局势下，这两人只能让蒂尔曼的战斗顺其自然，因为比起瓦尔夫剩余兵力战败的可能，他们在自己战场取得胜利的意义才更加重大。格奈森瑙意识到法军极为重视普朗斯努瓦的局势，于是派出洛斯丁（Losthin）的第15旅和第14旅的两个团发起新一轮进攻。这次进攻也没成功，但是，格奈森瑙亲自重整队伍，命部队重返战场，再次发起进攻。这一次，普军占领了普朗斯努瓦。

　　这时，普军的加农炮已经远远地打到了南边"佳姻庄"①驿站的主干线那里。形势上，法军一下子就陷入了绝境。拿破仑命令老近卫军②的两个营，总共约1100人，前去收复普朗斯努瓦。他们前进时敲着战鼓，只使用刺刀杀敌。老近卫军戴着高高的熊皮帽，保持着密集的队形，进击时帽子上下点动，让把守普朗斯努瓦的普军士兵感到恐惧。普军的恐惧，有两个充分的理由。第一，众所周知，老近卫军通常是被派出来敲定胜利的，他们在这方面发挥的作用已经令他们的威名传遍欧洲。此外，虽然拿破仑只出动了老近卫军四分之一的兵力，但普军还以为老近卫军已经全军出动。老近卫军给布吕歇尔的部队造成严

---

① "佳姻庄"（la Belle Alliance 或 Ferme de la Belle Alliance）：位于布鲁塞尔－沙勒罗瓦大道东侧的一处农庄，务农之余兼营旅店业务。"la Belle Alliance"在法语中有"美好的婚姻"或"美好的同盟"之意。农庄的名字起源于当地一位美丽的农妇七年内三度结婚的轶事，不知道取这个名字是表达美好的祝愿还是为了讽刺。——译者注
② 老近卫军（Old Guard）：拿破仑麾下最精锐的部队，是由法军的精英老兵组成的帝国御前卫队。——译者注

重伤亡，将他们赶出了普朗斯努瓦。要不是普军看清了老近卫军的真实数目，布吕歇尔的军直属炮兵也要被俘虏了。就在普军重整队伍的时候，青年近卫军也回到普朗斯努瓦，两个老近卫军的营也接到命令，让他们继续留在普朗斯努瓦，与青年近卫军并肩作战。

在其他战场，战斗正走向高潮。内伊正在部署中年近卫军五个营的兵力，为计划中最后粉碎威灵顿的阵地做准备。正当部队往既定位置前进时，加农炮和火枪的发射速率意味着在帕佩洛特农庄外战斗的猛烈程度有显著增强。拿破仑过于乐观地认为，这代表格鲁希已经扫除蒂尔曼在瓦尔夫的抵抗，加入了战斗，联军的左翼现在同时遭到他自己和格鲁希的火力攻击。拿破仑派出参谋人员，一边沿着法军阵线骑马狂奔，一边大声宣告格鲁希抵达了战场。在浴血奋战了几个小时后，突然间胜利在望，士兵中间爆发出一阵欢呼。雷耶军和埃尔隆军的剩余兵力迫不及待地想亲历战争的胜利时刻，也来到中年近卫军的两侧，准备攀上尸横遍野的战地斜坡，将面前威灵顿的军队一举歼灭。

当然，新抵达战场的并不是格鲁希的部队，而是齐腾第 1 军的先头队伍。他们的到来导致了一场"误伤"事件。当时，齐腾军的第 1 旅在冯·施泰因梅茨（von Steinmetz）少将的指挥下，朝驻扎在联军左翼的荷兰分遣部队第 28 团开了火。第 28 团的士兵是从拿骚人中间征募的，他们穿的蓝色制服与法军的制服相像。此前，第 28 团就在进行着艰苦卓绝的战斗，这次又遭到来自东面的意想不到的攻击，整个队伍几乎要崩溃了。第 28 团的支援炮兵已经将火炮装上拖车，在往后方撤退了。威灵顿的普鲁士联络官冯·米夫林男爵迅速赶到现场，制止了交火。与此同时，齐腾的参谋长冯·赖歇（von Reiche）中校也骑马飞奔到荷兰军的第 28 团这边，向这些惊魂未定、当然也心怀怨恨的拿骚士兵解释了这场误会发生的缘由，强调第 1 军余下兵力赶来时，他们就能立刻脱困了。此时，布吕歇尔的一个参谋冯·沙恩霍斯特上尉带着命令赶来，让施泰因梅茨经由弗里西蒙，朝普朗斯努瓦的方向前进，那里的局势已经变得很艰难。赖歇告诉沙恩霍斯特，米夫林再三强调，威灵顿现在正指望着齐腾的第 1 军加入他的左翼。沙恩霍斯特大怒，说他现在传的是普军总司令布吕歇尔亲自下的命令，如果命令得不到执行，总司令会拿赖歇本人是问。

这时，施泰因梅茨少将来了，想知道为什么不继续前进。很明显，他不是一位容易伺候的将领。赖歇记录下了他的反应：

> 施泰因梅茨像平时那样粗暴地对我大发雷霆，坚持让部
> 队继续前进。他根本不愿听人解释事情的原委。当施泰因梅
> 茨少将在队伍前面，带领队伍继续前进，他本人已经过了通
> 往弗里西蒙的岔路口时，我的尴尬更深了。幸运的是，在这
> 关键时刻，齐腾将军出现了。我赶紧骑到齐腾将军跟前，向
> 他报告了情况。齐腾将军下令，务必朝英军继续前进。

士兵们如果不是欣赏到了高级军官们互相咆哮的场景，他们还以为自己已经算是很粗暴了。当施泰因梅茨被拽回去，踏上正确的行军路线时，他也别期望得到赖歇多少同情。然而，虽然中间出现了波折，齐腾的一个军很快就将给敌人带来毁灭性的影响。

西面不远处，中年近卫军和他们的火力支持者已经开始爬通往威灵顿阵地的斜坡。近卫军的分队想保持任何校场队形都非常艰难，因为他们只能从无数已死或濒死的士兵和战马的身上踩过，或者绕过，而且很快，联军大约 30 门双榴霰弹射击的火炮开始在他们的队伍中间轰出一片又一片的缺口来。然而，他们带着横扫欧洲、在上百场战役中让敌人丧失战斗意志的坚定决心，奋勇向前。在威灵顿的一些步兵中间出现了后退的迹象，直到威灵顿命令少将佩里格林·梅特兰

（Peregrine Maitland）爵士的近卫旅到前边来。英军的近卫旅士兵在大约20码的距离朝着敌军的队伍一齐射击，子弹一轮接一轮。法军的中年近卫军中间，军官、士兵和鼓手纷纷倒下，这支近卫军虽然被阻住了前进，却仍然坚守不退。接着，一支荷兰骑马炮兵在法军中年近卫军的右侧不远处卸下炮列，像秋风扫落叶一般朝他们发射榴霰弹。在中年近卫军的左侧，英国第52轻步兵团从阵线中迂回过去，朝着它的纵队扫射，接着用刺刀向其迫近。同时，一支汉诺威旅从霍高蒙特农庄赶过来，朝中年近卫军的后方开火。这已经不是血肉之躯可以承受的了。一开始，法军开始慢慢向后撤到笼罩在四周的雾一般的硝烟里，接着他们转过身，没命地朝山坡下边跑去。

"近卫军撤退了！"（"La Garde recule!"）——可怕的叫喊声在这次遭遇战的观察者中间响起。此前，近卫军从未尝过败绩。现在，这从未发生过的事也发生了，看来这场战役，法军注定要失败。仿佛为了强调这一点似的，布吕歇尔第1军的其余兵力，跟在施泰因梅茨的第1旅后边，从帕佩洛特附近的火力死角杀出，突破了法军阵线的中枢。这意味着，普军可以从两个方向朝法军的后方夹击——向西可以攻击与威灵顿对峙的法军，向南可以攻击守着面向普朗斯努瓦阵线的法军，皮尔奇的第2军现在也气势汹汹地正朝着这条阵线的法军逼近。

威灵顿已经举起帽子，示意他自己的军队可以从山脊俯冲，赶跑面前的敌人了。这时，法军中间响起了另一个喊叫声："能逃的就逃吧！"（"Sauve qui peut!"）拿破仑的军队土崩瓦解了。他们向南逃跑，一心想报复的普军骑兵则在后边穷追不舍。在热纳普（Genappe），桥梁上火炮、火炮拖车和马车堵在一起，难以分开，法军的逃兵为了过桥，在绝望中将枪口对准了同胞，尽管桥下的河流只有3英尺深、10英尺宽。

在名字恰如其分的"佳姻庄"驿站，布吕歇尔和威灵顿握手会面。布吕歇尔没说英语，而是望着被后人称之为"滑铁卢战场"的可怕场景，将他们两人心里的想法概括地表达了出来："（战争是）多么残酷啊！"（"Quelle affaire!"）那天晚上稍晚时候，当威灵顿的下属将战役中阵亡的老朋友的长长名单念给他听时，他不禁流下了眼泪。威灵顿的联军伤亡 15100 人，普军伤亡约 7000 人；法国的北方军团伤亡 2.5 万人，被俘 8000 人，被缴获大炮 220 门。

在瓦尔夫那边，蒂尔曼的第 3 军抵抗住了格鲁希的进攻，战斗一直打到黄昏才结束，双方各伤亡约 2500 人。这时，蒂尔曼已经获悉滑铁卢战役的结果，知道再牺牲下去毫无意义，于是决定摆脱战斗。晚上 10 点，格鲁希看着自己的军队出发时，决定朝布鲁塞尔进军。30 分钟后，他获悉拿破仑战败。格鲁希意识到自己正处于被困和被击垮的危险之中，他别无选择，只能尽可能找安全的路线，率部返回法国，沿路将其他溃散的分队的掉队者收编进来。

拿破仑政坛陨落之后，格鲁希在美国流亡了几年，之后才被允许回国。回国后，格鲁希被准许恢复上将军衔，但丢了元帅军衔。直到现在，许多崇拜拿破仑的法国人仍然认为拿破仑的战败与格鲁希有很大的关系。

WHY
THE GERMANS
LOST

THE RISE AND FALL OF THE BLACK EAGLE

第 07 章

走向第二帝国

就像通俗历史常常讲说的，从滑铁卢战役到克里米亚战争爆发的这段时间内，欧洲大陆鲜有或完全没有重大的军事行动。事实上，尤其是在 1830~1848 年之间，各国军队时常积极地卷入支持本国政权对国内骚乱的镇压之中。这些骚乱有的是重大的暴动，有的是新兴的革命，规模形式不一而足，但原因往往是相似的：一方面是因为极端守旧的统治者和政府，另一方面则是受"自由"政客和学生中的理想主义者的广泛煽动。

　　在德意志，普鲁士军队也积极地投入到对几个小公国的现状的维持上。这几个小公国在联姻时鲜有能拿得出手的，所以他们往往互相联姻，直到过于频繁的近亲婚育导致不幸的后果。对普鲁士而言，幸运的是，霍亨索伦家族没有卷入这种婚姻中的旋转木马游戏，尽管在政治上，霍亨索伦家族的专制主义倾向可能促使、偶尔也的确促使他们的臣民走上街头，暴力地表达自己。有一段时间，普鲁士军队中发生的变化也只吸引了军队成员的关注。参加过德意志解放战争、林尼战役、瓦夫尔战役和滑铁卢战役的那一代人现在更老迈了，但仍被誉为英雄，尤其是在后备役军队中服役过的那些人。克劳塞维茨现在已经是少将，在 1818 年被任命为高级步兵学校的校长。他在这个位子上一直干到了 1830 年。1831 年，波兰发生动乱，普鲁士动员了一支军队，作为预防措施被派往边境。格奈森瑙在 1825 年便被擢升为陆军元帅，这次被任命为这支军队的总司令，克劳塞维茨则被选为他的参谋长。没过几个月，欧洲第一次暴发霍乱，这两人都在霍乱中去世。克劳塞维茨最伟大的著作、花了 15 年撰写的《战争论》，在他去世第二年由其遗孀出版。《战争论》开始便被视为真理一般，成为每个德意志军官的必读书目。然而，正如巴兹尔·利德尔·哈特（Basil Liddell Hart）爵士所评论的那样，对书中所表达的思想的愚蠢误读，将产生令作者惊惧的不幸后果：

> 正如经常发生的那样，克劳塞维茨的门徒将他的教导推向了极端，这是他们的师傅都没有预料到的。他的战争理论阐述得太过抽象、复杂，让一般士兵本质上偏好具体的思维很难跟得上他的论证过程——于是往往在跟随他论证的方向上南辕北辙。他们虽然感到叹为观止，却也是迷惑不解，只看见表层的意思，而错失了他思想中的深层潜流。

略微换一种说法，克劳塞维茨的杰作最好被看作关于战争性质的哲学论述。就此而言，它的优点在于讨论而非实践性的研究。如果普通的德意志军官需要实践性的研究带来的好处，学习中国春秋时期的大军事家、大战略家孙子撰写的《孙子兵法》将获得裨益。孙子使用简单明了的语言，探讨了战争中几乎所有可能遇到的战术和战略情境。有时候，当陈述显而易见的道理时，他带着一丝不动声色的幽默，让读者的脑海中浮现出生动的画面，就仿佛看到一位将军和下级军官在饭后闲聊一般。孙子的作品中最难能可贵的一点是，他撰写的大部分战略战术，直到今天仍然适用。

滑铁卢战役时期的德意志地貌和经济，在整整一代人的大部分时间里，本质上都是属于农业社会的。由于大部分人生活在乡村，镇子甚至城市的规模都很小，重工业和矿业几乎不存在。存在的是这样的一个环境：格林兄弟在收集他们的民间故事，博学的辩论发生在著名的大学里，欧洲大陆最优美的音乐可以在音乐厅或歌剧院里欣赏得到，这样的音乐厅或歌剧院每座城市或大部分镇子似乎都拥有一座。随着工业革命的到来，这一切将发生显著的变化。

工业革命并没有像它当初席卷英国那样，也迅速地席卷这片土地，但是变革的脚步已经足够快了。各种蒸汽动力的新工厂拔地而起，它们的产品通过新引进的铁路系统被发售到越来越遥远的地域。无论是工厂，还是铁路系统，都需要大量的煤炭。只要能发现煤的地方，都在全力开采着。所有这一切，都将人口从农村吸引到城镇里。在那里，人们可以获得更好的薪水。普鲁士是这种正在发生的经济变革的主要受益者，因为在拿破仑战争结束时，作为被剥夺了波兰领地的补偿，普鲁士获得了沿莱茵河左岸的大片土地。最初，这片土地远不能让人满意，但是随着工业革命的确立，显而易见的是鲁尔地区包含了所有工业和经济增长所需要的物质。与此相对的是，工业化和城市生活也催生了之前不存在的社会问题。与每个国家卷入了工业化过程的总参谋部一样，普鲁士的总参谋部从一开始便理解到，相比从前，铁路可以往前线运输、维持更大规模的军力。而且，将技术应用到工业化中也可以生产出比以往多得多的更有效的战争武器。

政治上，变革的脚步要更慢一些。在普鲁士，民众已经原谅了腓特烈·威廉三世造成的耶拿之难，主要是因为在德意志解放战争期间他率领部队出战的缘故。普鲁士因为早期战败的后果而遭受重创，但是国王的两位大臣卡尔·奥古斯特·冯·哈登贝格亲王[1]和海因里希·弗里德里希·卡尔·冯·施泰因男爵引进的农业、经济和行政改革，一定程度上减轻了普鲁士受到的创伤。1813年，国王亲自允诺将引入宪法，但随后背弃了诺言，并在接下来的数年里，对政治反应的态度强硬起来。

腓特烈·威廉三世的儿子，另一位腓特烈·威廉[2]，在老国王1840年去世后继承了王位。德意志解放战争期间，新的国王也曾作为士兵服役过，但他对军队几无好感，基本上属于生性爱好艺术的那种人。他赞助过多位艺术家、建筑师，也是作曲家费利克斯·门德尔松（Felix Mendelssohn）的赞助人。他对中世纪和中世纪的制度抱有感伤怀念的态度，因而是个本能的守旧者。

1848年，柏林发生严重的暴动。军队将局势控制了下来，这时腓特烈·威廉四世向暴动者许诺，如果他们拆除路障，他将命令军队撤回军营。毋庸赘言，军队感到他们受到了公开的羞辱。当他们被召回处置所导致的混乱局面时，他们非常高兴。

在适当时候，腓特烈·威廉四世确实同意建立一个两院制的议会，上议院由贵族组成，下议院的成员由基于纳税金额的选举制度选出，所以富人的影响力总是比穷人更大。然而，国王保留了任命大臣的权力，同时保留了对军队和官僚机构的控制。这套制度一直维持到1918年普鲁士君主政体的垮台。

1857年，腓特烈·威廉四世严重中风，导致身体偏瘫、智力严重受损。他没有后嗣，于是从1858年直到1861年他去世，他的弟弟威

---

[1] 卡尔·奥古斯特·冯·哈登贝格亲王（Karl August, Prince von Hardenberg, 1750~1822年）：普鲁士政治家，1810年成为普鲁士首相，1814年被封亲王。——译者注
[2] 腓特烈·威廉四世（Frederick William IV, 1795~1861年）：普鲁士王国国王，1840年6月7日至1861年1月2日在位。——译者注

廉便担任摄政王，并在他去世后登上王位，成为威廉一世①。威廉一世也参加过德意志解放战争，特别是在布吕歇尔麾下参加了林尼和滑铁卢战役，被认为是一位优秀的军人。在 1848 年的动乱中，他从暴乱者的手中收复了巴登（Baden），利用火炮攻坚克难，速战速决，因而也导致自己一时不受欢迎，被安上了"霰弹亲王"（Prince Grapeshot）的绰号。事实上，威廉一世对左翼或右翼的政治鲜有兴趣。鉴于接下来的十年是德意志历史上最引人瞩目的十年，这一点非同寻常。

德意志历史这最令人瞩目的十年，主要是三个人的杰作。其中之一的奥托·冯·俾斯麦②，恐怕是最广为人铭记的。俾斯麦出生于滑铁卢战役前不久，当过律师，后进入普鲁士政府部门工作。1859~1862 年之间，俾斯麦担任驻俄罗斯大使，1862 年被任命为普鲁士宰相（首相）前，曾短暂地担任驻法国大使。虽然俾斯麦在画像中一般穿着军常服，但他唯一的服役经历是在后备役军队中任初级军官，所以他的政治对手常常鄙夷地称他为"我们的后备役军队的上尉"。但是，他的外交任职赋予了他同等的将军地位，因此他有权穿相应的制服。

俾斯麦拥有两大志向。1862 年的时候，普鲁士还是欧洲大陆第四大强国，基本上被三个更强大的邻国所包围，即法国、奥地利帝国和俄罗斯帝国。因此，为了消除对祖国的一切潜在威胁，俾斯麦实施了一项长期的外交政策，即保持与俄罗斯的友好关系，消除奥地利在德意志事务中的影响，摧毁法国的强权。最终，俾斯麦计划建立一个在普鲁士领导下、以普鲁士国王为首的统一的德意志。

---

① 威廉一世（William I 或 Wilhelm I，1797~1888 年）：全名威廉·腓特烈·路德维希（Wilhelm Friedrich Ludwig），普鲁士王国国王，1861 年 1 月 2 日至 1888 年 3 月 9 日在位，经过三次王朝战争而一统德意志，建立德意志帝国，1871 年 1 月 18 日加冕为德意志帝国第一任皇帝，去世后被其孙威廉二世尊为大帝，称"威廉大帝"（William the great）。——译者注
② 奥托·爱德华·利奥波德·冯·俾斯麦（Otto Eduard Leopold von Bismarck，1815~1898 年）：德意志帝国首任宰相，1871~1890 年任职，人称"铁血宰相"（Eiserner Kanzler），"铁"指武器，"血"指战争。——译者注

作为一名职业政治家，俾斯麦以娴熟的技巧玩起政治这场游戏，他善于打造局面，让敌人恰如他所愿地做出反应。这往往需要无情地运用现实政治（realpolitik）的原则。关于这一点，俾斯麦的观点是，当今的重大问题只能通过"铁与血"解决。俾斯麦拥有一种令人消除戒心的真诚，这样的素质虽然在政治圈儿并非一贯受到欢迎，有时却会让对手措手不及。当与俾斯麦会见时，英国首相本杰明·迪斯雷利（Benjamin Disraeli）显然被他的这种真诚惊愕到了。迪斯雷利评论道："这是一个危险的人物——他所说的和所想的恰恰是一致的！"

1859 年，阿尔布雷希特·罗恩[①]将军被任命为战争部部长，这极大地促进了俾斯麦的野心。罗恩生于 1803 年，孩童时期亲历了德意志解放战争期间造成的生灵涂炭。1821 年，罗恩接受军官委任，随后在普鲁士柏林军事学院的前身以军事地理和测绘学为专业，通过了更高等的进修。镇压巴登起义时，罗恩在当时还是威廉亲王的威廉一世麾下效力。到了 1851 年，他已经升到陆军上校的职衔，此后的晋升更是进入了快车道：1856 年成为少将，1859 年升任中将。罗恩意识到，军队已经不再物尽其用、人尽其职了，于是开始着手改革军队的形态，即便称他为当世的沙恩霍斯特也不为过。如果政客不愿意为他的改革提供必要的经费，罗恩就求助俾斯麦，俾斯麦则会确保他们理解，这些开支是为了他们自己的最大利益，是为了普鲁士的最大利益。改革完成时，改革后的军队仍然建立在不可替代的普遍义务服役制的原则之上，但是开始服役的年龄为 20 岁，服役期为三年。常备军每年会吸收七批新兵，同时让七批服满年限的老兵退役。随后，应征士兵在预备队中效力四年，接着转到后备役军队再效力五年，在后备役军队中

---

① 阿尔布雷希特·冯·罗恩伯爵（Albrecht von Roon，1803~1879）：普鲁士元帅，陆军部部长，德意志第二帝国的建国三元勋之一，与俾斯麦和老毛奇齐名。——译者注

的第一年里，应征士兵仍可被召回到预备队中。常备军通过持续的训练监督，使后备役军队的质量也得到了改善。

招募、训练、监督和动员的地方性质具有尤其重要的意义。普鲁士整个国家被划分为数个军区，军区的地方当局主要施行自治管理。在每个军区内部，各城市设置司令部和由司令部负责管理的编队与分队营区。在这些驻军内部，分队在当地社区的生活中持续发挥作用。常规的乐队表演和阅兵式可以让当地居民以赞许的眼光看待他们，而军官的参与也可以为哪怕是最有声望的社交活动更增一分威望。在战时，士兵因为身处亲戚、朋友和邻居中间而会作战更加勇猛。

铁路在普鲁士军事系统中扮演着至关重要的角色。普鲁士严禁任何人铺设铁路，除非他能向军队总参谋部证明，如果发生敌对行动，该铁路可以在战时提供真正的战略价值。铁路不仅相比从前可以运输、补给更多的兵力，更根本的一点是，利用铁路可以在决战时刻以压倒性的优势集中兵力。这使得普鲁士和它的盟友可以充分利用它们在欧洲大陆的中心位置。因此，在动员和关键的调遣军队时期，对铁路在军事行动中的利用需要由最聪明的头脑进行充分的规划，这也是加入极其重要的普鲁士总参谋部铁道部的必备条件。同样，电报的引入，其基本路线可以遵循铁道的路线布置，使信号可以以迄今为止只有在梦中才可以想象的速度进行传播。当电报线路可以在战斗前线适当延伸时，自然而然，线路不仅应该延伸到集团军司令部和下属编队之间，还应该横向延伸到编队与编队之间，以确保效率的最大化。不可避免的是，这种通信方式的脆弱性导致了信号密码的发展，自然地也催生了密码破译学的出现。

三巨头中的第三位、也是年纪最大的一位是赫尔穆特·冯·毛

奇 ①，他的贡献是促成了德意志第二帝国的建立。毛奇生于 1800 年，父亲是一位丹麦将军。毛奇的青年时期大部分在丹麦度过。在丹麦，毛奇入读了哥本哈根的候补军官学校。1818 年，毛奇在丹麦的一个步兵团获得军官委任，但是四年后转到了普鲁士军队服役。1826 年，毛奇在后来的普鲁士柏林军事学院完成了三年的课程学习。接着，他受命负责奥德河畔法兰克福一所候补军官学校的管理，一年后，又在西里西亚花了一年时间进行军事测绘。1833 年，毛奇升任中尉，被任命到位于柏林的总参谋部。

毛奇的才华毋庸置疑，而且早已获得上司的赏识。他拥有一种不会立刻被人察觉的冷幽默，他的爱好完全是智力方面的，如音乐、诗歌、旅行、历史研究、考古学、戏剧、素描以及为发表而写作。此外，他会说不下于七种语言，包括德语、丹麦语、英语、法语、意大利语、西班牙语和土耳其语。

1835 年，已经是上尉的毛奇前往君士坦丁堡休假，应奥斯曼帝国的苏丹穆罕默德二世之请，帮助他实现军队的现代化。柏林方面批准了毛奇的这份临时性工作，让他可以借机游遍从东南欧洲到安纳托利亚的广泛地区。在这一时期，埃及名义上仍是苏丹的帝国的一部分，但是在 1838 年，埃及的实际统治者穆罕默德·阿里（Mehemet Ali）反叛了君士坦丁堡当局。毛奇被临时任命为奥斯曼帝国驻安纳托利亚部队统帅、一位土耳其将军的顾问，并对可能发生战斗区域的地形进行了广泛侦察。1839 年，土耳其人最终向南进军，与埃及的反叛者交火。土耳其的统帅无视了毛奇的建议，结果毛奇辞去职务，只将注意力放在对炮兵部队的关注上。6 月 23 日，两军在位于叙利亚和库尔德

---

① 赫尔穆特·卡尔·贝恩哈特·冯·毛奇（Helmuth Karl Bernhard von Moltke，1800~1891 年）：普鲁士元帅、德意志第二帝国总参谋长，著名军事理论家，又称老毛奇。生于梅克伦堡帕尔希姆的一个破落贵族家庭。1818 年毕业于哥本哈根皇家军校，进丹麦军队服役。——译者注

斯坦边境的尼西布（Nisib）[即现代的尼西比斯（Nisibis）]遭遇。土耳其人大败，毛奇在仅有的两位在场的普鲁士军官的陪同下，连续骑马狂奔九个多小时，才到达相对安全的地方。后来，他冷淡地评论道，他与土耳其人相处的几年时间教会了他很多东西。

回国后，毛奇被任命为第 4 军的参谋，一年之后，又被任命为驻在罗马的普鲁士亨利亲王 [1] 的私人副官。1848 年，毛奇成为第 4 军的参谋长，在接下来的七年里，他一直担任这一职务，并升到了上校衔。接着，他被任命为腓特烈王子 [2] 的助理，陪同王子到访了英国、法国和俄罗斯。1857 年，毛奇被任命为军队总参谋长，并在此后的三十年里一直担任这个职务。

自然地，毛奇与罗恩在发展军队的战略与战术方法、研制武器装备、发展通信和运输方式以及动员、培训参谋军官等方面合作密切。作战中，毛奇担任国王的唯一顾问，他和他的总参谋部自然在王室司令部占有一席之地。总参谋部包括均为中将级别的一名军需总监和一名监察总长（Intendant-General），三个分别负责调动军队、铁路运输与补给以及情报的主要部门。这三个部门在毛奇的直接监管下工作，每个部门由一名上校领导。这 5 名军官可以全权代表毛奇，在整个军队中被当成是毛奇一人之下的"半神"，对他们的态度实际上更多的是畏惧，而非厌恶。

除了上述 5 名军官，总参谋部总的编制还包括 11 名军官、10 名绘图员、7 位办事员，以及 59 名其他职员。对于一个控制了多达 85 万人的机构来说，这个编制算是不大的了。顺便值得一提的是，毛奇

[1] 即腓特烈·威廉三世的五子腓特烈·亨利·阿尔布雷希特（Friedrich Heinrich Albrecht，1809~1872 年）。——译者注
[2] 德意志帝国皇帝威廉一世唯一的儿子，全名腓特烈·威廉·尼古拉斯·卡尔（Friedrich Wilhelm Nikolaus Karl，1831~1888 年），1888 年 3 月 9 日即位为帝国皇帝，称腓特烈三世，同年 6 月 15 日因病去世。——译者注

每年从军事学院招录 12 名优秀学员任参谋，如果他们不能很快达到要求，便会被送回所属的团级部队。同样的，当一名参谋该晋升时，他也会被送回所属的团级部队，在晋升前待上一段时间，目的是让他不要脱离了军队基层生活的现实。

王室司令部本就人员众多，但除此之外，罗恩和他的参谋人员必须住在这里，负责政府延续性工作的文职官员们也是如此。另外，这里还生活着友好或中立国家的使馆武官以及国际新闻媒体的类似代表，他们都因为潜在上对普鲁士事业有用武之地而受到欢迎。不太受欢迎的则是那些德意志迷你邦国的君主们，他们身上挂满了和君主朋友们互相授予的徽章、勋章，走到哪里都是叮叮当当，再加上马夫、厨子、随从成群，这群人什么也不做，只是把战争当作一种观赏性的体育运动。

毛奇是克劳塞维茨的门徒，但在应用克劳塞维茨的理论上却更加讲求实际。他把大量的研究聚焦在滑铁卢和瓦夫尔的会战上，尤其在威灵顿和布吕歇尔的军队通过不同路线进入关键战场这一事实上。因此，自然而然得出的一个结论是，为了得到决定性的战果，普鲁士的军队和联军必须以不同的路线进军，并且要会师到一起作战。在理想的情况下，战役的最终结果将是全歼敌人的军队，这一过程在德语上被命名为"歼灭战"理论（Vernichtungsgedanke），也就是歼灭战概念（the annihilation concept）。的确，正如约翰·拉芬（John Laffin）在他对德国士兵的研究论著《军靴》（*Jackboot*）中评论的：

> 正如伊巴密浓达（Epaminondas）、汉尼拔、腓特烈大帝和拿破仑的例子所证实的那样，只有当进攻者以攻击敌军侧翼或以包围并逐点消灭敌军为目的而发起机动作战时，歼灭战才有可能实现。

因此，普鲁士军队的统帅必须想办法重现坎尼会战（Battle of

Cannae）的情境。在坎尼会战中，罗马一支军队的两翼被逼退，与中军混作一团，连使用武器的空间也没有，落得被原地屠杀的境地。毛奇认识到，现代枪械被引入战争，增加了防御者的实力，这进一步证明了攻击敌军侧翼而非正面的有效性。同样重要的是，军队规模的扩大意味着时机和路线的分配要被最周详地考虑。在毛奇看来，一条路线一次只能允许不超过一个军的兵力通过。如果两个或多个军使用同一条道路，后方的军要等先头的军通过这条道路一天后，才能加入战斗行动中去。不过，他很快指出，无论对这类问题的关注有多高，"没有哪个行动计划在首次遭遇敌军的主力后还能继续确定无疑地发挥作用"。

除了卓越的总参谋部，普鲁士还拥有两位富有远见的武器装备制造商。第一位是约翰·冯·德莱塞（Johann von Dreyse），来自图林根州埃尔福特附近的小镇瑟默达（Sommerda）。在拿破仑战争时期，他在让 - 塞缪尔·保利（Jean-Samuel Pauly）位于巴黎的一家工厂工作。让 - 塞缪尔·保利是一位瑞士制枪师、发明家，他生产过一些后膛装填的军用步枪。回国后，约翰·冯·德莱塞在 1824 年成立了一家生产火帽的公司。火帽的出现意味着生产栓式步枪的可能。这个系统的关键在于弹药，弹药由装有子弹的纸质弹药筒组成，子弹的底座是一个火帽。后膛由枪栓闭合，当扣动扳机时，撞针会穿过弹药筒的发射药，发射药则会在撞针触发火帽时引燃。这套系统开始被称为"撞针枪"（needle gun），它不仅让使用者能够以站立、跪着或躺着的姿势再次装弹，而且可以实现快速射击。它的缺点是枪的后膛不是密封的，所以用过的或者甚至是燃烧着的火药会往回喷射到使用者的脸上。因此，这种枪的使用者有时会从臀部而不是肩部开火。撞针枪在 1841 年开始在普鲁士军队列装。在 20 世纪 60 年代，笔者偶然在亚丁的部落民手里见到过几支撞针枪，而他们在开火时好像完全没有这种顾忌。

　　第二位武器装备生产商是阿尔弗雷德·克虏伯（Alfred Krupp），他在 1826 年成为家族的金属工业利益集团的领袖。自从 16 世纪开始，克虏伯家族便在埃森（Essen）的鲁尔镇生活。家族的一位成员阿恩特·克虏伯（Arndt Krupp）在黑死病暴发前不久定居在鲁尔。黑死病暴发后，因为害怕暴露于这种疾病的风险下，人们纷纷逃离，阿恩特就是通过买进那些人的房子而发了大财。阿尔弗雷德的理想是锻造出能够用于制造炮筒的毫无瑕疵的钢块。以往，当铁或青铜铸造的炮筒即将有爆裂的危险时，炮筒的裂缝往往意味着内部出现了瑕疵，这样就给了使用者足够的警示，让他们更换炮筒。钢铸的炮筒往往能承受更大量发射装药的压力，进而能达到更远的射程，但这种炮筒往往会毫无任何预警地爆裂，造成附近人员重伤或死亡。到了 1847 年，阿尔弗雷德已攻克了铸造精钢的技术难题，并用这种精钢生产了第一门加农炮。在 1851 年的世界博览会上，他展示的一块重 4300 磅的实心、无瑕的钢锭和一门用同种材料制造的 6 磅加农炮震惊了世界工程领域。但这与 1855 年他在巴黎世博会上的展出相比，又显得微不足道了。在巴黎世博会上，他展出了一块重达 10 万磅的钢锭。从那时起，便为克虏伯钢铁公司的声誉和埃森研制的工程技术奠定了坚实的基础。

　　接着，阿尔弗雷德生产了后膛装填的钢铸膛线加农炮。他将这种加农炮的原型呈给了国王腓特烈·威廉四世。国王的大部分高级炮兵军官都宁愿继续使用传统的前膛装填的铜铸膛线加农炮，于是这件原型便沦为了装饰之用。然而，腓特烈·威廉四世的弟弟威廉意识到，钢铸后膛炮能够实现更快的射速，而且比旧式的铜铸前膛炮射击更精准。1859 年，当威廉成为摄政王时，普鲁士军队从克虏伯公司采购了 10666 门钢炮中的第一批 312 门，这是阿尔弗雷德在世时从克虏伯买的，这些加农炮的效力很快就会受到现实的考验。

WHY
THE GERMANS
LOST

THE RISE AND FALL OF THE BLACK EAGLE

第 08 章

北德意志联邦

1848 年革命期间，被称为德意志邦联（German Confederation）的邦国联盟被其最重要的成员奥地利所解散。恢复邦联的尝试，如法兰克福国民议会（Frankfurt Assembly）的召开，只取得了部分的成功，而且很快被废止。1850 年初，普鲁士牵头建立了埃尔福特联盟（Erfurt Union），一个包含了大部分德意志邦国的联合体。

　　普鲁士企图将奥地利从德意志世界传统领导者的地位上排挤出去，这种做法引起奥地利的深恶痛绝。奥地利便利用黑森选帝侯和他的臣民之间的纷争，意图羞辱普鲁士。奥地利首相费利克斯·楚·施瓦岑贝格 ① 很快就将意图表现了出来。奥地利和盟军的军队开进了黑森，表面上是维持社会秩序，实际上这一行动显然是对普鲁士明目张胆的挑衅。普鲁士则动员军队向巴伐利亚进军，因为巴伐利亚是奥地利的重要盟友。11 月 8 日，在富尔达—布隆采尔（Fulda-Bronnzell）的事件中，一场交火差一点没能避免。

---

① 费利克斯·楚·施瓦岑贝格（Felix zu Schwarzenberg, 1848~1852 年）：奥地利政治家，1848~1852 年任首相一职。又称费利克斯·施瓦岑贝格（Felix zu Schwarzenberg）、施瓦岑贝格亲王费利克斯（Felix, prince zu Schwarzenberg）。——译者注

当俄国沙皇尼古拉一世（Nicholas I）与奥地利结盟的消息传开后，战争才得以避免。普鲁士的代表被召到摩拉维亚（Moravia）的奥尔米茨（Olmutz）参加会议。在这种情况下，普鲁士根本无法承担战争的代价。因此，普鲁士的代表别无选择，只能屈服于所有的要求。他们同意：恢复以奥地利为领导的德意志邦联；将普鲁士的军队退回到和平时期的水平；参与由德意志诸邦君主召开的德意志议会（German Diet）在解决黑森和荷尔斯泰因公国（duchy of Holstein）内部问题方面所做的干预；放弃埃尔福特联盟的构想。这些细节被写进文件，命名为《奥尔米茨条约》（Punctation of Olmutz），于 1850 年 11 月 29 日签署。使用"条约"（Punctation）一词，旨在强调这份文件记录的是奥地利的要求，而不是双方之间的"协议"（agreement）。因此，奥地利的意图就是在普鲁士的伤口上撒盐。在普鲁士国内，这份文件则被称为"奥尔米茨之耻"（Humiliationof Olmutz）。这份耻辱既不会被遗忘，也不会被原谅。

1848 年，丹麦南部的三个公国，即石勒苏益格（Schleswig）、荷尔斯泰因和萨克森—劳恩堡（Saxe-Lauenburg），它们的人口中包含了很大的日耳曼人成分，已经占到了全国人口的三分之一，而且贡献了国家一半的财富。自从拿破仑战争开始，大日耳曼主义（pan-Germanism）便在欧洲成为一股政治力量。在这三个公国中，作为少数民族的日耳曼人中间出现了强烈的怨恨情绪，不满被一个丹麦的君主所统治。武装的反叛迅速升级为潜在的独立战争，即后来著名的"第一次石勒苏益格战争"或"三年战争"。普鲁士站到了反叛者的一边，全然不顾它这种做法与它帮助其他邦国镇压类似自由运动的做法相冲突的事实。然而，事实证明，丹麦是个非常难对付的对手。而且，丹麦充分利用了自己的岛国地形和海军实力远远超出普鲁士海军的有利条件。此外，他们还获得了瑞典的援助。值得注意的是，丹麦打赢了，通过 1851 年签订的和平条约而维持了现状。

　　然而，根本的问题并没有就此消失，于是在 1863 年爆发了第二次石勒苏益格战争。在英国首相帕麦斯顿勋爵（Lord Palmerston）看来，这一局势甚至比乍看之下更为复杂，能正确理解这一局势的唯有三人：第一位是维多利亚女王的配偶阿尔伯特亲王，他已经过世；第二位是一名德意志的教授，据宣称已经精神失常；第三位就是首相自己，而他已不以为意。简而言之，拒绝女性继承王位的萨利克法典（Salic Law）适用于石勒苏益格与荷尔斯泰因，而当现在的丹麦国王弗雷德里克七世 ① 去世后，由于他没有男性继承人，石勒苏益格和荷尔斯泰因与丹麦的联系就不存在了。在《奥尔米茨条约》之后，丹麦人利用普鲁士暂时政治上的无能，劝服了其他欧洲强国，承认格吕克斯堡的克里斯蒂安王子 ② 不仅是丹麦王位的继承人，还是上述三个公国的继承人。这份协议被德国国会驳回，克里斯蒂安王子的继任权被俾斯麦驳回，俾斯麦转而支持奥古斯滕堡的弗雷德里克亲王（Prince Frederick of Augustenberg）的继任权。俾斯麦不希望再次令奥地利不快，所以他恭敬地请求奥地利支持。奥地利希望能恢复一些因为在意大利战败而失去的威望，于是同意了俾斯麦的请求。丹麦拒绝改变立场，第二次石勒苏益格战争于 1864 年 2 月 1 日打响。在普鲁士的军队入侵争议领土的同时，奥地利派遣了一支海军中队去防护日德兰半岛和丹麦群岛周围的海域。这一次，丹麦是孤军奋战了。虽然瑞典国王承诺援

---

① 弗雷德里克七世（1808~1863 年）：丹麦国王，1848~1863 年在位，是丹麦奥尔登堡分支的最后一个君主。他去世后，王位由其表弟的后人克里斯蒂安继承。——译者注
② 格吕克斯堡的克里斯蒂安王子（Prince Christian of Glucksberg, 1818~1906 年）：克里斯蒂安九世（Christian IX），丹麦国王，1863~1906 年在位。1863~1864 年期间，他还同时拥有石勒苏益格公爵、荷尔斯泰因公爵和萨克森 - 劳恩堡公爵的头衔。1842 年，克里斯蒂安九世与他的第二代表姐黑森 - 卡塞尔的路易丝公主结婚，共生下六名子女，与欧洲其他王室成员结婚，其中四名子女成为丹麦、英国、俄罗斯和希腊的国王或王后，后代遍布欧洲王室，本人也被称为"欧洲岳父"。——译者注

助，但并没有派出一兵一卒。帕麦斯顿表示，因为前一年丹麦的亚历山德拉公主 [①] 嫁给了威尔士亲王，而且在英国公众中深受爱戴，英国也许会向丹麦提供援助。这只不过是对普鲁士暗示威胁罢了，因为英国是海上强国，军队的组织设置是为了在海外领地进行军事行动；而且，自从克里米亚战争以来，英国并没有在欧洲大陆进一步卷入军事行动的欲望。俾斯麦非常清楚这一点，所以当有人问到如果英国陆军登陆了他会怎么办时，他戏谑地回答说，那他就叫警察来。丹麦人顽强地继续战斗着，但是战争的结果早已成定局，他们不得不寻求和谈。在1864 年 10 月 30 日签订的《维也纳和约》（Treaty of Vienna）的条款规定下，石勒苏益格的统治权转归普鲁士所有，而荷尔斯泰因和萨克森—劳恩堡则成为奥地利的领地。与此同时，奥古斯滕堡的亲王弗雷德里克的继承人资格被认为是有效的。

然而，一波潜在的危机似乎刚刚平息，另一波对相关各方影响更加深远的危机就抬头了。柏林的律师要求审查奥古斯滕堡的弗雷德里克亲王的继任资格。审查后，这些律师提出了无可辩驳的证据，证明弗雷德里克亲王的继任资格无效。因此，弗雷德里克转而向奥地利求助。他这种做法，之前已经成为一次战争的导火索，这次又打算这样做，丝毫没有怀疑他正是按照俾斯麦的节拍行事。俾斯麦得到了罗恩和毛奇关于普军现在能够打败奥地利的保证后，启动了一系列的交涉与活动，这些动作将实现他的远大志向，让普鲁士成为德意志的领导国家。意大利为了将更多的意大利领土从奥地利的统治中解放出去，乐意与普鲁士结盟。俄罗斯感激普鲁士帮助它镇压近期的波兰起义，

---

① 丹麦的亚历山德拉公主（Princess Alexandra of Denmark，1844~1925 年）：丹麦国王克里斯蒂安九世与王后露易丝的大女儿，1863 年 3 月 10 日与维多利亚女王和阿尔伯特亲王的儿子、威尔士亲王艾伯特·爱德华举行婚礼，成为威尔士王妃；在艾伯特·爱德华于 1901 年加冕为英国国王后她成为王后。——译者注

还因为奥地利在克里米亚战争中怀有敌意的中立态度而不可原谅奥地利。第二次石勒苏益格战争表明，英国对搅入欧洲大陆的事务不感兴趣。这样一来，就只剩法国这个宿敌了。俾斯麦在比亚里茨（Biarritz）秘密拜会了拿破仑三世[①]。在最友好的交涉氛围中，俾斯麦表示，在即将打响的战争中，如果法国抽身不干预，法国将获得领土方面的回报。由于这位帝国的皇帝本就不打算加入任何一方，所以他不明智地得出结论：这位看起来很和蔼的俾斯麦多少有些愚蠢，而没能看清如果普鲁士如果成为德意志的第一强国，这将对法国会意味着什么。另外，德意志诸邦之间谨慎地进行了调查，结果显示普鲁士有支持者，但奥地利的支持者要稍微更多一些，尽管奥地利还要对付意大利人。

奥地利人收到了不幸的弗雷德里克亲王的抱怨之后，不得不对此采取措施。他们将争议带到了德意志议会，此外又召开了荷尔斯泰因议会（Holstein Diet）。普鲁士表现出愤怒的样子，宣布原先的解决方式现已无效，并进军荷尔斯泰因。德意志议会命令针对普鲁士进行部分的武装动员。随后，俾斯麦宣布由奥地利领导的德意志邦联不复存在。这足以挑起战争行为，战争双方如下：

德意志邦联：

奥地利帝国

萨克森王国

巴伐利亚王国

符腾堡王国

汉诺威王国

黑森选侯国

[①] 拿破仑三世（1808~1873 年）：全名夏尔－路易·拿破仑·波拿巴（Charles-Louis Napoleon Bonaparte），路易·波拿巴之子，法兰西第二共和国总统及法兰西第二帝国皇帝。——译者注

黑森大公国

巴登大公国

罗伊斯（Reuss）侯国

绍姆堡—利珀侯国

萨克森—迈宁根（Saxe-Meiningen）侯国

拿骚公国

法兰克福自由市

总兵力：60 万奥地利及德意志同盟军

普鲁士与同盟国：

普鲁士王国

意大利王国

梅克伦堡—什未林（Mecklenburg-Schwerin）大公国

梅克伦堡—施特雷利茨大公国

奥尔登堡（Oldenburg）大公国

安哈尔特（Anhalt）公国

不伦瑞克公国

萨克森—科堡—哥达（Saxe-Coburg & Gotha）公国

利珀侯国

施瓦茨堡（Schwarzburg）侯国

瓦尔德克（Waldeck）侯国

汉萨同盟自由市（Free Hanseatic City）不来梅（Bremen）

汉萨同盟自由市汉堡

汉萨同盟自由市吕北克

总兵力：50 万普鲁士及德意志同盟军与 30 万意大利军

　　这次的战争以多个名称著称，但最普遍的称呼是普奥战争（Austro-Prussian War）或七星期战争（Seven Weeks' War）。6月16日，战争的第一场战斗在汉诺威打响。在1837年维多利亚女王登基后，汉诺威切断了它与英国的长期联系，因为汉诺威的宪法是不允许女性做君主的。在战争酝酿期间，俾斯麦曾向汉诺威的现任国王格奥尔格五世（George V）提供了保持武装中立的选择。格奥尔格五世为了给奥地利提供积极的支持，不明智地拒绝了这个选择。不幸的是，汉诺威没有天然的边境屏障，东西两面都被普鲁士的领土所包围。此外，汉诺威是个相对较小的邦国，无法与普鲁士进行军事竞争，它被普鲁士孤立后，奥地利及其盟友即便想救援也爱莫能助。

　　6月16日，沃格尔·冯·法尔肯施泰因（Vogel von Falkenstein）将军率领一支5万人的普鲁士军队从西面入侵汉诺威。令所有人大跌眼镜的是，6月27日，亚历山大·冯·阿伦茨蔡尔兹（Alexander von Arentschildt）指挥1.9万人的汉诺威军队在朗根萨尔察（Langensalza）大败法尔肯施泰因的一个军。国王格奥尔格五世多年前便因故分别失去了双目，现在，他请求万能的"上帝"让他恢复片刻的光明，只要能看一眼普鲁士人逃命的景象便足矣。不幸的是，到了6月29日，格奥尔格五世那支小小的军队被包围起来，不得不投降，他也被迫逃往了奥地利。这场战役的不同寻常之处在于，红十字会第一次出现在了战场上去救治伤员。

　　与此同时，毛奇和罗恩已经利用战略铁路系统将普鲁士的三大军团部署在广泛的南方前沿。第一军团由腓特烈·卡尔亲王①统领，从格尔利茨（Gorlitz）附近的集结区域进军。腓特烈·卡尔亲王又被人普

①腓特烈·卡尔亲王（Prince Frederick Charles，1828~1885）：威廉一世的侄子，普鲁士亲王，德国统一战争中著名的野战指挥官。——译者注

遍地称为"红衣亲王"，因为他喜欢穿着第2（近卫）骠骑兵团的红色制服。第2军团由王储腓特烈·威廉率领，从兰茨胡特地区（Landshut）进军。赫尔瓦特·冯·毕腾菲尔德（Herwarth von Bittenfeld）将军率领的易北河军团（Army of the Elbe）则从托尔高地区进军。虽然悠久的传统决定了，只要有可能，作战的普鲁士军队就要由王室的服役人员来统率，但现在一致认可的是，随着兵力不断扩充，战争越来越复杂，军队应该交由经验丰富的总参谋长指挥。因此，虽然威廉一世名义上是最高统帅，战争的战略部署则掌握在毛奇的手中。毛奇的情报来源显示，奥地利军队的主力似乎正在奥尔米茨的西北部集结。

毛奇的作战计划的第一部分要求易北河军团占领萨克森的首都德累斯顿（该军团于6月19日占领该城），然后在波希米亚山脉的要隘与第1军团会合。两军会合后，一起继续向东南进发，于6月27日在蒙申格莱茨（Munchengratz）战胜了正在撤退的奥地利和萨克森分队，两天后在吉钦（Gitschin）再次获胜。在东面，第2军团正在沿着会合的路线前进，于6月27日在特鲁特诺夫（Trutnov）与纳霍德（Nachod）打赢了两场战斗，于6月30日在吉钦东部停止了前进。到目前为止，毛奇一直满足于让事态顺其自然地发展，但是当第2军团在露营地安顿下来时，他乘坐火车，陪同国王、罗恩和俾斯麦离开柏林，前往前线。他已经与普鲁士的三个军团保持了电报联系，但他还是想亲眼看到他们用巨大的陷阱击溃奥军。

就兵力而言，毛奇可以部署8个军和3个骑兵师，共27.8万兵力。奥地利军队由陆军元帅路德维希·冯·贝内德克（Ludwig von Benedek）统率，由1个萨克森军、7个奥地利军和4个骑兵师组成，共27.1万人。奥地利步兵仍旧装备着前膛装填式步枪，与装备着德莱塞式撞针枪的普鲁士步兵相比，那劣势就太明显了。但是，另一方面，奥地利炮兵比普鲁士的炮兵更加现代化，普鲁士炮兵直到近期才开始重新装备克虏伯的武器装备。不过，相比在意大利作战的部队，奥地利的战争部对贝内德克的支持意愿就要弱多了，因为意大利的作战部队正捷报频传。普军的指挥官们之前一直担心贝内德克会将军队前线部署在易北河后边的沿岸，将两翼分别部署在北面的约瑟夫施塔特（Josephstadt）和南面的克尼格雷茨（Königgrätz）这两座要塞。这样的话，普军的阵地便坚不可摧了。不过，令普军松了一口气的是，大部分奥军实际上被部署在了易北河的普鲁士这一侧，在一条名为比斯特里察河（Bistritz Brook）的泥泞河道之后。这条河道在易北河以西四英里处，走势几乎与易北河平行，沿河的村庄、农场和森林都被加筑了防御工事，大部分奥地利的炮兵也驻扎在了河道后边的低矮山脊上，这是为下方的步兵提供炮火支援的绝佳位置。因此，总的来说，对进攻者而言，这个阵地与如果沿着易北河布置的阵地相比，在固若金汤的程度上只稍微逊色了一点点。

　　然而，这对毛奇的作战计划却没什么影响，或者说根本没任何影响。易北河军团要绕到南面，然后向北插入奥军的后方。第 1 军团要在东面合适的地方进攻，越过比斯特里察河，同时第 2 军团要沿易北河谷而下，如铁箍一般将奥军包围进去。7 月 3 日天刚破晓时，普军在如注的大雨中发起了进攻。几乎与此同时，"没有任何作战计划在首次遭遇敌人后还能奏效"的古老真理可怕地应验了。赫尔瓦特·冯·毕腾菲尔德急着将部队投入战斗，而没有将前线展开得足够宽广，以致他的左翼与腓特烈·卡尔亲王第 1 军团的进攻的右翼重叠。混乱占据了主导，而奥军迅速的反攻更是令混乱的局面雪上加霜。混成一团的军队被击中的炮火撕裂，他们能够坚守位置，是因为步兵的德莱塞式步枪的高射击量。

　　到了 11 点，两个普鲁士军团的进攻都陷于停滞。更糟的是，毛奇失去了与王储第 2 军团的电报联系，他们现在仍在北面约 15 英里处待命。现在，一切取决于是否能将第 2 军团及时投入战斗。毛奇派出了他的一名副官冯·诺曼（von Norman）中尉，以国王的名义命令第 2 军团立即前进并袭击奥军的右翼。诺曼没命般骑马狂奔。有那么一阵子，奥军枪骑兵的一整个中队都在他身后追击。虽然一位枪骑兵甚至用长矛的矛尖儿将诺曼的制服上衣挑掉了一块，但诺曼还是设法甩掉了他们。

　　与此同时，战斗发展成了消耗战，在比斯特里察河沿岸的村庄和农场中集中展开。奥军右侧的村庄巴纳特克（Banatek）被炮火烧着，但这里的驻军并没有放弃它，以致当普鲁士的一个师开进来准备占领该村庄时，两军之间展开了激烈的肉搏战。在阵线的中央，普军进入了村庄萨多瓦（Sadowa）和村子的树林里。在那里，双方近距离交战，每一寸土地的争夺都要刺刀相见。

　　那些战局对他们最为攸关的人士，包括国王威廉一世、毛奇、罗恩和俾斯麦，他们还不知道冯·诺曼是不是到了王储那儿。他们只能等待。国王变得焦躁不安起来，在没有和毛奇商量的情况下，就下令向奥军一个坚固的炮兵阵地进攻。这是唯一一次国王这样做。显然，要不是毛奇冒着令国王震怒的风险，设法制止了进攻，那么这次的进攻几乎就要变成对进攻者的大屠杀了。毛奇如他向来出了名的那样，全程保持着镇定，话语不多，面无表情，在行进中偶尔停下来，尽可能言简意赅地与当地指挥官交换几句意见。在级别稍低的军官中间流传着一种说法，说毛奇拥有用七种语言保持少言寡语的能力。事实上，毛奇也极度担心贝内德克会部署兵力占优的骑兵，去冲击易北河军团与第 1 军团重合的混乱区域。这样的话，毛奇的整个右翼就会被赶出战场，他也不得不和余下的部队一起撤退。有一刻，他拿出雪茄烟盒，递给俾斯麦，请他抽烟。俾斯麦也因为事件的走向慌乱不已，但他随后想起："如果毛奇可以镇定得抽烟，那我们还有什么好担心的。"在当时的情况下，似乎更可能的情况是，毛奇是为了寻求烟草的安慰特性，来缓解自己内心的焦虑。

尽管如此，王储和他的军团迟迟不出现，仍然让俾斯麦很担心。俾斯麦用望远镜在北边的地平线上搜寻着，忽然发现了先前未注意到的东西。有人觉得那只是田野里的犁沟罢了，但在俾斯麦看来，那是成群的士兵穿过原野朝他们移动的景象。没过多久，奥地利炮兵部队的炮列轰炸确认了俾斯麦的猜测，因为火炮是朝北面发射的，而不是为了支援比斯特里察河沿岸的战斗。很快便清楚了，那逼近的部队正是王储第2军团的先遣部队，第2军团的主力部队将会在下午3点左右加入战斗。他们在极为艰难的条件下保持了强行军，因为虽然雨停了，太阳在飞云的间隙中偶然会露脸，但田野里仍然浸透了雨水。然而，正如布吕歇尔在类似条件下敦促士兵从瓦夫尔赶往滑铁卢时那样，第2军团也被驱赶着继续前进，因为战场上正迫切地需要他们。第2军团抵达的消息在比斯特里察河沿岸战斗的普军中间激起了巨大的欢呼。那时，国王正询问毛奇关于战役结果的看法。毛奇平静、镇定地回答道："陛下，今天您将赢下的不仅是这场战役，而将是整个战争。"

此前，贝内德克在比斯特里察阵线后边的村庄赫卢姆（Chlum）建立了指挥部。目前为止，他一直守得很好，但是随着另一个军团突然出现并逼近他的右翼，他意识到了可怕的后果：这场战役要吃败仗了。的确，他现在最明智的做法就是让他的军队尽可能多地撤出，因为随着王储的军团加入战场，他现在正守着比斯特里察沿河阵地的部队只能通过一个不断缩小的狭长通道撤退。因此，当贝内德克需要用一部分兵力掩护其余兵力撤退时，他不可避免地要损失这部分兵力。

很快，包括近卫军在内的第 2 军团袭击了贝内德克的右翼，将那些仍然守着比斯特里察河岸阵地、掩护战友撤退的奥军包围了起来。与此同时，由克拉夫特·楚·霍恩洛厄 - 英格尔芬根亲王 [①] 亲自指挥的近卫军炮兵开始朝着撤退的奥军中央连续轰击。然而，奥军中有些分队为了阻止普军的进攻，以自杀式的勇气顽强抵抗着，包括那些炮列的炮兵，他们战斗到大炮打完最后一颗炮弹，最后阵亡在大炮旁边。普鲁士近卫军的步兵部队占领了赫卢姆，在奥军的反攻中失掉了它，最后又将其收复。此外，奥地利胸甲骑兵旅也发起了压倒性的冲锋。非常奇怪的是，这支骑兵旅的指挥官是一位名叫比尔斯（Beales）的英国人。他的骑兵猛冲普鲁士一支龙骑兵团的侧翼，用又长又直的剑造成普军惨重的伤亡。不过，他们此后遭到了普鲁士枪骑兵的反制冲锋，同时后方又遭到穿着红衣制服的第 2 骠骑兵团的攻击。一场激烈的混战厮杀开来。最终，奥地利的胸甲骑兵旅被打退，比尔斯受伤并摔下马来。这次的战斗虽然代价高昂，却确保了易北河到克尼格雷茨的桥梁始终保持在奥军的手中，从而为贝内德克的大部分兵力提供了逃跑路线。

王储向他父亲致意后，便跟着近卫军继续前进，并在日记中记录了他所目睹的可怕景象：

> 在我们身边躺着或跛着走着许多波茨坦和柏林驻军的有名人物。有些人将步枪用作拐杖，有些人被其他未负伤的同伴搀扶着，他们的样子令人震惊。然而，最惨烈的景象是一队奥地利炮列，这队炮列的所有人员和马匹都被轰炸而亡。

---

① 克拉夫特·楚·霍恩洛厄－英格尔芬根亲王（Prince Kraft zu Hohenlohe−Ingelfingen, 1827~1892 年）：或称霍恩洛厄－英格尔芬根亲王克拉夫特，普鲁士陆军军官、军事作家。——译者注

骑马穿过战场是一件令人触目惊心的事，那些肢体残缺的可怕景象无以言表。战争太可怕了。那些坐在铺着绿色粗呢的桌前、动动笔就发动了战争的人，根本想象不到他们造成的是什么样的可怕局面。我看到我的一位亲人霍亨索伦的安东尼亲王（Prince Antony of Hohenzollern）先前被三颗子弹打中腿部，没多久便因伤而亡。

毛奇的作战计划成功了，虽然成功的方式和他设想的不太一样。普鲁士方面，死亡 1939 人，受伤 7237 人。奥地利和萨克森的损失为死亡 1.3 万人，受伤 18393 人，被俘 1.8 万人，另有 174 门火炮被缴。在这次战役之后，普军继续朝维也纳进发。拿破仑三世居中调停，普奥双方接受了调解条件，普鲁士也停止了进军。奥地利接受调解，是因为虽然他们在意大利的战争进展良好，但匈牙利却出现了反叛的苗头，而匈牙利一直都是奥地利帝国更为不安分的地区之一。普鲁士接受调解，是因为他们明白也许会有寻求与奥地利结盟的一天。出于这一原因，当 8 月双方在布拉格会面协商时，毛奇并没有寻求让奥地利割让本土的领地。然而，奥地利放弃了对之前组成德意志邦联的诸邦国的影响，德意志邦联本身则被普鲁士领导下的北德意志邦联（North German Confederation）所取代。普鲁士兼并了汉诺威、石勒苏益格与荷尔斯泰因（后两者合并组成石勒苏益格—荷尔斯泰因州）、黑森选侯国、法兰克福自由市、拿骚公国以及部分黑森—达姆施塔特（Hesse-Darmstadt）的领地。萨克森公国、罗伊斯侯国、绍姆堡—利珀侯国与萨克森—迈宁根公国虽然没被兼并，但于 1867 年加入了北德意志邦联。此外，三个"未参战的"德意志小邦国也加入了北德意志邦联。它们分别是罗伊斯—施莱兹（Reuss-Schleiz）、萨克森—魏玛—爱森纳赫（Saxe-Weimar-Eisenach）与施瓦茨堡—鲁道尔施塔特（Schwarzbur-

Rudolstadt）。

俾斯麦明智地没有对南部德意志的巴伐利亚王国和符腾堡王国采取任何惩罚措施，这两个王国还被允许成立了他们自己的邦联。至此，德意志的统一几近完成，俾斯麦已经开始花更多的心思集中考虑这一问题。

WHY
THE GERMANS
LOST

THE RISE AND FALL OF THE BLACK EAGLE

第 09 章

普法战争

可能除了德意志南部的几个王国外，克尼格雷茨战役的胜利和随后签订的和约的条款的确使整个德意志弥漫着团结一致的感情，让大日耳曼主义成为政治领域一股持久不衰的力量。然而，除非德意志在普鲁士的领导下成为欧洲大陆最伟大的民族国家，否则俾斯麦是不会满足的。奥地利已经微不足道，而且它也保证了对德意志的事务不再抱有更多的兴趣。俄罗斯幅员辽阔，但发展落后，它致力于维持巴尔干半岛地区的和平、主持着可能要成真的奥斯曼帝国的葬礼，似乎对波兰之外的事务也不感兴趣。俄罗斯一旦葬送了奥斯曼帝国，就可以经由博斯普鲁斯海峡和达达尼尔海峡，打通通往地中海的路径。

　　至于法国，这个众多德意志邦国的宿敌，就要另当别论了，因为法国的统治者是伟大的拿破仑的侄子、穷兵黩武的拿破仑三世。自从当权以来，他便沉湎于在克里米亚、意大利、黎凡特地区、墨西哥、阿尔及利亚和中南半岛的战争之中。他的军队身经百战，统帅南征北战，总体上也是胜多败少。此外，他建立了一个可以在法国本土生产现代武器的强大的工业基地。他的野心是让法国摆脱在他伯父失败后召开的维也纳会议（Congress of Vienna）强加在法国身上的种种限制。对俾斯麦而言，这些因素综合在一起，使法国成为真正危险的敌人，因此一有有利机会就要对这个敌人进行压制。

但是，表象是具有欺骗性的。1866 年，普鲁士集结了大约 120 万训练有素的士兵。作为对比，拿破仑三世虽然计划集结约 100 万士兵，但最终却只能集结 28.8 万人。而且，尽管这些士兵是长期服役的常备军，但从中还要派出分遣部队支持阿尔及利亚、墨西哥和罗马的战争行动。1868 年，法国立法机构通过一项措施，规定每年吸收两批应征士兵。第一批应征士兵在常备军服役 5 年，然后在预备役服役 4 年。第二批应征士兵只服役 5 个月。据估算，到了 1875 年，通过这项举措将可以使军队能够动员 80 万人，另外 50 万人在理论上将由机动警卫队（Garde Mobile）提供。在作用上，机动警卫队相当于普鲁士的预备役军队。实际上，机动警卫队没起到任何作用。起初的设想是，所有到了服役年龄但躲避了征召的男人都应该加入机动警卫队，服役 5 年；在这 5 年里，他们每年有两个星期的训练义务。训练一次持续一天，一天不超过 12 个小时。最终，他们训练严重不足，纪律松懈，忠诚度不足，这样的结果也并不令人意外。

此外，在常备军军官团体中也存在不能完全令人满意的局面。原先的计划是，常备军的军官团体应该尽可能地包含法国社会各阶层人员。理论上，如果一个人已经作为军士服役了两年，或者通过了军事学院的入学考试，他就可以被考虑任命为军官。新的军官任命中，必须要有三分之一的数量给予曾经服过兵役的人。但是，到了 1869 年，有 11374 名军官是行伍出身，而只有 7292 名军官是军事学院出身。因此，法国的军官群体整体上社会背景太过混杂，缺乏其他欧洲军队的军官群体的同质性。许多新任命的军官作为军士服役到了 40 多岁，才获得任命，这在营级层面是有利的，但在营级以上的层面就不怎么有利了。他们对职业学习的兴趣本就不大，对在参谋部服役的兴趣就更加寥寥了。如果有必要组建一个兵团司令部，兵团司令会发现他手底下连正儿八经的参谋都没有，充当他参谋的都是原先的副官、军需官和办事员之类的人员。

尽管如此，法军确实也有理由对自己感到满意。1866 年，安东尼·阿方索·夏塞波（Antoine Alphonse Chassepot）设计的后膛装填栓式步枪列装。这种步枪在很多重要方面都大大超越了德莱塞的撞针枪。首先，后膛用橡胶环密封，能防止燃烧的发射药气体或纸质弹药筒的碎片被爆到使用者的脸上。与德莱塞撞针枪 15.4 毫米的口径相比，夏塞波后膛枪虽然口径只有 11 毫米，但是能装填更大的火药量，能让子弹初速比德莱塞撞针枪提高三分之一，而且弹道更加水平，射程也更远。

另外，法国还拥有一个秘密武器，叫米特留雷斯枪（mitrailleuse）。人们称米特留雷斯枪为早期的机枪，但实际上它是一种手动操作的快速射击系统。米特留雷斯枪是比利时的一名军官法尚普斯（Fafchamps）上尉的创造，在生产中被约瑟夫·蒙蒂格尼（Joseph Montigny）进行了改良。米特留雷斯枪使用的弹药和夏塞波后膛枪使用的一样，从而缓解了弹药供应的紧张局面。米特留雷斯枪由一根内置了 25 根枪管的铁筒组成。25 根枪管由一块装有弹药的铁盘同时上膛，铁盘后边是一块锁闭着的后膛闭锁块。米特留雷斯枪通过拉动可以让所有枪管一齐发射或单个依次发射的曲柄进行射击。完成射击后，枪手卸掉铁盘，丢掉空弹壳，再装上新的弹药。通过连续使用多个装好弹的铁盘，保持每分钟 150 发的射击速率也是可能的。围绕着米特留雷斯枪的官方的保密氛围如此浓厚，以至于很多高级军官都从未听说过它。结果，关于如何从这种武器中获得最佳效果的理论也一直没有发展出来。军队内部一致认为，米特留雷斯枪应该归炮兵部队负责，并为这种武器提供了传统的炮架和拖车用以运输。但是，问题是从远处看，成组的米特留雷斯枪就像成组的野战炮，会成为敌军野战炮的直接目标，而且野战炮射程更远，成组的米特留雷斯枪一下子就会被打掉。另一个应用不当的地方，是错误地利用了米特留雷斯枪 2000 码的射程，将它们部署得过于靠后，而不是部署在步兵之间，以让它们造成最大的伤害。同样重要的是，法国的炮兵部队整体上是军队最弱的兵种。炮兵部队的野战部门装备的是前膛装填的 4 磅和 12 磅的火炮。4 磅火炮是 1858 年引入的，性能良好，但 12 磅火炮更老旧，而且以前是滑膛式的。这两种火炮都发射普通炮弹、榴霰弹和霰弹筒。法式的炮弹拥有跳射和空爆的能力。德式的炮弹缺乏这种能力，但德式炮弹拥有更大的爆破效果。更重要的是，各德意志军队都重新装备了克虏伯火炮，这种火炮的发射速率更快、精确度更高。

　　1870 年，政治局势终于发展到俾斯麦能够操纵的地步，德意志诸邦和法国之间的战争不可避免，它始于西班牙女王伊莎贝拉二世（Isabella Ⅱ）的去世。伊丽莎白二世极不受民众的爱戴，从 1868 年开始便被迫流亡在外。现在的问题是：她的王位由谁来继承？1870 年 7 月，在俾斯麦一番操作下，西班牙的王位被提议由霍亨索伦—西格马林根的利奥波德亲王（Prince Leopold of Hohenzollern-Sigmaringen）继承。利奥波德亲王是普鲁士的统治家族的亲戚，因为是天主教徒，他继承王位几乎无疑会被大多数西班牙人接受。过了大半个月，拿破仑三世才意识到法国就要被两支霍亨索伦家族夹在中间了，一支是莱茵河畔的，另一支是比利牛斯山脉另一侧的。醒过神来的拿破仑三世要求普鲁士国王威廉一世撤回对利奥波德亲王继任资格的支持。威廉一世同意了，利奥波德亲王也退出了王位争夺。

如果不是拿破仑三世的外交部部长格拉蒙特公爵（Duc de Grammont）出了令人难以置信的昏招儿，事情可能就到此为止了。格拉蒙特公爵似乎觉得法国受到了极大的侮辱，必须要普鲁士为此付出代价。他指示法国驻柏林大使贝内德狄伯爵（Count Benedetti），要从威廉一世那里获得一份保证书，表明他将禁止再提及利奥波德的继任资格一事。7 月 13 日，贝内德狄大使在埃姆斯（Ems）的公园碰巧遇到威廉一世。威廉一世礼貌地信步穿过公园，向贝内德狄走去，就利奥波德亲王退出王位竞争一事向他道贺。不幸的是，贝内德狄受到指示，不愿让事情到此为止。他要求威廉一世出具一份保证书，表明威廉一世不会同意重启利奥波德亲王继任资格一事。在威廉一世看来，事情已经了结，他不准备提供无关紧要的保证。这天晚些时候，他收到利奥波德亲王放弃继承资格的信件，于是派副官将此事通知给贝内德狄，并补充说，他对利奥波德亲王放弃继承一事给予"完全无保留的批准"。贝内德狄伯爵仍然向副官要求再次与国王会面，谈谈保证书一事。可以理解威廉一世感到很恼火，他的回答大意是没更多可谈的了。

在埃姆斯，陪威廉一世在场的只有一位外交官员海因里希·阿贝肯（Heinrich Abeken）。那天晚上，海因里希发了一份电报，向俾斯麦叙述当天的经过，而俾斯麦当晚正与毛奇、罗恩一块儿用餐：

> 陛下在告诉贝内德狄伯爵他在等待利奥波德亲王的消息后，决定不再接见贝内德狄伯爵，只派了一名侍从副官让他知悉此事。现在，陛下已经从亲王那里得到确认，证实了贝内德狄早已从巴黎方面获悉的消息，对贝内德狄大使也没更多要说的了。陛下留待阁下您决定，是否应将贝内德狄的新

要求以及国王拒绝他的要求一事立即向我国驻外使节和新闻界通报。

再也没有什么比这条电报更能令用餐的几位高兴的了。他们此前还心情低落呢，因为他们盼望能来一场羞辱法国皇帝、削弱法国在欧洲地位的战争，而从局势来看，西班牙王位继承问题引起的危机似乎就要被平息了。俾斯麦最是狡猾，打算利用法国自视过高而表现出的愚蠢。俾斯麦没有改变阿贝肯发来的电报里的事实，但是稍作编辑，使得事实看来就像是贝内德狄伯爵对威廉一世表现得傲慢无礼，令人无法忍受，而威廉一世则极为严厉地驳回了贝内德狄伯爵。"于是，国王陛下决定不再接见法国大使，"俾斯麦写道，"并派去当班的侍从副官告诉大使，陛下和他没有什么要说的了。"

第二天早晨，《北德意志日报》刊登了俾斯麦的后来被称为《埃姆斯电文》的那一版电文。欧洲各国其他报纸也采用了这一版本。一份份电文被发送至普鲁士各驻外大使馆，指示他们应将电文立即呈请驻在国政府关注。此前，俾斯麦在准备他那一版电文的编辑的同时，已经对这份电文发表了评论，大意是说这份电文之于法国，就像一块红布之于公牛。事实也是如此。法国人觉得，他们的大使受到了侮辱。普鲁士人也一样，认为他们的国王受到了侮辱。在各自的首都，愤怒的人群汇聚起来。在巴黎，他们高喊"杀到柏林！"（"A Berlin!"）。在柏林，他们的口号则是"杀到巴黎！"（"Nach Paris!"）。国际上试图平息风波的努力都是白费劲，因为法国当局知道他们在计谋上输得彻底，甚至到了要成为宣战方的地步。

7月15日，法国宣战了。俾斯麦、毛奇和罗恩对于诱发了一场大战并不在意。他们相信，这是欧洲进化过程中的一个必要阶段，打一场耗时短、能取胜的战争是实现这一目的代价最小的方式。法国的战败是毫无疑问的，因为它是孤军作战，而普鲁士不仅是作为北德意志邦联的领导者而战，身后有普奥战争之后被并入的德意志诸邦的支持，而且由于《布拉格条约》（Treaty of Prague）中加入的秘密条款，南德意志的邦国巴伐利亚、符腾堡和巴登也要与普鲁士并肩作战。因此，虽然多年来这场冲突被称为"普法战争"，现在则应更准确地称之为"德法战争"。

战争双方立即开始了动员。很早之前，除了一些最琐屑的细节问题外，毛奇和他的参谋人员便几乎做到了万事俱备。在动员阶段，所有铁路的运行由总参谋部控制，总参谋部的运输与后勤部门的专家则制定出能够将大规模预备役军人运送到兵站的铁路运行安排表。到了兵站，预备役军人领取分配好的装备，获得所属团所在地的信息，收到一张把他们送到团所在地的火车票。宣战不到 18 天，118.3 万人便完成了这一归队过程，被编入了队伍。当然，其中有不下于 46.2 万人一接到通知就被派往了法国边境。

与此形成强烈对比的是，法国的动员体系简直就像英国近卫骑兵队有音乐伴奏的骑马舞一样混乱——尽管之前已经有心理准备，知道法国对动员一事考虑不充分；特别是，他们对于应该如何利用铁路系统将大规模的人员和装备运到前线，仅有一个极其模糊的概念。甚至 7 月 14 发布的动员令就造成了极大的混乱：一方面，预备役军人收到命令，要向团兵站报到；另一方面，这些理应等待预备役军人报到的团收到命令，要离开驻地，向边境的集结地区出发。乱上加乱的是，法军只有三分之一的团和团兵站驻扎在同一城镇，其他团和团兵站往往被分隔在不同城镇，距离很远。几个例子就足以说明问题：驻扎在敦刻尔克的一个团，兵站在里昂；而驻扎在里昂的一个团，兵站在圣马洛（St Malo）；还有一个驻扎在里昂的团，它的兵站在科西嘉岛的阿雅克肖（Ajaccio）。最精神错乱官僚奖则要颁发给下边的官员：他们坚持让召回的法国轻步兵（Zouave）预备役军人在加入驻地在阿尔萨斯（Alsace）的团之前，必须到阿尔及利亚的奥兰市（Oran）报到。动员了三个星期，只有一半的预备役军人赶到了所属团。至于可怜的机动警卫队，他们是 7 月 17 日和 18 日被动员的，但是没有组织将他们编入队伍，为他们发放服饰、武器，给他们提供食宿。作战所需的无数武器装备和庞大的物资方面，也存在类似情况。这些东西从中央枪械库被发往团兵站，然后再从团兵站发到团。这是军事官僚的天堂，是申请表、事项表、收据和签名充斥着的天国。铁路系统要将大批赶往兵站或所属团的预备役军人运送到地方本就勉为其难，所有这一切人为的困难更是给铁路系统带来了难以承受的沉重压力。

法国军队被部署在北起卢森堡、南至瑞士的边境沿线。动员计划最初由夏尔·弗罗萨德（Charles Frossard）将军于 1868 年制订，需要以梅斯（Metz）、斯特拉斯堡（Strasbourg）和沙隆（Châlons）为根据地组建三支军团，这三支军团的统帅分别是麦克马洪[1]元帅、巴赞[2]元帅和康罗贝尔[3]元帅，他们都是运筹帷幄、久经沙场的能将。不幸的是，7 月 11 日，拿破仑三世决定，他不喜欢这个安排。取而代之，拿破仑三世要组建一支集团军，名为莱茵军团（Army of the Rhine），他亲自任统帅，而三位被取代的元帅则获得了一项安慰奖，每人指挥一支加强军。这项新的安排让一些军保持了适度的平衡，但另一些军却缺少了必要的编队。莱茵军团如何部署的问题成了战争部部长埃德

①玛利·埃德姆·帕特里斯·莫里斯·德·麦克马洪（Marie Edme Patrice Maurice de MacMahon，1808~1893 年）：法国元帅，马坚塔公爵，法兰西第三共和国第二任总统（1873~1879 年）。——译者注
②弗朗索瓦·阿希尔·巴赞（François Achille Bazaine，1811~1888 年）：雇佣兵出身，1864 年晋升为法国元帅。——译者注
③弗朗索瓦·塞尔坦·德·康罗贝尔（François Certain de Canrobert，1809~1895 年）：法国军人，1856 年晋升为法国元帅。——译者注

蒙·勒伯夫（Edmond Leboeuf）将军的责任。勒伯夫明白，与敌军相比，他的部队兵力严重不足，但他却建议向普法尔茨（Palatinate）全面进军，目标是扰乱德意志的战备。他希望，这可以刺激奥地利与法国结盟、宣战。但是，这只不过是他异想天开罢了。7 月 28 日，拿破仑三世看到了这份计划，明智地驳回了它，并命令莱茵军团按兵不动，由他决定为麾下的 11.28 万人、520 门火炮和 150 挺米特留雷斯枪做出最佳选择。

毛奇动员了 118.3 万人，其中 46.2 万人、1194 门火炮以及其他一应装备早已被部署在边境。在北边，第 1 军团已经在瓦登地区（Wadern）集结，意图穿过萨尔路易斯（Saarlouis），进军至梅斯要塞以南的摩泽尔河。在中央，萨尔布吕肯（Saarbrucken）对面的第 2 军团的任务，是进军至梅斯与南锡（Nancy）之间摩泽尔河的上游区域。第 3 军团仍然集结在兰道（Landau）附近，他们的任务是打穿维桑堡（Wissembourg），占领斯特拉斯堡。毛奇的计划的核心在于引诱法国莱茵军团深入，与毛奇的第 2 军团达到深度交火状态，这时第 1 和第 3 军团便可以包围莱茵军团的两翼，一举歼灭莱茵军团。之后，占领法国的阿尔萨斯和洛林两省便成为可能。这两省的人口中有相当一部分是日耳曼人。

毛奇任命了在最近普奥战争期间表现杰出的将领为军团统帅。"红衣亲王"腓特烈·卡尔指挥第 2 军团，腓特烈·威廉王储指挥第 3 军团。被选任为第 1 军团统帅的是 74 岁的老将卡尔·冯·施泰因梅茨。施泰因梅茨参加过德意志解放战争、第一次石勒苏益格战争，在普奥战争期间指挥一个军取得了杰出的战斗表现。这三名统帅中间，毛奇只对腓特烈·威廉王储抱有十足的信心。他认为腓特烈·卡尔亲王过于谨慎，且难以捉摸。正常来说，施泰因梅茨的年龄对他不利，但他在普奥战争中表现出了真正的才能。但是，不幸的是，他服从性差，脾气暴躁，有点自命不凡。

8月2日，战争的第一场战斗在萨尔布吕肯打响。这场战斗让法国警醒，原来敌人比想象的更近。这导致拿破仑三世继续了毫无意义的干预。现在，他将军队组建成两支军团：阿尔萨斯军团，由五个军组成，归帕特里斯·麦克马洪元帅指挥；洛林军团，也由五个军组成，归阿西尔·巴赞元帅指挥。除了军衔，这两位元帅几乎没什么共同之处。麦克马洪的先祖在国家正遭受奥利弗·克伦威尔（Oliver Cromwell）兵燹蹂躏时，从爱尔兰逃亡到法国，随后献身于雅格宾派的事业，在18世纪时被封为贵族。麦克马洪曾经指挥法国外籍军团（Foreign Legion）在阿尔及利亚参加战斗，在克里米亚战争和意大利第二次独立战争①期间表现杰出。1831年，巴赞以列兵的身份入伍，被任命到法国外籍军团做军官，跟随法国外籍军团先后在阿尔及利亚、西班牙和摩洛哥服役。到了1855年，巴赞在克里米亚战争期间表现不俗，成为法国军队中最年轻的将官。1859年，在意大利于奥地利同法国—撒丁联军的战役中，巴赞指挥了一个师作战。1862~1865年间，巴赞在墨西哥服役，并被任命为法国元帅。尽管巴赞战功赫赫，在为法国效命期间负伤无数，不过他基本算是个独来独往的人，这不仅因为他是位出身行伍的军官，而且因为他是法国外籍军团出身的行伍军官。很多法国人对法国外籍军团侧目而视，觉得外籍军团的存在本身便说明他们是一群无力保卫自己国家的人。巴赞热爱军事史，从军事史中吸取的教训足以让他对同伴针对当前的战争评论说道："我们正在走向一场灾难！"在眼下这个特殊的时刻，巴赞与麦克马洪有一个共同

---

① 意大利第二次独立战争：指在1859~1860年间，意大利为争取国家统一而联合法国对奥地利帝国进行的战争。——编者注

点：他们都没有被配备参谋人员，只能从军队里尽可能地挑选军官，凑合着应付。

8 月 4 日，腓特烈·威廉王储的军团在魏森堡（Weissenburg）突袭麦克马洪一个师的部分兵力，迫使麦克马洪把军队后撤到沃思（Worth）附近一处树木繁茂的高地上的防守阵地上。8 月 6 日，王储跟进，在激烈交火后，绕过了法军的两翼。法军在兵力上被压倒，又处于被完全包围的危险之中，便撤到了弗略施维勒（Froschwiller）。在这里，法军将阵地一直守到了夜幕降临。接着，麦克马洪开始不间断地撤退至马恩河畔沙隆（Châlons-sur-Marne）。与此同时，腓特烈·威廉王储穿过佛日山脉（Vosges mountains），朝默兹河（Meuse）进军。这场战役，德意志方面伤亡 8200 人，失踪 1374 人；法国伤亡 10760人，被俘 6200 人。

上述战役还在进行的时候，德意志第 1、第 2 军团长驱直入洛林。施泰因梅茨无视毛奇的调令，在行军中横越第 2 军团的行军路线。一场严重的分歧随之而起。中间，毛奇命令施泰因梅茨原地不动，不要靠近腓特烈·卡尔亲王的行军路线。施泰因梅茨越过毛奇，向威廉一世申诉。威廉一世回复时，命令他带队离开道路。施泰因梅茨觉得被轻待了，自以为是地发了一通火。这一事件妨碍了毛奇原计划的施行。不过，机会还会出现，而且很快就将出现。

8 月 6 日早晨，因为施泰因梅茨的缘故而仍然重叠的德意志第1、第 2 军团穿过了萨尔布吕肯。眼下，第 1 军团的先遣师靠近了一片树木繁茂、连绵的高峻地形。这片地形后来被统称为斯皮舍朗高地（Spicheren Heights），位于斯皮舍朗镇的东南方向。这片高地之前已经做好了防守布置，守军是夏尔·弗罗萨德（Charles Frossard）将军第 2军下面莱沃库尔（Laveaucourt）少将指挥的一个师。整整一天，这个师抵挡住了敌军一波又一波的攻击，直到从萨尔布吕肯逼近的那些编队被拖入绝望的混乱之中。最终，指挥第 2 军团第 3 军的康斯坦丁·冯·阿尔文斯勒本（Constantin von Alvensleben）将局面控制住，组织了两次进攻。这两次进攻都被法军的反攻打退。所以，到了晚上 7 点，不下于 30 支德意志步兵连被阻挡在吉尔费尔茨森林（Gilferts forest）之外，乱成一锅粥。此外，由于法国第 3 军（四个师兵力）就位于离战场不远、方便赶来的位置，法国的一场胜利似乎就要到手。然而，巴赞没做任何支援弗罗萨德的打算。弗罗萨德看到敌人正在利用其数量上的优势扭转其侧翼，便命令部队在 58 门火炮从斯皮舍朗高地正面一齐射击的火力掩护下，趁着夜幕摆脱了敌人。事实上，这次战役重挫了几个德意志的分队。德意志方面伤亡 4491 人，另有 372 人失踪。弗罗萨德的军队伤亡 1982 人，另有 1096 人失踪。

这几场边境的战役都包含共同的因素。德意志步兵的大多数分队喜欢以密集队形进攻，因此夏塞波后膛枪扫过德意志步兵，便造成大片的伤亡。米特留雷斯枪也发挥了作用，但是不如预期好，而且大量米特留雷斯枪被德意志的火炮所摧毁。事实上，法国炮兵部队的老式火炮无可救药地落后于德意志的克虏伯火炮。此外，很明显，骑兵的日子所剩无多了。面对装备着后膛装填的栓式步枪的步兵时，那些试图冲击步兵的骑兵分队，还未冲到跟前就已被消灭了。

在接下来的两周里，随着德意志方面步步紧逼，法国的两个军团都在持续撤退。8 月 12 日，拿破仑三世疲惫、染恙，心灰意懒，于是将军队的直接指挥权交给了巴赞，指示巴赞经由梅斯撤军，最终的目的是与麦克马洪会师。眼下，麦克马洪正在沙隆重整队伍。8 月 15 日，在梅斯以东的博尼（Borny），巴赞在撤军时对施泰因梅茨打了一场成功的后卫战斗。第二天，法兰西皇帝在两个非洲猎骑兵团

（Chasseurs d'Afrique）的护卫下动身前往凡尔登。当时，拿破仑三世和巴赞都没有意识到，无论巴赞的打算如何，他实际上都已落入了圈套。这个圈套很快就要合上口了。

在向萨尔布吕肯靠近时，因为施泰因梅茨不服从调令，毛奇已经失去了一场决定性的胜利。这一次，毛奇很快嗅到了下一个机会。当前，要先忽略麦克马洪。相反，德意志的三个军团要以正面展开 50 英里的宽度向南进军，等于是将巴赞和麦克马洪分隔开来。然后，三个军团向北迂回，一直进军到梅斯的西面。这样一来，梅斯就被彻底孤立了。自然，施泰因梅茨再次对命令做了自己的解读，直接从东面向梅斯进军。结果，第 2 军团的两个军不得不临时跟着施泰因梅茨，以免法军将他包围起来。

与此同时，巴赞军团的大部分兵力开始沿着凡尔登大道向西行进，既没有什么秩序，组织性也很差。他们当前正行经格拉沃洛特（Gravelotte）、勒宗维尔（Rezonville）、费尔维尔（Vionville）和马斯拉图尔（Mars-la-Tour）这几个村庄。德意志的骑兵让毛奇对巴赞的动向了若指掌，而巴赞对南面发生的事情却几乎毫不掌握。如果巴赞知道 8 月 16 日天刚破晓，冯·莱茵巴本（von Rheinbaben）少将的第 5 骑兵师便在菲尔维尔将梅斯—凡尔登大道置于了监视之下，而冯·阿尔文斯勒本（von Alvensleben）的部属则正从大约 6 英里外的康尼（Corny）渡过默兹河并以全速向北进军，那他是无论如何也高兴不起来的。

即便在第一枪打响之前，梅斯大道沿线的局面就已经很混乱了。事实上，在梅斯和凡尔登之间有两条平行的道路，北面的道路经过登库尔特（Doncourt），南面的道路经过上面提到的几个村庄。问题是，这两条道路一直到格拉沃洛特才分岔，所以巴赞全军和 5000 辆补给车辆都得先从梅斯开始沿着单条道路行进，而这条道路的中间已堵满了等着前进的士兵。如此混乱的局面，参谋人员也难以分解开。在勒宗维尔和格拉沃洛特扎营的几个军的士兵早已背上背包，准备出发，但其他部队的准备还没做充分。巴赞收到德意志骑兵正向南穿过乡间的报告后，更加心绪不安，便将行动一直推迟到了下午。

战斗大约在 9 点开始，莱茵巴本的炮兵部队朝弗顿（Forton）将军法国骑兵师的营地开了火。上午的时候，阿尔文斯勒本所率的军赶到莱茵巴本的右侧，在勒宗维尔和费尔维尔之间切断了梅斯—凡尔登大道。阿尔文斯勒本在军队总参谋部服役了七年，但大部分军旅生活是在普鲁士近卫军度过的。在克尼格雷茨战役期间，阿尔文斯勒本指挥的是近卫军的先遣部队，当他所属师的师长阵亡后，他又接管了所属师的指挥，论功行赏，被擢升为当前职衔，获得了普鲁士最高级别的英勇勋章——蓝马克斯勋章。

眼下，阿尔文斯勒本望着东北方向，可以看到法军占据着绵延起伏的丘陵地，左侧以勒宗维尔为锚定点，形成一个长弧。阿尔文斯勒本以为，他只赶上了法军的殿后部队要对付，但当了解到真相时，他立下决定，既然他所率的军有机会阻止法军撤退，那就要发起牵制性进攻，一直到第 2 军团赶到。后来，他因为给自己的军造成沉重伤亡而受到批评。但是，从战役整体的角度来看，相比取得的战果，他付出的牺牲是值得的。

阿尔文斯勒本占领了弗拉维尼（Flavigny）和费尔维尔两个村庄，但是面对着夏塞波后膛枪和米特留雷斯枪的狂风骤雨，部队伤亡惨重，想更进一步已是不可能。双方发起的骑兵冲击，都被枪林弹雨或骑兵的反攻所打退。到了下午 1 点，阿尔文斯勒本已经将全部预备队投入战斗，因为惨烈的伤亡，阵线已被撕裂，弹药接近耗尽，左翼正遭受法军炮火系统性的歼灭。他可以看见法军阵线那边有浓厚的尘雾向西移动，这意味着敌军试图绕到他的左侧，对面的敌人似乎要从防守转向进攻了。此时，一位参谋骑马飞奔而来，向阿尔文斯勒本报告，康斯坦丁·冯·沃格茨 - 瑞兹（Constantin von Voigts-Rhetz）中将麾下由汉诺威、奥尔登堡和不伦瑞克的部队组成的第 5 军正赶来加入他左侧的阵线。这期间，阿尔文斯勒本必须坚守在原位。

阿尔文斯勒本意识到，只有骑兵能够争取到必要的时间，便与第 5 骑兵师的师长莱茵巴本将军交换了意见，但莱茵巴本现在可以调用的部队就只剩弗雷德里希·冯·布雷多（Friedrich von Bredow）少将的第 12 骑兵旅了。由于局势十万火急，莱茵巴本同意了。大约下午 2 点时，莱茵巴本的副官赶到布雷多那里，传达了让布雷多冲击敌军步兵的命令。布雷多大吃一惊，因为敌军的步兵部署在一排炮列后边，他们要从正面冲锋，这显然不合常理。然而，把全局形势解释给他听后，他答应了进攻。

布雷多的服役生涯大部分是在近卫军骠骑兵团度过。他以作战稳扎稳打、计划制订有条不紊著称。这从他当前的部署就能看得出来：他将自己兵员不足的两个团——上校冯·施梅托（von Schmettow）伯爵麾下的第 7 马格德堡胸甲骑兵团和冯·德尔·多伦（von der Dollen）少校麾下的第 16 枪骑兵团——驻扎在了费尔维尔南面的山谷里。布雷多察看地形后，得出了唯一可能的结论：面对大规模火炮和集中的夏塞波后膛枪的火力采取直接进攻，不仅会一无所获，而且无异于集体自杀。然而，如果第 12 骑兵旅可以稍微向左侧转前进，就会进入一处浅浅的凹角；这处凹角勉强算是一片宽广的洼地，几乎可以一直通向绵延的丘陵地的最高处；在那里，骑兵旅可以进入一片宽阔的褶皱地带，并直接通往敌军的右翼。这两片地形都可以提供有限的掩护，让骑兵旅在接近敌人时，避开敌军的视线和一些火力。

计划完成后，布雷多通知骑兵团按中队组成纵队，并于下午2点30分带领他们出了山谷。邻近的第6骑兵师师长冯·布登布洛克（von Buddenbrock）少将看到布雷多竟然想进攻法军，无法掩饰满脸的困惑。当布雷多的骑兵旅经过冯·布登布洛克位于特隆维尔森林（Tronville Wood）的指挥部时，他派出一名副官命令布雷多即便出现了机会，也不要发起进攻。布雷多仅仅回复说，他收到了冯·莱茵巴本将军的进攻命令，现在正执行命令。

布雷多的骑兵旅进入了凹角。在凹角上面，各中队调转方向，纵队变为横队，枪骑兵团在右，胸甲骑兵在左，排成一列。现在，他们骑马小跑着向西进发，路线与下方的梅斯—凡尔登大道平行。到目前为止，起伏的地势和温暖、静止的空气中弥漫的硝烟遮住了他们前进的身影。接着，法军的侧翼骤然出现，长长的步兵阵线从地面升起，士兵们端着夏塞波后膛枪连连射击。布雷多立即命令号兵吹响"冲锋号"，骑兵们快马飞奔，迅速超越了最近的一组炮列，将炮列的大部分分遣队士兵砍倒。接着，骑兵旅在四处逃窜的炮兵、步兵中间横冲直撞，长剑和矛尖发挥了它们杀敌的效果。

大约500码开外还有更多的火炮和步兵，其中一些火炮正往拖车上系。第12骑兵旅面对着米特留雷斯枪和夏塞波后膛枪的扫射，马不停蹄地朝他们冲了过去，每前进一步，就有数名骑兵和数匹战马阵亡。胸甲骑兵和枪骑兵们再一次杀到了震惊的敌人中间，甚至临时夺取了一门火炮。他们奋勇杀敌，直到康罗贝尔元帅的第6军成了受惊的、无组织的乌合之众。

然而，好局面不常在。德军的战马被炸得纷纷倒下。最终，法军的回应发挥了效力。法军第1、第9龙骑兵团和第7、第10胸甲骑兵团一齐从山上俯冲而来，重创德意志骑兵旅的侧翼。当德意志第7胸甲骑兵团的一名苏格兰裔军官埃德蒙·坎贝尔（Edmund Campbell）少尉砍倒了法军第 7 胸甲骑兵团的旗手，左手夺下军旗时，一场疯狂的混战随之而起。拼命想夺回军旗的法军骑兵一拥而上，将埃德蒙·坎贝尔少尉围在了这场后来被德国历史学家称之为"夺旗之战"（The Battle of the Standard）的战场中央。一名法国军官用手枪射中了坎贝尔的手，坎贝尔只得丢下军旗。如果不是坎贝尔所在团的一些骑兵冲过来，将围攻他的敌人冲散，他可能就阵亡了。这时，布雷多注意到还有更多的法国骑兵源源不断地围拢过来。很明显，如果第 12 骑兵旅留在原地，这个旅的幸存者也将被歼灭。于是，布雷多命令施梅托伯爵撤退。号兵吹响了"集结号"，两个团的剩余兵力往大本营撤去，在到达相对安全的地方之前，不得不承受集结的法国步兵的火力攻击。布雷多率领 500 骑兵前去战斗，回来时只剩胸甲骑兵 104 名、枪骑兵 90 名。枪骑兵团的团长冯·德尔·多伦少校不在归来人员之列。冯·德尔·多伦骑着的战马被枪射中，他成了俘虏，但在两周后被换了回来。

这次令人震惊的冲锋后来被称为"布雷多死亡冲锋"（Von Bredow's Death Ride）。它实现了既定的目标，同时也消除了阿尔文斯勒本的第三军面临的威胁，扰乱了康罗贝尔第 6 军的计划，而康罗贝尔的军本就缺少火炮和训练有素的炮兵。由于这次冲锋较好地利用了地形，从而成为整个战争中唯一一次取得了决定性战果的骑兵冲锋。后来一代又一代的骑兵都将这次冲锋引用为保留骑兵兵种的完美例证，而完全无视了无数次骑兵冲锋都被不断增强的防守火力所粉碎的事实，导致欧洲所有大国军队在加入第一次世界大战时，都配备了庞大的、耗资惊人的骑兵兵种，却在战争中几乎没发挥什么作用。

当冯·布雷多的骑兵旅在重新编队时，沃格茨 - 瑞兹的第 10 军赶到了阿尔文斯勒本的左侧。与此同时，法军又有新的兵力加入到了康罗贝尔的右侧。所以，双方的战线都向西延伸了。这场战役以一场西欧历史上最后一次的骑兵混战而结束，这场规模很大却非决定性的骑兵混战发生在马斯拉图尔村子附近。大约下午 4 点，腓特烈·卡尔亲王抵达战场，但在施泰因梅茨第 1 军团的分队到达之前，他也难以采取进一步的行动。大约傍晚 7 点，这些兵力被投入到对勒宗维尔附近法军左翼的进攻中。但是，这场战斗没取得任何结果，随着夜晚降临便也结束了。

这场战役被称为"马斯拉图尔战役"或"费尔维尔战役"。战役中，德意志方面伤亡 15780 人，法国方面伤亡、失踪 13761 人。确切地说，这场战役不分胜负，尽管事实上，它消磨了巴赞的最后一点自信。巴赞决定放弃前往凡尔登的努力，保持与梅斯的安全接触。午夜，巴赞向各军军长下令，他们应后退到梅斯要塞附近坚固的防守阵地上，以能够为法军左翼提供锚定点的格拉沃洛特村子为枢轴。巴赞的将帅与士兵一样，都保持着第二天与敌人再战的强烈斗志。他们听了巴赞的撤退决定后，不仅瞠目结舌，而且感到困惑不解，心生怨气。尽管如此，8 月 17 日全天，他们还是按命令行动，被迫在撤退过程中抛弃一些受伤的战友，并烧掉一些无法运输的物资。

事实上，巴赞新选择的阵地确实拥有很多优势，可以让他最大程度地利用自己的防守火力。这个阵地占据了一道南北走向的山脉。南半边阵地的前面是一道树木繁茂的陡峭溪谷，曼斯（Mance）小河就经过这道溪谷，朝摩泽尔河流去。这半边的阵地可以起到阵形扰乱作用，让德意志军无法摆出他们习惯使用的密集队形。此外，从树林的边缘往上到山峰之间，是一片长长的火力覆盖的旷野。庞迪朱尔（Pont du Jour）、圣于贝尔（St Hubert）、莫斯古（Moscou）和莱比锡这四座加筑了防御工事的农庄，就俯视着这片旷野，而且所有农庄都由战壕和炮列阵地相连。北半边的阵地从曼斯小河在日内沃森林（Bois de Genivaux）的发源地那边开始延伸，经过阿曼维利尔斯（Amanvilliers），一直延伸到圣普里瓦—拉—蒙泰涅（St Privat la Montaigne）。在这片阵线，山坡较为平缓，更为开阔，拥有一片更长的火力覆盖的旷野，进攻者在这里找不到任何可供掩护的地方。

德意志方面跟随了法军的行动，到了8月18日早晨，开始准备进攻。毛奇的计划是，施泰因梅茨的第1军团对法军左翼发起猛烈的牵制性进攻，同时腓特烈·卡尔亲王向北行军，迂回到巴赞的右翼。实际上，每个军团都是完全在单独作战。

白天的时候，施泰因梅茨将一个又一个的编队投入到进攻之中。每一个编队一从树林边缘暴露出来，便在夏塞波后膛枪和米特留雷斯枪暴风雨般的扫射中被消灭。这一次，法军将米特留雷斯枪部署在了步兵中间隐蔽的位置。他们已经吸取了将米特留雷斯枪暴露在空阔地中的教训。从扫射中幸存下来的士兵已经没了队形，慌乱地退回到曼斯溪谷。随着时间一小时一小时地过去，在法军炮火的持续轰击下，曼斯溪谷挤满了步兵、骑兵、炸毁的火炮拖车和废弃的大炮，一片狼藉。到了下午5点，施泰因梅茨几乎派完了预备队。但是，他意识到，爱德华·弗兰泽基（Eduard Fransecky）中将的尚未投入战斗的第2军正往战场赶来。于是，施泰因梅茨第二次忽略毛奇，直接向国王禀报，请求将第2军交由他直接统率，如此一来，就能巩固他自以为取得的"胜利"了。国王以为局势有利，便应允了。毛奇没有说话，事后他一直为此后悔不已。

不久之后，那些被炮火困在曼斯溪谷的人马渐渐失去了镇定。在盲目、疯狂又具有感染性的恐慌之中，他们从狭窄的溪谷中蜂拥而出，如一股洪流一般：未受伤的人奔跑着，受伤的人蹒跚着，炮兵队和骑兵横冲直撞，谁也不在乎谁撞倒了谁。受惊的逃亡者在飞奔着经过格拉沃洛特时，村子里烧着的建筑发出的熊熊火焰照亮了他们的队伍。国王和他的警卫队挥舞着剑，试图让他们停下来，但却是徒劳的，他们无动于衷。他们只顾狂奔，一直跑到勒宗维尔时，因为精疲力竭才大口喘着粗气停下来。

这样的景象让弗兰泽基第 2 军的士气大伤，第 2 军现在也正遭受着炮火的攻击。刚过傍晚 7 点没一会儿，他们的士气便涣散了，部队往下退入了溪谷。他们从原本是发起进攻战却被一边倒地屠杀的同胞中间艰难通过。他们刚从树林边缘走出来，迎头便是夏塞波后膛枪和米特留雷斯枪如雹子一般密集的火力。不到几分钟，这些新来者中间便有不下于 1300 人阵亡。更糟糕的是，德意志方面前几次进攻中幸存下来的一些人先前占领了圣于贝尔农庄，作为他们在高地上立足的据点。现在，他们把弗兰泽基的人当成了法军，对他们开起了火。弗兰泽基的人马上回击。双方自相残杀，一直持续到晚上 8 点当农庄里的友军最终逃往后边的溪谷为止。弗兰泽基意识到，继续进攻已无意义，便命令士兵放弃了山峰的火线。

现在，国王、毛奇和他们的参谋已经退到了勒宗维尔。他们围着篝火，站成一圈，心情沮丧。在某一刻，他们的认识已经达成了一致，施泰因梅茨的格拉沃洛特战役彻底失败了。有人非常担忧，部队还能不能再多经受一天这样的考验。然而，毛奇解释说，即便在最糟糕的溃败时刻，当彻底消灭施泰因梅茨的军团的机会出现时，法军也没有发起反攻。当然，他们之中谁也不会想到，巴赞已经在前线后方几英里处未完工的要塞普拉珀维尔（Plappeville）设立了司令部，而巴赞本人对德意志方面的溃败也一无所知。此外，巴赞也明确向各军军长下达了采取守势的命令。毛奇怀疑法军的指挥机制出现了严重的问题，于是劝说国王第二天继续进攻，虽然进攻的路线还没有商定。

　　下午的时候，北面传来猛烈、持续的炮火声，这意味着腓特烈·卡尔亲王的第 2 军团在与敌军激烈交火。但是，这却是个不祥的兆头，因为尽管随着夜幕的降临，战斗声已经渐渐平息，但好几个小时过去了，都没有从亲王那里传来任何消息。大约午夜时分，腓特烈·卡尔亲王派来一名副官，带来了一个出人意料却很受欢迎的消息：虽然付出了惨烈的代价，但亲王的军团赢得了一场胜利，在他那片战区，法军正往梅斯撤退。听到这个消息，皇家指挥部的所有人都长长地松了一口气，却并没有表现出欢欣鼓舞的样子，因为两个德意志军团的伤亡太惨重了，实在欢欣鼓舞不起来。尤其是国王听到他的近卫军在一次计划不周的进攻中几乎全军覆没的消息，心情也极度悲伤。

　　毛奇为第 2 军团谋划的白天的行动计划建立在了一个错误的认识上：他以为法军的右翼是以村庄阿曼维利尔斯为根据，实际上是以再往北一段距离的圣普里瓦为根据。这项行动计划要求阿尔伯特·冯·曼施坦因将军（未来的陆军元帅 [①] 的继祖父）率领德意志第 9 占领阿曼维利尔斯，同时符腾堡亲王奥古斯特与萨克森王储阿尔伯特分别率领近卫军和萨克森第 12 军从北面扫荡过去，占领圣普里瓦，迫使巴赞的阵线向中央收缩。结果，曼施坦因反倒被牵制住了，需要派兵增援。到了上午 10 点，腓特烈·卡尔亲王才彻底明白过来，阿曼维利尔斯并非法军右翼所在，但是等到确认圣普里瓦是敌军的真正右翼时，几个小时又过去了。这意味着近卫军和萨克森第 12 军要继续前进很远，才可以发起进攻。腓特烈·卡尔亲王的计划是近卫军向圣普里瓦发起正

---

① 指埃里希·冯·曼施坦因（Erich von Manstein，1887~1973 年）：原名埃里希·冯·莱温斯基（Erich von Lewinski），第二次世界大战时纳粹德国将领，军事家、战略家，与隆美尔和古德里安并著。曼施坦因出生于东普鲁士的柏林，是炮兵上将爱德华·冯·莱文斯基和海伦·冯·希普林的第十个孩子，一出生便被过继给了婚后没有子嗣的姨夫——步兵上将乔治·曼施坦因。——译者注

面进攻，但是要与萨克森第12军从北面发起的进攻联合起来；萨克森第12军则要以宽广、呈包围态势的路线前进，拿下他们在隆库尔特（Roncourt）的起始阵线。

问题是，腓特烈·卡尔亲王修正过的计划要耗费大量的时间。首先，他们需要清除法军位于圣玛丽—勒斯切尼斯（Ste Marie les Chênes）村子的一个牢固前哨。进攻不仅要有充足的炮火支援，而且必须推迟到萨克森的一个炮兵旅赶来才行。结果，一直到下午3点才发起进攻。到了下午3点30分，圣玛丽—勒斯切尼斯落入了德意志军的手中，腓特烈·卡尔亲王得以将萨克森的炮兵部署在占领的村舍的北面，将近卫军炮兵重新部署在南面。与此同时，冯·阿尔文斯勒本的第3军被调到近卫军和近卫军右边的第9军中间。现在，大约180门火炮可以集中火力进攻敌人在圣普里瓦的炮兵和阵地了，但是法军的步兵相对却未受损伤。

大约下午5点时，法军的还击似乎减弱了。尽管符腾堡亲王奥古斯特身在他处，但他的毫无根据的论点是，法军的还击之所以减弱，是因为缺少弹药，因此不管有没有萨克森的支援，近卫军都应该发起进攻。腓特烈·卡尔亲王虽然在前线别的地方，对战线北侧阵地的情况不了解，却因为局势紧急而批准了进攻。但是，在近卫军的参谋人员中间还存在严重的分歧。在德意志军服役的近卫军参谋长冯·丹嫩贝格（von Dannenberg）中将并非王室家族出身，而是一名高级职业军官。他本该掌管局面。然而，尽管他强调进攻必须得到近卫军炮兵的支援，却对于当前的状况似乎不很了解。近卫军炮兵的指挥官霍恩洛厄-英格尔芬根亲王克拉夫特坚称没收到任何让他进攻的命令。第1近卫师的师长冯·帕普（von Pape）少将气愤地指出，他可以看到萨克森的纵队还在前进中，他们显然至少再过一个小时也没法独自发起进攻。而且，他看到之前的轰炸对法军的步兵阵地几乎没造成任何损伤。符腾堡亲王奥古斯特无视冯·帕普的意见，命令近卫军立即进攻。

德意志军认为，进攻成功必不可少的要素是速度和兵力规模。打头阵的近卫军步枪兵团（Guard Rifle Regiment）排成散兵线，近卫军的步兵排成攻击纵队，军官骑着马走在攻击纵队的前边。军旗飘扬，战鼓声声，这支大军就这样出发了，仿佛在参加波茨坦的阅兵一般。他们要前进一段 3000 码的路程，大部分时间要爬上一片连绵、开阔的斜坡，中间没有任何掩护。他们要快步行军。背着沉重的背包，身上挂着背袋，缠着干粮袋、水壶和弹药袋。这样带着全部行军装备前进，的确令人疲惫。但是，不管是否疲惫，他们都要端平刺刀快步行进，越过最后 100 码的距离发起最后的进攻。

圣普里瓦的防守者观察着远处的大军缓缓朝着长长的斜坡的坡脚移动。这些防守者隶属于康罗贝尔元帅的第 6 军，他们两天前刚从冯·布雷多的冲锋中恢复过来。和大多数法军高级军官一样，康罗贝尔在阿尔及利亚服役时表现杰出。在克里米亚战争期间，他曾指挥法军，获得了英国盟军授予的巴斯大十字勋章（Grand Cross of the Order of the Bath）。之后，意大利第二次独立战争期间，他在意大利作战，参加了马坚塔（Magenta）和索尔费里诺（Solferino）的战役。1863 年，他娶了莉拉 - 弗罗拉·麦克唐纳（Leila-Flora MacDonald）小姐。麦克唐纳小姐的父亲是一名英国陆军上尉，祖父弗罗拉·麦克唐纳（Flora MacDonald）曾在查尔斯·爱德华·斯图亚特王子① 卡洛登战役失败后帮助他逃脱。虽然最近战事不利，但康罗贝尔的士兵既信任他，也爱

---

① 查尔斯·爱德华·斯图亚特（Charles Edward Stuart，1720~1788 年）：英国国王詹姆斯二世之孙，老"王位觊觎者"詹姆斯·弗朗西斯·爱德华·斯图亚特（James Francis Edward Stuart）的长子，领导了著名的 1746 年苏格兰叛乱，最终在卡洛登（Culloden）战败。——译者注

戴他。

康罗贝尔一确认德意志方面的进攻进入到了夏塞波后膛枪的射程，便下令开火。法军的阵线突然爆发出硝烟与火舌。不到几分钟，德意志的散兵线便不复存在，军官们阵亡的阵亡，负伤的负伤，最后只剩一名见习军官来指挥幸存的士兵。接着轮到的是近卫军步兵组成的攻击纵队。由于他们采用的密集队形，沉重的伤亡在所难免。头阵士兵一次又一次地被打倒，但他们仍然没有停止前进。他们一直前进到了距离目标800码的位置，却仍然不在德莱塞撞针枪的有效射程之内。到了这里，他们匍匐在地面上，即便普鲁士军队的铁纪也不能让他们更向前一步了。据估算，每一分钟法军的夏塞波后膛枪至少射出了4万发子弹。大多数子弹飞得太高，射不中目标。尽管如此，不到20分钟，近卫军有8000人伤亡，其中死亡达2000多人。普鲁士的贵族家族中，很少有家族没受到这次战斗的伤亡所影响。现在，营只剩初级军官来指挥，连也只剩中士来指挥了。直到萨克森的援军赶来，进攻才继续下去。与此同时，令人多少有些宽慰的是，霍恩洛厄－英格尔芬根亲王自发将近卫军炮兵的火炮投入战斗，开始报复法军。

康罗贝尔担心炮兵消耗弹药太过浪费，派人请求巴赞给予新的补给。巴赞仍然在他未完工的要塞里安之若素，对前线正在发生的状况毫不知情，只送来了够火炮继续轰炸15分钟的弹药。到了晚上6点，萨克森的炮兵开始让法军感受到他们的威力。一小时后，对康罗贝尔而言，显而易见的是夏塞波后膛枪的弹药补给也维持不了多久了。他派人送信给帝国御前卫队的指挥官查尔斯·布尔巴基（Charles Bourbaki）将军，大意是他两面同时受敌，将不得不放弃圣普里瓦。康罗贝尔关于骑兵冲锋、掩护他撤军的请求也获得了同意，但是冲锋还没到50码的距离便被打散了。随着夏塞波后膛枪的火力衰弱成不连续的"噗""噗"声，普鲁士近卫军也敏锐地观察到康罗贝尔在一点点地撤掉圣普里瓦的防守，并正确地理解了这所代表的意义。普军志在为阵亡的无数战友报仇，奋力冲上最后一段斜坡，从西边杀进了圣普里瓦。与此同时，萨克森军也从北面包围过来。法国的一些驻军逃走了，但还有一些组成了坚定的殿后部队，每一条街道都志在必争，所以一直到晚上 8 点 30 分，圣普里瓦才完全落入德意志方面的手里。胜利者也筋疲力尽，无力去追击敌人了。

这期间，布尔巴基收到了第二次求援的请求。这一次的请求，是康罗贝尔左翼第 4 军的军长德·拉德米罗（de Ladmirault）将军发来的。拉德米罗相信，他不仅有能力抵御曼施坦因的进攻，如果获得增援，甚至能赢得战役。军长们竟然会向布尔巴基而不是向巴赞求援，这似乎不合常理，但是事实是，巴赞先前已经竟然令人费解地将如何使用帝国御前卫队的绝定权交给了布尔巴基。布尔巴基的父亲是一名希腊上校，他本人曾在非洲、克里米亚和意大利作过战，并表现出了杰出的军事才能，唯一的瑕疵是性格上比较任性、容易情绪化。他一度被推举坐希腊的王位，但被他拒绝了，尽管他保留了喜欢盛大聚会的爱好。当他还是中尉时，便做了法国末代国王路易·菲利普（Louis Philippe，1830~1848 年在位）的侍从副官。后来，布尔巴基又成为拿破仑三世信任的核心圈子的一员，并因此被擢升为帝国御前卫队的指挥官。布尔巴基知道，拿破仑一世只在对败退的敌人施以最后的致命一击时，才会派出帝国御前卫队。现在，他受这种想法所驱使，率领一个师便动身了，准备去阿曼维利尔斯加入拉德米罗的战斗。不幸的是，当他来到战场能够进入他视线范围的距离时，遇到了第 6 军的士兵正蜂拥着从圣普里瓦的激烈战斗中逃离。同时，逃兵越来越多，拉德米罗的阵线越来越破碎。恰在那一刻，布尔巴基本可以做出些尝试，控制住法军右翼的局势，或许还能取得一定的成效，保全他的名声，因为无论普鲁士的近卫军还是萨克森的炮兵，都没有能力采取进一步行动了。然而，布尔巴基看着之前心里幻想的"军功荣耀"从眼前溜走，开始表现得像个发飙的女主角一样。他对向他报告拉德米罗请求的副官大嚷大叫道："你答应我的胜利呢！现在可好，你把我牵扯到了一场溃败里！你没有权利这么做！让我离开我光荣的阵地，就为了这个，简直没有道理！"仿佛耍了这一番脾气还不够似的，他指挥着帝国御前卫队，调头离开了。就像当年在滑铁卢战役所做的那样，法军相信帝国御前卫队的撤退，意味着战役已经彻底失败、无力扭转。于是，他们放弃了阵地，溃退到守卫梅斯的堡垒圈内。

格拉沃洛特战役和圣普里瓦战役加在一起，导致德意志伤亡、失踪共 20163 人，法国伤亡、失踪共 12800 人。如果巴赞在马斯拉图尔战役的紧要关头进行反攻，他可能会赢得一场胜利。这场战争以及相关历史或许也将拥有不同的走向。

WHY
THE GERMANS
LOST

THE RISE AND FALL OF THE BLACK EAGLE

第 10 章

第二帝国

拿破仑三世安全抵达沙隆，对巴赞的惨败毫不知情，便召开了一次作战会议。会上，有人建议，已经获得大量增援和充足装备的沙隆军团应该撤退到巴黎。因为政治上不可接受，这个建议被否决了。巴赞当时已经退到梅斯周围的堡垒圈内。当这个消息传到沙隆时，麦克马洪的军队除了率军驰援，其他任何做法都是政治上不可接受的。他们设计了能够扭转战争全局的计划，迈克尔·霍华德（Michael Howard）在其著作《普法战争》（*The Franco-Prussian War*）中对这份计划做了恰当的概括：

　　　　1792 年，迪穆里埃（将军）曾经在阿尔贡地区（Argonne）对入侵的普鲁士军队发动了一次侧翼进攻，取得了世人瞩目的大胜。为什么在同一片地区，针对同一支军队，麦克马洪不能重复瓦尔密战役的胜利呢？为了让取胜更易，可以制定一个将德意志各军团分隔开来的策略。发一道让麦克马洪撤到巴黎的假命令，让这道假命令落入腓特烈·威廉王储的手中。这样，腓特烈·威廉王储误信之下，为了追击敌人，将继续向巴黎进军。这期间，拥有 13 万强兵的沙隆军团就可以以几近双倍的优势兵力袭击剩下的德意志兵力。梅斯的围城之战将打响，巴赞将发起攻击，德意志的军团将两面受敌。

这份计划永远不会成功，原因有二：第一，它太过于乐观；第二，它没有将德意志军可能制订的计划考虑进去。

此时，德意志军将巴赞的军团限制在梅斯的防线以内后，便开始平衡军力。负责实施梅斯围城的第 2 军团将近卫军、第 4 军、第 12 军以及两个骑兵师移交给了新成立的默兹军团（Army of the Meuse）。默兹军团的指挥权授予了萨克森王储阿尔伯特，以表彰他在圣普里瓦指挥第 12 军的出色表现。这支新军团的作用是支援腓特烈·威廉王储的第 3 军团，第 3 军团正在跟进麦克马洪的行动，但实力还不足以与麦克马洪交火。第 2 军团剩下的四个军被转隶于第 1 军团，第 1 军团将在腓特烈·卡尔亲王的总指挥下实施围城。施泰因梅茨反对这样的安排，明确无视亲王的命令。施泰因梅茨最终因此被解除指挥权，调任波森省（Posen）总督。

麦克马洪被巴黎政客们的极力催促狂轰滥炸，于 8 月 21 日在拿破仑三世的陪同下前去驰援巴赞。麦克马洪率领 12 万大军、393 门大炮离开了沙隆。他的兵力和进军方向被媒体广泛报道，因而也传达给了德意志军。不知为何，他选择了一条北上的路线，潜在地将自己暴露于被反击的危险之中。这样的机会，毛奇绝不会错过。腓特烈·威廉王储的第 3 军团被命令穿过阿尔贡森林，前去拦截麦克马洪，同时阿尔伯特亲王的默兹军团带着相同的目的向西进军。

8 月 29 日，麦克马洪军团的部分兵力在杜济（Douzy）渡过默兹河。阿尔伯特亲王的军团分别于默兹河两岸行军，赶上了麦克马洪渡河的兵力，当天便在努瓦特（Nuart）展开激烈的交锋。8 月 30 日，双方在博蒙（Beaumont）又交锋一次。这样一边持续行军，一边作战，十天后法军就累得不行了。麦克马洪决定在默兹河的一处河湾区域休养一下兵力。这片河湾区域北面和南面都是高耸的绵延群山，中间峡谷的谷底是平整的农田。在河湾的西侧是色当镇（Sedan）。虽然色当周围都是防御工事，但已经算不上一线要塞了。色当的镇子北面有一片三角形的树木繁茂的高地，叫加雷纳森林（Bois de la Garenne）。这片三角形高地的最高点有一个名叫"意利"（Illy）的村子，沿着这片三角形高地的西侧向下，是一个陡峭的峡谷。日沃纳（Givonne）小溪经过这个峡谷，向南一直流入默兹河，中间流经日沃纳、代尼（Daigny）、拉蒙塞勒（la Moncelle）和巴泽耶（Bazeilles）几个村子。其中，巴泽耶离默兹河最近，但不挨着默兹河。这片三角形高地的对面是一条穿过群山的公路，公路东南走向，从意利村延伸到另一个小村子弗卢万（Floing）。大约向西北 7 英里，就是比利时的边境了。

与此同时，腓特烈·威廉王储的第 3 军团正取道默兹河左岸的栋什里（Donchery）与维涅古（Wadlincourt），从东南方向逼近过来。第 3 军团的工兵迅速地架设好跨越默兹河的浮桥。第 3 军团渡河后，来到了色当以北平坦的平原。其间，默兹军团正从西南逼近过来，持续向麦克马洪西面的侧翼围拢。虽然法军没有被完全包围，但他们成功突围的概率的确很小了。起初，麦克马洪似乎没意识到自己所处的极度险境，他更关心的是部队在行军作战后的休养问题，尽管事实上在色当驻地设立的临时军需处中军粮和弹药都非常少。

甚至在打响第一枪之前，毛奇就知道，他就要赢得这场战争中最重要的一场战役了。毛奇部署了 20 万兵力、774 门火炮，而麦克马洪却只有 12 万兵力、564 门火炮，显然，后者的军队业已处于最不利的境地。"我们现在已经布好了捕鼠的笼子。"他对国王这样说道，同时下了一道命令，大意是假如法军打算退到比利时而比利时当局没有立即让法军解除武装，他们应立即追击。8月31日晚，随着黄昏逝去，夜幕降临，法军第1军的军长奥古斯特-亚历山大·杜克罗（Auguste-Alexandre Ducrot）将军看到，无数德意志军的篝火还在不断地增多，扩大成一个圈子。他在地图上标注了他们的位置，并带着军人讲求现实的态度说道："我们现在已经掉进了便桶里，要有大麻烦了！"（"Nous sommes dans un pot de chamber, et nous y serons emmerdes！"），这正印证了毛奇的想法。

8月31日晚间，战斗打响了。中将路德维希·冯·德·坦恩男爵（Ludwig Freiherr von der Tann）率领第3军团第1巴伐利亚军的先遣部队向巴泽耶南面的桥梁逼近，发现法军的工兵正沿着桥梁埋爆破炸药。冯·德·坦恩命令其中一个营立即向敌人攻击。攻击者冲过桥梁，赶跑法军的工兵，将他们的炸药桶扔进河里，然后冲向巴泽耶的村外，并在那里保留了一个火力支撑点，以防敌人的海军陆战队反攻，直到黄昏时他们撤退到河岸边才撤掉这个火力支撑点。双方用火炮对轰，村子里的火烧了一整夜。与此同时，在不受干扰的情况下，巴伐利亚军的工兵又用两座浮桥补充了这座完整的桥。

大约凌晨4点，冯·德·坦恩趁着灰蒙蒙的冷雾，让士兵快速通过这三座桥梁，开始对巴泽耶发起进攻。村子由坚固的石屋建成，设了大量路障，由普遍被认为是沙隆军团最精良的部队海军陆战队所镇守。双方在人为的火海中，打了一场史诗般坚决的战斗。村子里的居民也加入了战斗，但巴伐利亚军对他们不屑一顾。大约早晨6点，默兹军团也加入进来。虽然法军顽强抵抗，但到了上午10点，萨克森军已经占领代尼，强行军渡过日沃纳小溪，与他们左侧的巴伐利亚军连成一片。

　　期间，麦克马洪一收到冯·德坦恩进攻巴泽耶的消息，便骑马朝村子赶去，想对当前的局势有个全面的掌握。然而，他刚一动身，一块爆炸的炮弹片就刺穿了他的腿。他被抬回色当后，指定杜克罗作为他的继任，指挥全军。杜克罗具有足够的资历，而且被认为是名有能力的统帅。杜克罗相信，沙隆军团仍有短暂的机会，可以从正在军团四周形成的包围圈中突围出来。于是杜克罗下达了必要的命令。这时，伊曼纽尔·德·温普芬（Emmanuel de Wimpffen）将军挥舞着一份秘密委任令出现了。这份委任令规定，在麦克马洪阵亡或负伤致残的情况下，将由他（德·温普芬）担任沙隆军团的统帅。德·温普芬立即撤销了杜克罗下达的命令，从而为法国军事史上最大的一场灾难布好了舞台。后来，为减轻罪责，德·温普芬辩解说那时他意识到，凌晨4点德意志第3军团就已经开始穿越中世纪古镇栋什里附近的默兹河，从东面向被困的沙隆军团包围过来。上午9点，德意志第9军进入弗卢万，同时第4军绕左登上弗卢万—意利公路侧面的高地。法军骑兵在峡谷对面发起的进攻被密集的步枪和火炮的火力粉碎，众多幸存者骑马向东北逃去，途经村子弗莱涅（Fleigneux）。其他骑兵分队跟在他们后边，以为这是全体行动的一部分，路上又有无数的掉队者步行跟在了他们后边。一些人被德意志的炮火轰炸而死；一些人穿过边境，进入比利时，在那里被拘禁；其他一些人在森林里漫无目的地走着，直到被德意志军抓获；还有一小群人安全到达梅济耶尔（Mézières），获得了自由。这次溃败不久，德意志近卫军便赶来，弥补了第3军团左翼和默兹军团右翼之间的缺口，为这个包围圈合上了口。

　　现在，法军被彻底包围，他们被消灭只是时间的问题。毛奇引着国王和国王近侍登上一处观景点。这处观景点位于弗雷努瓦镇（Frénois）上方树木繁茂的山丘上。从那里，他们可以看到历史性的一幕。这样的一幕，也许今后再也看不到了。在场者有国王、毛奇、罗恩、俾斯麦和他们各自的参谋人员，一群德意志小邦国的皇室，以及外国的观察员。这些外国的观察员中间，有美国陆军的谢里登（Sheridan）将军，俄罗斯帝国陆军的库图佐夫（Kutuzov）将军，英国武官沃克（Walker）上校，以及曝光了克里米亚战争期间英国战争部对待本国军人丑闻的著名战地记者 W. H. 拉塞尔（W. H. Russell）先生。

当晨雾消散时，可以看清法军几乎被绵延的炮列阵线所包围。大约前一天下午两点时，巴伐利亚军攻陷巴泽耶，现在他们将火炮部署在了北面的斜坡上。在他们的右边，是萨克森军部署在代尼村子上方的火炮，接着是近卫军部署在日沃纳村子上方的火炮，再接着是部署在弗莱涅的西里西亚炮列，再过去是弗卢万北边的黑塞炮兵。这些尊贵的观众所在的山丘下方，巴伐利亚第 2 军的火炮排成了一条长长的阵线，从维涅古一直延伸到弗雷努瓦，而山丘的右侧，第 4 军的炮列一直延伸到雷米利（Remilly），这最后两道部署都在默兹河的南岸，从而封锁了法军从这一方向突围的机会。

战争的走向已成定局。德意志方面，他们用火炮成功地压制了法军的火炮。这很容易办到，因为他们的火炮在法军火炮的射程之外。然后，他们再将炮弹打到密集的法军步兵中间，这些步兵当时还在耐心地等待着一场永不会到来的进攻。德意志的步兵不会重犯他们在圣普里瓦村子下方的斜坡上所犯的错误，而是按兵不动，不时击退法军步兵或骑兵的局部突围。德意志的骑兵就没什么可做的了。从他们的角度来说，法军的指挥官制订了突围计划，推迟了计划，又取消了计划。一次又一次疯狂的逃亡尝试都化为了血淋淋的失利。持续的牺牲让毛奇感到了同情，甚至钦佩。关于法军骑兵集结起来发起的一次冲锋，毛奇将他的印象记述如下：

　　马格里特（Marguerite）将军率领五个轻骑兵团和两个枪骑兵团，从德加雷纳森林冲出。他几乎在一开始就受了重伤，加利费（Galliffet）将军取代了他的位置。他们的进攻要经过一片非常危险的区域。还没等冲锋开始，在普鲁士炮列侧面炮火的猛烈轰炸下，队伍中就不断有人倒下。他们的队伍虽然越来越稀薄，但意志却极为坚决。他们向着第 43 步兵旅冲去。后者的部分兵力埋伏在掩护之下，部分兵力成群地站在光秃秃的斜坡上。他们还冲向了从弗莱涅赶来的援军。在几处位置上，他们突破了第 43 旅的第一道阵线。这些英勇的骑兵之中，还有一群人面对（正）朝着他们发射霰弹的八门火炮，从火炮之间的空隙中冲了过去，但却被更远处的（步兵）连挡住了去路。法国的胸甲骑兵从（村庄）戈利耶（Gaulier）涌出，袭击（德意志军）后方，但在默兹河谷遭遇了普鲁士骠骑兵，便朝西北方向飞奔而去。其他法国骑兵分队从步兵中间杀出一条血路，一直杀到圣阿尔伯特隘口，却遭遇了埋伏在那里的（步兵）营。其他骑兵再次进入弗卢万，却遭遇德意志第 5 狙击兵团，只得背对背结成阵线。这样的进攻一次又一次地以独立战斗的形式发起，血腥的骚乱持续了一个半小时，法军的形势越来越不利。德意志步兵子弹齐发，近射程地稳定输出着火力，使阵亡和受伤的骑兵散布在整个战场上。很多人摔到了采石场里，或者摔下陡峭的悬崖，仅有少数人可能游过默兹河，逃了出去。这些勇敢的骑兵几乎只有不到一半人又回到了森林的掩护之中。然而，法国骑兵的巨大牺牲和光荣抵抗改变不了战争的结局。普军在之前短兵相接的交锋中损失很少，但在这次的猛攻中却遭受了沉重伤亡。例如，第 6 团的三个营现在都不得不让中尉来当营长了。

这绝不是加利费将军的骑兵的最后一次进攻。他们遵照杜克罗将军的命令，发起了一次又一次的冲锋，直到整支队伍只剩下加利费本人和屈指可数的几名同伴了。他们最后一次冲锋时，来到了离德意志步兵团只有几英尺的距离。那支步兵团可能是第 82 或第 83 步兵团吧。结果，他们发现，德意志的步兵已经放下枪立正，而他们的军官则向这屈指可数的几位幸存者敬礼。加利费还了礼，法军骑兵被允许慢慢骑马离开。他们为法国保全了一些荣誉，这是令法军的步兵所自愧弗如的。当杜克罗下令步兵团跟进骑兵进攻时，他们连挪一下脚也不愿意。这个故事令人动容，也许是真的。

下午 3 点左右，法军的士气、纪律都涣散了。那些守在加雷纳森林外缘的分队东西两面持续遭到炮火不断的攻击，而且根本找不到可以掩护的地方。他们崩溃了，引发了一场无法遏止的溃逃。他们沿着长长的通往色当的山坡向下逃窜，结果发现色当要塞的大门对他们紧闭着，任凭怎么叫也不打开。有些人在城墙四周的防御壕沟里找到了有限程度的掩护。并非所有分队都离阵地而去。有些分队只是不再抵抗了，他们把武器堆在一起，挥舞着白布以示投降。其他一些分队试图寻找别的路径，以逃脱这爆炸声此起彼伏的炮弹的炼狱，结果却发现，迎接他们的要么是子弹，要么是被俘。在高地上演的这场悲剧的最后一幕，是德意志炮兵在高地上进行了系统的搜寻。到了下午 5 点，加雷纳森林已被德意志军牢牢地控制在手里。

大约下午 4 点 30 分，色当要塞的堡垒上挂起了一面白旗。拿破仑三世给威廉一世写了一封短信：

　　不能与士兵一同战死于沙场，只能将我的佩剑交于陛下您手中了。

　　这条信由雷耶将军送来，他是拿破仑三世参谋部的一位成员。他带回去了一封俾斯麦口授的恭敬却正式的回信，大意是很遗憾在这种局面下会面，同意接受皇帝陛下的佩剑，并请他委任一名军官与毛奇将军商讨投降的条款。皇帝任命了温普芬，但温普芬极力反对。对此，杜克罗辛辣地回应，既然温普芬在接任军团统帅时反应那么迅速，就必须意识到，作为统帅，协商投降的条款也是他职责中虽然令人不快却义不容辞的一部分。

　　温普芬竭尽全力地虚张声势，但毛奇只接受无条件的投降，除了一个例外，那就是承诺在当前的战争中不会再拿起武器的法国军官可以自由地离开。法军有 550 名军官接受了这个条件。其他方面，沙隆军团已成为战争的俘虏，将所有武器、装备以及色当要塞都交了出来。在这场战役中，法军伤亡 1.7 万人。现在，又有 10.4 万人成了俘虏。这些俘虏 2000 人一组，被押送到他们最终的归宿——德意志各地。沙隆军团中，还有 3000 人越过了比利时边境，被解除武装，关押了起来。德意志军的战利品包括 419 架野战炮和米特留雷斯枪，139 架要塞炮，6.6 万支步枪，以及 1000 多架马车和 6000 多匹马。德意志方面有 460 名军官、8500 名士兵战死或负伤。

　　仿佛沙隆军团覆灭的悲惨故事还没给巴黎报界制造足够的悲哀氛围似的，8 月 31 日，被围困的梅斯驻军在一次谋划不周的突围中又遭遇惨败，尽管梅斯驻军用 3000 人的伤亡换来了德意志军 3500 人的伤亡。这次突围几乎消耗光了梅斯驻军的进攻能力。梅斯要塞的司令官已经警告过巴赞，他剩下的火炮弹药只够打一场战斗，而这次突围便用掉了其中的大部分。

　　在巴黎，消息一出，举城哗然。这个国家最重要的两支军团，一支被消灭，另一支被困在要塞中，没有任何解困的希望。9月4日，一场和平政变爆发，葬送了法兰西第二帝国，诞生了法兰西第三帝国。拿破仑三世突然就失去了皇位。他对于德意志也没什么价值了。于是，他被允许离开，前往英格兰。他从前的士兵，现在成了每天盼望能够被发放充足口粮的俘虏。士兵们望着拿破仑三世的驿车和私人的马车队滚动着车轮，缓缓地从他们身旁经过，心中的鄙夷毫不掩饰地流露了出来。

　　对于德意志军而言，他们的问题在于，拿破仑三世离开了，显然现在没人可以与他们谈判了。在巴黎，一位名叫莱昂·甘必大（Leon Gambetta）的政客组建了临时政府，路易·特罗胥（Louis Trochu）将军设法凑拢了一支军队，包括退伍军人、预备役军人和海军陆战队，来保卫巴黎。没错，法国虽然失去了最重要的野战军团，但又召集了新的兵团，实际上这支新的兵团比德意志军的人数还多，只是他们缺少必要的纪律、训练和经验，对战争的结局产生不了任何影响。此外，平民自发武装起来，组成了"义勇军"（franc tireur），对德意志军打冷枪。他们的数量也开始壮大起来。但是，这超出了公认的战争规则，那些被俘获的义勇军队员一般会被就地枪杀。

　　将俘虏押送到德意志后，第3军团和默兹军团开始朝巴黎进军，并于9月19日包围巴黎。对于这座欧洲防御最严密的城市之一，毛奇并不打算强攻。他的策略是等城里粮食耗尽，让守军自己投降。这个任务并不轻松，因为毛奇的交通线会受到法国义勇军的侵扰。更糟的是，10月11日，莱昂·甘必大乘坐热气球逃出了巴黎，在图尔（Tours）建立了临时政府。从图尔开始，他组织新组建的军队进行全国性的抵抗活动。因此，有一段时间，毛奇发现自己要忙于应付两地的重大围城战、一个新组建法军的野战以及后方区域法国义勇军的游击战。

对于毛奇而言，幸运的是，10 月 27 日梅斯要塞投降了，又有 17.3 万人成了俘虏。后来，这场战争结束之后，法军的统帅巴赞因指挥无能而被送上了军事法庭。他因叛国罪被判处死刑。此后，死刑减刑为二十年放逐国外的有期徒刑。在适当时机，他逃到西班牙，在那里度过了贫困的余生。梅斯要塞投降后，德意志第 1 和第 3 军团从围城战中被解放了出来，大大减轻了毛奇的负担，让他能够在更广泛的区域展开战争行动。

与此同时，德意志军在凡尔赛宫设立了司令部。在那里，俾斯麦一直在致力于实现他长期的目标，即在普鲁士的领导下实现德意志的统一。在他的游说下，德意志的大国君主和小邦统治者同意建立一个联邦国家。1871 年 1 月 18 日，普鲁士国王威廉一世在凡尔赛宫的镜厅宣布成为德意志帝国皇帝（Emperor of Germany）。威廉一世本来想加冕的头衔是"德意志皇帝"（German Emperor），但帝国下的邦国君主指出，这个头衔意味着对奥地利、瑞士和卢森堡境内的德意志民族领地也有主张统治权的权利。于是，这个想法就被放弃了。另一个称为"德意志人皇帝"（Emperor of the Germans）的建议也被否决了，因为威廉一世认为他自己是"天选"而非民选的皇帝。他在新帝国的地位是联邦制度下众君主和统治者的元首与总统领。换言之，他是众王之王（primus inter pares），诸君之君。

1 月 26 日，巴黎驻军最后一次突围失败。城里的居民早就沦落到吃狗、猫、动物园的动物甚至是老鼠的地步。巴黎即将饿殍满城，特罗胥将军投降了。虽然巴黎投降了，在色当战役之后，德军在法国其他地方还进行了 12 场战役，还有至少 20 座要塞要攻占。12 场战役中，有些战役法国取得了短暂的胜利。每一天都有战斗在某个地方打响，这种状态一直持续到5月10日，双方在法兰克福签订了正式的和约，才终于结束了这场战争。到了那时，法国至少有21508名军官、702048名士兵成为战俘或者被关押在瑞士。法国的物质损失包括107面军旗，1915架野战炮和米特留雷斯枪，以及5526架要塞炮。《法兰克福和约》的条款要求法国支付50亿瑞士法郎的赔偿，并将阿尔萨斯和洛林西北部割让给德国；直到赔款付清之前，德国的占领军将一直驻留在法国。

战争期间，德国损失了6247名军官、123453名士兵、1面军旗和6架大炮。除了领土上的收获，德国还实现了统一，获得了帝国的地位，当时已屹立于欧洲大国之林。令人好奇的是，虽然德国军队今后将在众多的局部战役中取得无数场胜利，但自1870~1871年普法战争之后，德国再也没取得过如此重大的战争胜利。

WHY
THE GERMANS
LOST

THE RISE AND FALL OF THE BLACK EAGLE

第 11 章

漫长的和平期

奥托·冯·俾斯麦决心不惜一切代价实现普鲁士主导的德意志统一，究竟有多少丹麦人、奥地利人、法国人和德意志人因此而丧命，即便不是不可估算，也是极其难以衡量的了。除此之外，造成了这种后果的一系列战争，倒也为中欧和西欧带来了一段持续了约43年之久的和平稳定期。正如温斯顿·丘吉尔所写下的："世界被包裹在深深的和平之中。"当然，尽管如此，仍有人对于为了一己之私而发动战争并无顾忌，其中尤以法国为甚。法国的唯一愿望就是为1870~1871年间遭受的屈辱进行一定程度的复仇，并收复"失去的省份"阿尔萨斯和洛林。不过，即便是这两项事业最狂热的鼓吹者，也不敢想象法国能靠着自己的力量去对付德国。

普法战争结束不久，柏林国会大厦附近便竖立了一座胜利纪念柱，柱身就是用近些年德国在丹麦、奥地利和法国的战争中缴获的火炮炮筒所装饰。随后，胜利纪念柱被挪到了像巴黎星形广场①那样五条大道交会的大星广场（Grosser Stern），成为这个交叉路口的中心装饰。不

---

① 星形广场（Étoile）：1970年后改名为戴高乐广场。——译者注

知为何，在第二次世界大战对柏林的轰炸中，以及1945年春天苏军在柏林的废墟中展开巷战时对这座城市的进一步破坏中，这座纪念柱都幸存了下来。此后不久，法国因为显而易见的原因要求将纪念柱拆除，但是被他们的盟友否决了。所以，直到今天，它仍然屹立在那儿，纪念着高效的普鲁士战争机器。

在上述漫长的和平期，这台战争机器的规模和效率似乎还在稳定地增长着，直到它变成欧洲最强大的军队。毛奇深知，这支军队顺畅的动员机制对它的胜利贡献不小。现在，他开始进一步改良这个动员机制。在收到内容只有"战争动员"四个字的电报之后，军队各分队的指挥官将立即行动起来。分队将前往军备品仓库。在那里，每位士兵的全套作战服装及装备，包括一双新靴子，都会放在一个单独的柜子内，柜子上会贴着士兵的姓名。随后，分队将前往车站，搭乘火车赶赴动员集结区域。与此同时，预备队也会被召集起来，前往所属的团兵站。

德军总参谋部铁道部仍然被认为聚集了全军最优秀的人才，这个部门为士兵们到站后的部署做了更详细的准备。边境附近冷清的乡间火车站一般每天只有适量的客运列车和少量的货运列车进出，但这里也建有多条交车岔道和设施，供蒸汽机车使用。在战时，所有这些蒸汽机车都由军队运输控制参谋直接指挥。据估计，利用这套系统可以在战争动员电报发出后的24小时内，将一支30万人的军队送往战场。然而，这还远非故事的全部。这段漫长的和平期快结束时，预备队已经非常庞大，足够一些军级单位组建一个完整的备份。因此，通过这种方式，第4军在战场上作战时，可能还会有第4预备军的加入。此外，在1914年，人们对于战争的热情高涨，各行各业的志愿者争先恐后参军，以至于建立新的部队成为必要之举。军队采购机构和军工企

业协同合作，非常高效，因此军队很少会缺乏发动战争的装备。截至
1914 年，世界上所有的大国军队多年前就已经装备了栓式弹匣步枪、
中型机枪和带有制退装置的后装式野战炮。具体到德国，这些装备分
别是 7.92 毫米口径毛瑟步枪，需要两名士兵将其放在滑架上搬运的
7.92 毫米口径弹带供弹链式马克沁重机枪，以及 77 毫米口径炮和 105
毫米口径榴弹炮，这全套武器实现的火力输出是整个普法战争期间任
何武器输出也难望其项背的。德国军队虽然兵力激增，但他们上战场
时穿的还是最初于 1910 年配发的田野灰色新制服。

　　从普法战争结束，到第一次世界大战爆发的这段时期，行伍出身
的军人无论能力多强，想获得军官任命几乎都是不可能的了。如果一
个人的父亲既不是贵族，在社会上也没有一定地位以及与地位相匹配
的财富，那么他参军完全就是浪费时间。而且，即便姓名前面有"冯"
（von）前缀的贵族，想被任命到受欢迎的团级单位也不是件容易的事，
如近卫军或骑兵团。没有这种殊荣的军官待在贵族占比较低的团里才
是最快乐的。总之，成为军官的道路是艰难的。候选人在十几岁的时
候，就要加入斯巴达式的见习军官学校，在那里待上五年。这里不需
要特殊的学习成就，反而如果候选人能够培养出一点"个性"，那倒是
可取的。当然，"个性"如何定义，就千差万别了。候选人参加了学校
要求不高的毕业考试后，父母或监护人会让他选一个团。如果他选择
的团同意接收他，他将作为见习军官在士兵中间待上一年。见习军官
大约相当于英国的中士衔。如果他的进步令人满意，接下来两年他将
在考评军官的考察下试用两年。这时，他会和军官的伙食团生活在一
起，一言一行都会受到观察、品评。在这种环境下，他要能喝酒，有
感情生活。在德军的伙食团中间，这被认为是聊天时必不可少的话题，
而且可能会导致手枪决斗的局面。这种决斗不仅受到官方鼓励，而且

能为决斗双方都带来名声。最终，候选人要参加一项重要的考试，决定他能不能被考虑任命。如果通过考试，其所属团的军官会举行一场投票，决定他能不能获得永久任命。在德意志帝国时期，新任命军官的社交生活要求他参加卫戍区的一切重大社交聚会。而且，在很多情况下，他会被想找个好女婿的女方父母当作"理想人选"。

除了个别例外，全国对军官团体都抱有极大的尊重。无论职衔高低，军官只要出门，总要戴着佩剑。他们在卫戍区附近出入，相当有派头。军官绝不会自己拿包裹。无论他们买什么，店家都会将东西给他们送到驻地。同样，也没有军官会在戏院或歌剧院前排队。他们会越过排队的平民，径直走向售票处。

不可避免地，总有一些时刻，有些人会觉得这种趾高气扬的做派有些令人生厌。其中一位便是威廉·沃伊特（Wilhelm Voigt）。他本是一名制鞋匠，也是一个不起眼的小罪犯。他居住在柏林附近的雷西多夫（Rixdorf）。有一段时间，他零星地购买上尉的制服，直到买齐全套。沃伊特就这样穿戴整齐，于1906年10月16日前往当地的兵营。路上，沃伊特遇到一名中士和四名士兵。沃伊特让他们跟在他身后。毫无疑问，他们照做了。沃伊特命令那名中士去向单位的指挥官报告，将他打发走。接着，他又从射击场集合了六名士兵。接下来，他带着这支队伍，乘火车前往柏林东边的镇子科佩尼克（Kopernick）。到了科佩尼克，他带领士兵进了镇公所，命令士兵封住这栋建筑的所有出口。可以理解，警察很好奇，想知道发生了什么，但被粗暴地告知，去管他们自己治安的事就行了。沃伊特还命令镇子电话交换台的接线员，在接下来一个小时内，柏林打进来的电话一律不准接通。

现在，沃伊特开始进入正题了。他以涉嫌欺诈罪为由逮捕了镇长和镇出纳员，没收了4002马克，留下一张收据，上边签的是他上一家监狱狱长的名字。接着，沃伊特征用两辆马车，命令士兵将逮捕的两人押送至巴黎的警察总局，好对他们严加审讯。沃伊特又命令剩下的士兵，在接下来的半小时里守在原地。然后，这位"上尉"前往火车站，再之后便不见了踪影。

十天后，沃伊特被逮捕。沃伊特被指控犯有伪造签名罪、冒充军官罪和非法监禁他人罪，被判入狱四年。然而，沃伊特的行为让德国社会各阶层都感到这件事的荒谬可笑。两年后，他就被赦免了。他从监狱出来，发现自己已经成为国际名人。沃伊特不仅常在德国的戏院露面，甚至也常在维也纳、布达佩斯的戏院出现，而且游历了美国，出版了一本书，伦敦杜莎夫人蜡像馆还为他做了一尊蜡像。近些年，科佩尼克镇公所前的台阶上修建了一座真人大小的"沃伊特上尉"塑像。沃伊特事件 100 周年纪念时，为纪念沃伊特的"伟绩"，人们还发行了纪念邮票。

沃伊特事件传递的浅显道理在于，作为军官，无论地位如何，保持一定的分寸感都是明智之举。然而，一些军官却选择对分寸感的无视，尤其是扎伯尔恩（Zaberne）的两名副官。扎伯尔恩是阿尔萨斯的一座镇子，法国人称之为萨韦尔恩（Saverne）。这两名副官对当地的平民表现出了令人难以置信的傲慢，甚至暴力，而这里的平民原先至少是亲德的。1913 年 10 月 28 日，一脸稚气的 19 岁少尉冈特·冯·弗斯特纳（Gunter von Forstner）在对新来的一个班的士兵讲话时，提到当地平民时使用了侮辱性的字眼，还向这些新兵承诺，如果他们受到攻击并用武器自卫，他将自己出 10 马克的钱作为奖励。

两家当地的报纸报道了冯·弗斯特纳的原话，激起了极大的民愤。阿尔萨斯—洛林的总督急于缓和局面，敦促团长阿道夫·冯·鲁伊特（Adolf von Reuter）和他的军区司令将弗斯特纳调走。这两人都认为，将弗斯特纳调走将对德军的荣誉和声望造成负面影响，于是仅下令将这名副官在营房关六天禁闭。

释放后，弗斯特纳被命令在四名武装士兵的护卫下在镇上四处走动。这无异于蓄意的挑衅。镇民的反应当然是无论弗斯特纳走到哪里，都有人辱骂他。由于警察不能也不愿对此采取措施，冯·鲁伊特便要求民政部门的负责人马勒先生（Herr Mahler）进行干预。马勒自己也是阿尔萨斯人，他拒绝干预，因为抗议者的行为完全在法律许可的范围之内。

11月28日，人群在兵营外边聚集、抗议。人越聚越多，已经到了令人警惕的程度。冯·鲁伊特命令值班军官夏特（Schadt）前去将人群稍微驱散一下。夏特带着武装警卫到场，三次命令人群散开。遭到拒绝后，夏特和士兵将人群赶到马路对面的广场，在无任何法律权力的情况下逮捕了很多民众。这些被逮捕的民众中间，还有扎伯尔恩法庭的庭长、两名法官和一名公诉律师。他们刚从法庭办公楼出来，被挤到人群中间，就这样被逮捕了。至少有26名民众在煤窖里被关了一夜，之前批评弗斯特纳的地方报社的办公场所遭到非法搜查，机枪也被架在了营房外边。

结果，这件事引起轩然大波。现任皇帝威廉二世知悉了情况。11月30日，会议迅速在多瑙艾辛根（Donauschingen）召开，参会者有普鲁士战争部部长埃里希·冯·法尔肯海因（Erich von Falkenhayn）将军，当地的军区司令贝特霍尔德·戴姆林（Berthold Deimling）中将，以及帝国首相特奥巴尔德·冯·贝特曼·霍尔韦格（Theobald von Bethmann Hollweg）。霍尔韦格首相的出席，是代表了公民法的治理原则。这场会议持续了六天。但是，除了12月1日戴姆林中将派遣一个旅前去恢复扎伯尔恩的秩序之外，这场会议唯一的成果，就是降低了皇帝的威望，因为皇帝显然认为那些军官的行为没有任何问题，并宣告他们没有超出自己的职权。

12 月 2 日，扎伯尔恩的街道上举行阅兵游行。弗斯特纳穿戴整齐，在五名武装士兵的陪伴下出现在兵营的门口。一位制鞋匠认出了他。这位制鞋匠看上去是个头脑简单的人，并且身体的一侧瘫痪了。他和附近许多民众一样，开始指着弗斯特纳，嘲笑起他来。在持续的嘲讽下，弗斯特纳完全失去了控制，拔出佩剑，照着制鞋匠的头劈了下去，把他砍成了重伤。

这就做得太过了。弗斯特纳被送上军事法庭，被判处拘留四十三日。弗斯特纳上诉了。难以置信的是，上述判决竟然被撤销了，理由是制鞋匠侮辱的是皇帝的军队，弗斯特纳的行为属于自卫。现在，戴姆林中将终于对第 99 步兵团失去了耐心，他所有的麻烦都是这个团惹起的。于是，他派了一支相比较而言不太傲慢自大、滥用权势的萨克森团，代替第 99 步兵团。然而，这几件事在全国范围引起了广泛的骚乱。冯·鲁伊特上校和夏特少尉在斯特拉斯堡受到了为期五天的军事审判，被控非法越权使用了公民警察的权力。法庭替两位军官道了歉，但接着却根据 1820 年普鲁士的一道内阁命令而宣判这两人无罪。那道内阁命令规定，当政府当局不能维持社会秩序时，城市的最高军事长官应接管其法定职权。皇帝的反应是什么呢？他通过快递邮件为冯·鲁伊特送去了一枚奖章。多年来，关于威廉二世在这件事上的看法，很多人存在着疑问。这枚奖章算是确认了他的看法，解决了人们的疑问。这件事继续发酵，闹到了国会。但是，直到第一次世界大战爆发，国会也没有明确厘清政府职权和军队职权的界限。

如果军官群体中的少数人在对待平民时可以那么无礼，那么他们对待彼此时也可以更加令人不快。那些撰写、发表文章批判军队的军官，发现自己遭到了排挤，被普遍地视为"不受欢迎的人"（personae non gratae）。其中这样一名军官就是弗里茨·霍尼格（Fritz Hoenig）上尉。霍尼格上尉在普法战争期间因伤致残，并导致部分失明。后来，他成为国际上受人尊敬的军事史学家。但是，他犯了一个严重的错误，那就是尖锐地批评了军队总参谋部。这被视为不忠诚、不爱国，甚至可能是叛国。总参谋部有一位成员，是弗里德里希·冯·伯恩哈迪（Friedrich von Bernhardi）。普法战争期间，他曾经在第14骠骑兵团服役。德意志的胜利之师开进法国首都时，他碰巧第一个骑马穿过凯旋门。1895年，他被任命为总参谋部战史处处长。他被霍尼格的文章激怒了，要下战书与霍尼格决斗，显然不知道他让自己出了一个大洋相。霍尼格当然没办法接受决斗。但是，霍尼格的拒信导致他被召到所谓的荣誉调查法庭（Court of Honour）。荣誉调查法庭剥夺了霍尼格穿着军装的权利。这对任何一位德国军官而言，都是莫大的耻辱。读者可以自己判断，谁才最该感到耻辱。

然而，这件事远远不是伯恩哈迪唯一成名的原因。1911年，伯恩哈迪出版了一本名为《德国与下一场战争》（*Germany and the Next War*）的书。该书囊括了作者在很多话题方面的观点，其中有"战争的生物学必要性""征服的权利""和平愿望的破坏性及非道德性""德国的历史使命——成为世界霸主或衰落"，等等。书中的一些语言是那么刺耳，连德国当局也不得不费力指出，这代表的当然不是他们的态度，而仅仅是德国主战派的部分观点。

随着时间一年年流逝，当年在石勒苏益格、奥地利和法国的战场上将德国确立为欧洲大国的那些人也都逝去了。罗恩于1879年2月23日辞世。德皇威廉一世于1888年3月9日薨逝。威廉一世广受民众爱戴、尊敬。在柏林大教堂的遗体瞻仰期，大批的民众聚集到那里，想去瞻仰他的遗容。人群之众，挤垮了几道隔栏。在柏林大教堂值班的是汉斯·冯·塞克特（Hans von Seeckt）中尉指挥的 1 个连，这个连隶属于德国军队资历最深的一个团——亚历山大皇帝卫队第 1 掷弹兵团。隔栏被挤垮后，现场一片嘈杂、混乱。塞克特感到，这个场合尊贵与庄严的气氛受到了严重威胁，便命令士兵装上刺刀，将人群清场。也许会有人认为，塞克特这是反应过度了，但他却因此被大加赞赏。在适当时机，塞克特，这位身处最艰难局面却表现出非凡才能的军官，将攀上他职业的最高峰。

上一任皇帝去世后，他的儿子腓特烈·威廉[①]继承了皇位。虽然腓特烈·威廉憎恶战争，本质上接受的是仁爱的世界观，但在他还是王储的时候，就先后于普鲁士对奥地利与法国的战争中做出了巨大贡献。腓特烈·威廉的妻子是英国维多利亚女王的长女维多利亚公主[②]，他本人也崇尚英国的政治制度。腓特烈·威廉认为，俾斯麦的权力过大。他曾经敦促抑制俾斯麦的权力，但没有收效。作为德皇，腓特烈三世只统治了 99 天，而且大部分时间是在与喉癌做着不成功的抗争。1888 年 6 月 15 日，腓特烈三世辞世，他的儿子威廉[③]继位。

德皇威廉二世和他已故的父亲的观点一致，认为应该限制俾斯麦的权力。俾斯麦实现德意志的统一后，成为帝国首相，只对皇帝一人负责。制定政策纲要的是他，有权任命或罢免国家各部部长的也是他。他引入了一系列行政改革，包括中央银行系统，统一的货币，统一的民事和商业法律程序，以及覆盖面广泛的社会保障制度。可以说，俾

---

① 腓特烈·威廉王储继位后，成为德意志帝国皇帝兼普鲁士王国国王（1888 年 3 月 9 日至 6 月 15 日在位），称腓特烈三世。由于只在位 99 天，腓特烈三世也被称为"百日皇帝"。——译者注

② 维多利亚·阿德莱德·玛丽·路易莎（Victoria Adelaide Mary Louisa, 1840~1901 年）：德意志皇后兼普鲁士王后，英国维多利亚女王和阿尔伯特亲王的长女，德皇威廉二世的母亲。——译者注

③ 弗里德里希·威廉·维克多·阿尔伯特·冯·霍亨索伦（Friedrich Wilhelm Viktor Albert von Hohenzollern, 1859~1941 年）：德意志帝国末代皇帝和普鲁士王国末代国王，1888 年 6 月 15 日至 1918 年 11 月 9 日在位，继位后称威廉二世。——译者注

斯麦对德意志统一的执着导致了无数生命的牺牲。但是，同样也可以说，一旦俾斯麦目标达成，他作为欧洲政界元老的政治手腕和谈判技巧将继续发挥作用，推动欧洲大陆维持其历史上最漫长的持续和平时期。这将是无比巨大的成就。然而，威廉二世不仅要当政，而且要统治实权，所以他铁了心要摆脱俾斯麦。于是他们之间出现了严重的政治分歧。俾斯麦察觉到他的权力在悄悄流失，便请求皇太后利用她的影响为他说情。讽刺的是，这位首相在任何需要的时候都巧妙地消解了那些反对他的人的影响力。所以，当皇太后说，她可能拥有的任何影响力早已被俾斯麦本人给消解掉时，他并不感到有什么好惊讶的。1890 年 3 月 18 日，俾斯麦辞任。1898 年 9 月 30 日，俾斯麦辞世。在生命的最后几年里，他一直在撰写回忆录。而毛奇早在 1891 年 4 月 24 日就先俾斯麦一步而去了。

在外界的描绘下，威廉爱夸夸其谈，并且性格冲动、不圆滑，在国务方面常常不咨询大臣便急于给出自己的意见。他插手外交事务，常常令外交人员陷入绝望。在某种程度上，他古怪、乖僻的个性可能源于他出生时困难的臀位分娩，这致使他患上厄尔布氏麻痹（Erb's Palsy），导致左臂萎缩。为了掩饰，他常常将左手放在剑柄或马勒上，或者戴着手套。他妒忌而且非常讨厌他英国的舅舅英王爱德华七世（Edward Ⅶ）。对于威廉二世来说，成为欧洲大陆强国的统治者还不够。他的野心是让德国成为像英国那样的全球霸主，在地球遥远的角落也有自己的殖民地，拥有可以将国家意志强加于人的现代化舰队。事实上，德国在非洲和太平洋取得的殖民地，就像威廉二世口中所说的，的确赋予了德国"显要的地位"①。但是，就维持殖民地的成本而

---

① "显要的地位"：原文是"a place in the sun"，直译为"一个阳光照耀之地"，也许是影射了英国"日不落帝国"（the empire on which the sun never sets）的地位。换言之，威廉二世可能觉得德国即便成不了英国那样日不落的帝国，也要成为一个太阳照耀中心的帝国。——译者注

言，德国几乎得不偿失，这些殖民地也无法从母国吸引大批的殖民者。1897 年，海军上将阿尔弗雷德·提尔皮茨（Alfred Tirpitz）成为帝国海军的实际统帅。提尔皮茨怂恿威廉二世花费巨资打造一支能够在北海挑战英国皇家海军的作战舰队。这是个愚蠢的主意，因为它挑起了一场海军建设竞赛，而德国却没有赢的希望。这也占用了巨量的物资和无数的人力，这些资源本可以由帝国海军做更好的用途。最糟糕的是，这个主意完全没有必要地离间了德国与英国的关系，导致英国与法国建立了战略防御的协约关系，而法国与俄罗斯也拥有类似的共识。因此，仅此一举，威廉二世和提尔皮茨就造成了德国的战略家最担心的可怕局面，即德国不得不两线作战的潜在后果。

也许是想与英国建立更好的关系，威廉二世在 1908 年同意了接受英国《每日电讯报》的采访。不幸的是，他容易感情外露的夸夸其谈不仅让事情变得更加糟糕，而且还引起了法国、俄罗斯和日本三国对外关系部门的义愤。威廉二世表示，虽然德国不在意英国的想法，但他还是先后顶住了法国和俄国政府关于他应该干预第二次布尔战争①的建议。此外，德国加强海军建设是针对日本，而不是英国。当然，这种说法根本站不住脚，因为德国战舰有限的油料舱容量再清楚不过地表明了，它们的使用范围不会超过北海以外的海域。威廉二世为了让《每日电讯报》的记者放宽心，在采访结束的时候说：你们竟然以为德国的海军是针对英国，"你们英国人简直是疯了！"

威廉二世轻松地融入了他一生下来就身处其中的军国主义圈子。据说，威廉二世拥有大约 600 套军装，其中很多军装是属于外国军团

---

① 第二次布尔战争：19 世纪中叶，荷兰移民后裔布尔人在南非分别建立了德兰士瓦共和国（Transvaal Republic）与奥兰治自由邦（Orange Free State）。1899 年 10 月 11 日至 1902 年 5 月 31 日，英国同布尔人建立的德兰士瓦共和国与奥兰治自由邦为争夺南非领土和资源进行了一场战争，称为第二次布尔战争。——译者注

的。毕竟，为了巩固良好的关系，当时各国王室对来访的重要王室成员授予本国军团的荣誉上校衔，已经成为惯例。作为皇帝，威廉二世很少被人看到不穿军装而露面，而他帝国海军的扩建则又为他提供了一套新的军装，即海军元帅的制服。即便是英国皇家海军的成员，也不敢奢求这一头衔。事实上，虽然威廉二世的军装打扮风度翩翩，但他对军事和海军事务的认识往往是肤浅的。

如果有人被邀请出席每年一度的帝国军演，他可能就会有不同的看法。威廉二世会从一个高度适宜的山顶上观看帝国军演，山顶上飘扬着代表他本人的旗帜。在场观赏的人中间，有帝国陆军最高级别的军官、来访的王室成员、数不清的各国武官，以及世界最知名的一些报社派驻的外国记者。观赏者入场没多久，就会拿到一份脚本，整个军演似乎就是按照这份脚本运行的，与真实战场发生的情况无关。军演的目的是在战场情境中锻炼高级军官的指挥能力。为这些高级军官模拟的是比他们现在高两个级别的指挥官可能会在战场中经历的情境。但是，这些专业的战地记者中间，鲜有人会被眼前所见的景象留下深刻的印象。参加了1911年帝国军演的一名《泰晤士报》记者，在评论中便颇为辛辣。他指出，无论大小分队，指挥官的主动性都没有得到充分的考验。更高级别的兵团指挥官们所犯的错误之多，让他和同行们看了，会怀疑他们是否能胜任这个级别的职位。关于步兵，他几乎没什么赞美的话可说。步兵保持着密集队形，移动缓慢，简直为对手提供了绝佳的靶子。他们不懂利用地形，对以压制火力交替掩护前进也根本没什么概念，对现代炮火的威力就更无知了。骑兵倒是挺擅长马匹管理。按照阅兵游行的标准，他们的发挥也很出色了。但是，他们"侦察能力太差，所犯的错误连我们（业余的）义勇骑兵[1]都会以其

---

[1] 义勇骑兵（Yeomanry）：英国旧时携马当兵的农民出身的骑兵。——译者注

为耻"。炮兵装备落后，战术迟钝，没有效率，与法军相比几乎没什么优势。法军最近刚引进了壮观的 M1897 型 75 毫米口径速射野战炮，在技术上比德国陆军野战部队能拿出手的任何武器都要领先许多年。德国陆军对飞艇和飞机的使用也什么明显可以称道的地方。

总之，《泰晤士报》的这位记者总结道，德军除了庞大的人数、极端的自信和优秀的后勤外，与最优秀的外国军队相比不仅没有任何优势，在很多方面甚至达不到标准。这给人的印象是，德军训练过多，发展却停滞不前。他建议，如果人人回家休养一年，反而会对德军有好处。最后，他冒着在德国严重不受欢迎的风险指出，在赚钱的热忱之下，这个国家的尚武精神正在一点点蒸发。这样的指责是不公平的，也是毫无道理的。德国为它所取得的帝国地位而自豪，也为它在科学、医学、工程和制造领域所取得的成就而自豪。在商业领域，德国渗透了曾经被英国所独占的一些市场。此外，德国建造了快速豪华游轮，从英国商船队手里夺走了最快穿越大西洋优胜者的称号。这一切并不意味着，假如发生战争，或者当战争降临时，德国的士兵就不会像以往那样英勇而顽强地战斗。在漫长的和平期内，有些变化在性质上更为微妙。曾经在克尼格雷茨战役、色当战役取胜的路德教派的士兵，被人们比作了英国内战期间的克伦威尔铁骑军（Cromwellian Ironsides），因为在战斗结束后，他们的随军牧师会领着他们唱古老的德意志圣歌，以感恩军队得胜、个人性命得存。到了 1914 年，圣歌好像就已被另一段更具耀武扬威意味而且隐隐令人不安的歌曲所取代了。

WHY
THE GERMANS
LOST

THE RISE AND FALL OF THE BLACK EAGLE

第 12 章

惨烈 "一战"

1833 年，陆军元帅阿尔弗雷德·冯·施里芬[①]伯爵出生在普鲁士一个军人家庭。1854 年，施里芬加入陆军。在职业生涯初期，施里芬便以聪明才智闻名，很快赢得总参谋部的一个职位，亲历了 1866 年普奥战争和 1870~1871 年的普法战争。1884 年，施里芬被任命为总参谋部战史处处长。1891 年，在服役了 38 年之后，施里芬取代陆军元帅冯·瓦德西（von Waldersee）伯爵，成为总参谋部总参谋长。

　　在同时代人的眼里，施里芬以战略理论家的身份著称。他的思想受罗马军队参加的战役影响较深，尤其是坎尼会战所体现的歼灭战的概念。针对歼灭战的概念，施里芬撰写了一本同名专著，在美国军事圈和学术圈广为流传。施里芬的一些同事觉得，他的性格更像一位学者，而不像一名军人。确实，他整体上看起来就像一位公立学校的古典学教师，而不像德意志帝国陆军的高级将领。然而，施里芬的基本理念完全植根于合理的军事常识："两军相对，强者胜。要成为强者，

[①] 阿尔弗雷德·冯·施里芬（Alfred von Schlieffen，1833~1913 年）：德意志帝国陆军元帅、战略家。1863 年起在德军总参谋部任职，1891~1905 年任总参谋长。1905 年，施里芬提出了著名的"施里芬计划"。——译者注

就要掌握作战选择的主动权，而不是被动迎敌。"

随着新世纪的到来，德国虽然财政稳定，并且拥有欧洲最强大的军队，但他们的不安全感却与日俱增。这源于德国的老对手法国和俄罗斯帝国之间缔结的协约关系，造成了德国被强敌环伺并有可能被迫两线作战的局面。法国虽然仍做着复仇梦，但它不可能单独对德国发起进攻。因为，法国的人口虽然增长到了 4000 万，但德国的人口已经超过 5000 万，而且还在增长之中。另外，俄罗斯拥有显然无法估量的人力储备。两国军队之中，法国军队更高效，但俄罗斯兵力更众。1905 年，当俄罗斯不仅在日本人手下遭受耻辱大败，而且被迫应对随之爆发的国内革命时，德国人的担忧才有所缓解。还是在这一年，施里芬制订了以他名字命名的计划，希望通过这个计划，可以一劳永逸地、彻底地扭转这个局面。

要理解施里芬的思想，必须明白当时欧洲大陆民族国家的征召军队的规模，已经比普奥战争和普法战争时期的规模大得多。在过去，无论哪国的军队统帅，将整个战场收入眼底，向下级指挥官下达命令，看清各下级指挥官麾下部队的作战动态，都是可能的。现在，随着国家军队被部署到对垒的整个边境线沿线，军队统帅已经很少，甚至完全不能将战场上的情形收入眼底了。他和参谋部最重要的人员围着一张地图桌，通过电报或无线电通信实时接收战况信息。他的决策就是在这种环境下定下的。一般来说，他的指挥部坐落在距前线几英里的地方。在那里，他通过类似的通信方式来把控全局。

"施里芬计划"的精髓在于先要迅速、彻底地打败法国，之后，德国便可以全力对付俄罗斯，因为德国相信，在缔结了协约关系的伙伴国之中，俄罗斯是动员行动较缓慢的那个。德国在完成迅速动员后，德军强大的右翼便可以向东南发起巨大的镰刀攻势，必要情况下无视荷兰、卢森堡和比利时的中立国身份，横扫这三个国家，从而攻入法国北部。与此同时，德军的中枢和左翼盘踞在洛林、佛日和摩泽尔河地区，保持守势。在下一个进攻阶段，德军右翼将向西绕过巴黎，然后向东回旋，同时德军左翼由守转攻，总的效果就是让德军的左翼和右翼对法国集团军形成夹击之势，逼迫其投降。在施里芬看来，打败法军可以在42天之内实现，而且他也相信，42天应该恰好是俄罗斯动员军队所需的时间。德军最初的部署要求91%的兵力布置在西线，只有9%的兵力部署在东线，用来对付俄罗斯。不过，一旦把法国这个障碍清除，兵力配比还有充分的大幅度调整的空间。

施里芬于1906年1月1日退休。他的总参谋长职位继任者是赫尔穆特·冯·毛奇[1]将军，后者是赢得普奥战争、普法战争的英雄另一位毛奇的侄子。毛奇将军并没有像他过世的伯父那样，留下很杰出的履历，渐渐地也被世人称为"小毛奇"[2]。毛奇对原版的"施里芬计划"做了大量修改，总的来说是有好处的。他明智地决定不破坏荷兰的中立国地位。此外，他在认为德军右翼太强的情况下，从右翼调走了大量兵力去增援阿尔萨斯—洛林地区和与俄罗斯接壤地区的集团军。施里芬在1913年1月4日去世。他去世九个月后，第一次世界大战便爆发了。据说，施里芬的临终遗言是："记住——要确保右翼非常强大！"考虑到后来发生的一系列事件，关于施里芬遗言的这种说法虽然流传甚广，但很可能是杜撰的。

近年来，法国为了纠正导致1870~1871年间一系列惨败的缺陷，已经做了很多工作。他们在1898年引入了"第十四号计划"，涉及对

---

[1] 赫尔穆特·约翰内斯·路德维希·冯·毛奇（Helmuth Johannes Ludwig von Moltke，1848~1916年）：德意志帝国陆军大将，是老毛奇的侄子。——译者注
[2] "小毛奇"：原文"von Moltke the Lesser"，这里的"小"不是作为晚辈的"小"，而是成就上的"小"。——译者注

全国铁路系统的利用以加快动员流程。1903 年的"第十五号计划"虽然本质上属于防守性质，但探讨了辅助层面上对预备兵团的使用。六年后，法国陆军统帅维克多·米歇尔（Victor Michel）将军设计的"第十六号计划"，预见了德国通过比利时入侵法国的打算，因此打算率军杀入中立国，在中立国的地盘上对德军迎头反击。这个计划被否决。1911 年，约瑟夫·霞飞（Joseph Joffre）将军取代米歇尔成为法国陆军统帅。约瑟夫·霞飞在 1913 年推出了"第十七号计划"，涉及两路进军，同时攻入阿尔萨斯—洛林地区。不幸的是，约瑟夫·霞飞的计划忽略了三个重要因素。第一，法国执着于进攻策略，甚至不惜坚持到肉搏战的程度，却忽略了现代防守火力的可怕威力。第二，虽然法国 75 毫米口径野战炮比德国同类范畴中的所有武器都要好，但十分不幸的是，法国炮兵缺少中型和重型武器。第三，尽管俄罗斯军队需要三个月时间来完成动员，约瑟夫·霞飞仍然催促俄军统帅尼古拉大公过早发动进攻，而这也最终以灾难性后果告终。

　　很少有人记得哪一年的夏天能像 1914 年的那样美好怡人，但这一年的夏天却标志着欧洲三个大陆帝国覆灭的开始。6 月 28 日，奥匈帝国王位继承人弗朗茨·斐迪南大公和妻子对萨拉热窝进行正式访问时，一个塞尔维亚激进青年 ① 刺杀了他们。奥地利军队总参谋长康拉德·冯·赫岑多夫 ② 将军早就想教训一下塞尔维亚了。虽然在这件事上，刺客完全是自发行事，赫岑多夫仍然劝服奥地利政府给塞尔维亚下达了最后通牒。最后通牒于 7 月 23 日送达塞尔维亚，其中包含了很多要求，是任何一个有尊严的政府都不会接受的。虽然其中一些要求

---

① 指加夫里洛·普林西普（Gavrilo Princip，1894~1918 年）：1914 年 6 月 28 日刺杀了费迪南大公和他妻子。他当时尚是学生，因不满 20 周岁未被判死刑，后因肺结核死于狱中。——译者注
② 康拉德·冯·赫岑多夫（Conrad von Hötzendorf，1852~1925 年）：奥地利陆军元帅，第一次世界大战爆发时任奥匈帝国军队总参谋长。——译者注

被接受了，但这并不能令奥地利政府满意，因为奥地利显然一心想要发动战争。因此，7 月 25 日，塞尔维亚发起了动员。

此时，德皇威廉二世以他那种蛮横、草率的方式进行了干预。当被问到对于目前的局势有何看法时，威廉二世回答："无论什么原因，奥地利动员的日子，也将是德国动员的日子！"就这样，相当于给赫岑多夫和奥地利主战派开了一张空额支票后，威廉二世登上皇家游艇"霍亨索伦"号出游度假去了。等他返回时，一场涉及欧洲范围的全面战争已经箭在弦上。

7 月 28 日，奥地利对塞尔维亚宣战。同一天，俄罗斯作为包括塞尔维亚人在内的斯拉夫民族的捍卫者，针对奥地利发起了动员。作为回应，8 月 1 日，德国对俄罗斯宣战。接着，德国根据与奥地利的同盟条款，在按照"施里芬计划"已经发起了对比利时和卢森堡的入侵后，于 8 月 3 日对法国宣战。这时，作为比利时中立地位的保证人，英国在第二天对德国宣战。这一不愉快的局面在柏林激起了震动与惊愕。德国首相贝特曼·霍尔维格表达了他的震惊，想不到英国竟然自缚于"一纸条约"。这间接说明，在德意志第二帝国，是否履行条约规定的义务，只是看自己想怎么选择。

最终，8 月 6 日，奥地利对俄罗斯宣战。意大利虽然与德国和奥匈帝国结盟，但暂时并没有站队，理由是战争是由奥地利挑起的，所以它的义务被作废。

在后来被称为西线的战场上，德国拥有七个集团军，从右开始依次为第 1 至第 7 集团军，部署在比利时、卢森堡和法国的边境沿线。亚历山大·冯·克鲁克（Alexander von Kluck）大将的第 1 集团军被要求出力最多，因为他们正处于挺进巴黎的大镰刀攻势的最外缘，截至目前他们需要行军的距离最远，需要攻克的目标也最多。克鲁克被选来承担这项任务，是因为他先前赢得的"苛刻马车夫"的名声——他能将手下的最后一丝力气也榨干。他参加过普奥战争和普法战争，在科龙贝—纳伊（Colombey-Neuilly）的战役中两次负伤，因作战英勇而获颁二等铁十字勋章。紧挨着克鲁克的是卡尔·冯·比洛（Karl von Bülow）大将率领的第2集团军，他也参加了普奥、普法两大战争。虽然比洛一度做过第4近卫步兵团的团长，但他大部分军旅生涯都是在总参谋部度过的。现在，声名远扬的近卫军团也成了他第2集团军的一部分。

这两支集团军都在比利时境内开辟了一条狭长的道路。比利时军队虽然规模微不足道，装备也落后，但他们顽强的抵抗让德军猝不及防。在比利时军方面，他们被德军对待平民的残暴程度震惊了。据信，入侵的德军可能是打算将任何游击活动扑灭在萌芽之前，但整个行动迅速失控。比利时人被成群成群地处决，而不是一个两个地被处决；先是村子，再是城镇，都接二连三地被付之一炬，而不是狙击兵藏身的单个村舍被烧毁。天主教古城鲁汶（Louvain）被蹂躏成一片废墟，珍贵的中世纪手稿藏书被烧成灰烬。但凡德军经过的地方，身后便留下一堆堆的废墟和废墟中升腾起的一条条烟柱。这场暴行肆虐了五天，然后便戛然而止了。那时，德国军队和威廉二世皇帝本人的国际声誉已经低到和野蛮人几无二致。这时已经出现了这样的局面：即便关于德军暴行的故事毫无一丝真实性，也会在国际上传开，并被人们毫不质疑地接受。德国人选择利用极端的恐惧作为武器。关于这一点，不需要更多的证据，只要看看那些可怜的逃亡的平民就知道了。他们为了躲开德军的袭击，拼命逃离，堵塞了比利时的每条道路。

冯·比洛的第2集团军编下有一支3万人的受过专门训练的特遣部队。这支特遣部队由奥托·冯·艾米赫（Otto von Emmich）将军指挥，他们的职责是先后破坏列日（Liège）和那慕尔（Namur）四周的堡垒。这些堡垒是 1888~1892 年期间，由当时最优秀的堡垒工程师亨利·艾力克西斯·布莱尔蒙特（Henri Alexis Brialmont）建造的。在8 月 4 日至 5 日的夜里，艾米赫麾下的野战炮兵拉开阵势，对列日四周的堡垒进行轰炸，堡垒里的守军也与敌人展开了对轰。第二天早上，德军派人送去了招降书，被驻军司令回绝。之后，德军步兵在其中两个堡垒中间发起了进攻，但是被打退了，伤亡惨重。当天下午，艾米赫麾下的 420 毫米口径榴弹炮组成的攻城炮列进入阵地，发射炮弹，粉碎了弗莱龙堡（Fort Fleron）钢筋混凝土的旋转炮塔。现在，时间是最关键的。艾米赫的步兵连夜持续进攻，一直到 8 月 6 日黎明时分，第 14 步兵旅突破了列日的堡垒圈，向列日城逼近。到了黄昏，第 14 步兵旅已经到达沙特勒兹山地（la Chartreuse）的山顶，俯视目标列日城。然而，这支步兵旅已经遭受了惨重伤亡，旅长也阵亡了。于是，艾米赫派出第 2 集团军的副参谋长埃里希·鲁登道夫（Erich Ludendorff）少将取代第 14 旅阵亡的旅长。8 月 7 日早晨，鲁登道夫在仅有第 14 步兵旅副官一人的陪同下，步入列日城内，要求敌人投降。在与市长和主教议定投降条款后，德军开进城内。在见识了德国420 毫米口径榴弹炮的可怕威力后，很少有人相信，有了列日这个先例，那慕尔还可以坚守多久。它的确没坚守多久。8 月 20 日至 25 日，在德军的狂轰滥炸下，那慕尔投降。比利时人在他们的君主阿尔贝国王[①] 的亲自率领下，撤退到安特卫普要塞。

与此同时，8 月 14 日至 25 日，法军在洛林地区和阿登高地（the Ardennes）发起了进攻。一开始，法军进展顺利。他们以高卢人的冲劲，喊着"上刺刀！"（"A la baionnette!"）的口号，奋勇向前。法军

---

① 阿尔贝一世（Albert I，1875~1934 年）：比利时国王，1909~1934 年在位。——译者注

步兵仍然穿着传统的蓝色外套、红色裤子，戴着红色的平顶军帽，军官则戴着白手套，这样他们阵亡时也可以显得潇洒一点，而他们也常常能够"如愿"。他们占领了一些阵地，但面对铁丝网障碍、集中的火炮机枪和步枪火力以及德军一次次的反攻，冲劲便消退了。他们被迫撤退、重整，伤亡达到了惊人的 30 万人。

在毛奇看来，战争的局势比他预期的还要好。毛奇命令第 1、第 2 和第 3 集团军开始向西南和南面回旋，其中第 3 集团军由马克斯·冯·豪森（Max von Hausen）指挥，在冯·比洛的左侧行动。与此同时，毛奇从右翼派出两个军的兵力乘火车前往东线。在东线，俄军取得了出乎预料的较好战果。此外，毛奇将本来发往右翼的增援也调到了洛林战区。这样一来，"施里芬计划"的整个构想便被打了折扣。为了应对德国三个右翼集团军进军方向的变动，约瑟夫·霞飞命令查尔斯·兰瑞扎克（Charles Lanrezac）将军的法国第 5 集团军进入桑布尔河（Sambre）与默兹河交汇而形成的三角地带。对兰瑞扎克而言，不幸的是，德军已经在桑布尔河上发现了几座无人守卫的桥梁。8 月 22 日至 23 日，德军第 2、第 3 集团军迅速过桥，在那慕尔的西南方打败兰瑞扎克，迫使他率军撤退。

此刻，一支新加入的强大军队开始让人觉察到它的存在。陆军元帅约翰·弗伦奇（John French）爵士麾下英国远征军的动员以及将英国远征军输送到英吉利海峡对岸，被证实是成功的组织工作的胜利。英国远征军由中将道格拉斯·黑格（Douglas Haig）爵士率领的第 1 军、赫拉斯·史密斯 - 多伦（Horace Smith-Dorrien）爵士率领的第 2 军和埃德蒙·艾伦比（Edmund Allenby）少将率领的一个骑兵师组成，共计 7.5 万人、300 门火炮。和欧洲大陆军队不同，英国远征军由职业士兵组成，他们有的正处于七年期的征募期，有的是被召回的预备役军人。他们中的大多数都在苏丹、南非或者印度参加过战争。经训练，英国远征军的步兵能够每分钟精准发射 15 发瞄准弹，而且无论进攻或防守，都能够最大化利用地形和自然环境的掩护。

约瑟夫·霞飞已经命令英国远征军从位于勒卡托（le Cateau）的集结区域向北进军，以便与兰瑞扎克协同行动。8 月 23 日，英国远征军在蒙斯（Mons）占领了蒙斯—孔代（Condé）段运河的阵线。远征军第 2 军守卫蒙斯镇以西那一段长且直的运河，第 2 军的左翼由骑兵师和一个骑兵旅沿河段防守，而远征军第 1 军则镇守英军的右翼。在右翼这里，运河的河道环绕着蒙斯镇流淌。骑兵已经报告过，冯·克鲁克正率领德军从北面逼近，而冯·克鲁克也知道，他将面临顽强的对抗。

从一开始就显而易见的是，相比德军，英国远征军的兵力严重不足。冯·克鲁克的第 3、第 4 军正向史密斯 - 多伦的远征军第 2 军围拢，而德军的第 9 军则正向黑格的远征军第 1 军围拢。史密斯 - 多伦的第 2 军正沿着运河挖掘战壕，他们将是战斗的主力。他们看到密集的灰色队伍在拔出佩剑的军官的指挥下，穿过旷野正朝他们开进，心中大惊。德军方面，他们几乎或根本看不清敌人，直到面前运河的阵线上持续喷射出步枪火力。德军密集的队伍似乎步伐松动了。他们迟疑着成群地向前进攻，但最终进攻瓦解，每个人都尽可能趴在地面上找些掩护。德军的军官和军士想要恢复进攻，但被英军的神枪手射杀。双方的炮兵都加入进来。德军的火炮数量是远征军的两倍，但远征军可以瞄准的目标也更大。史密斯 - 多伦的士兵非常乐于守在原地。黄昏时分，当他们被命令撤退时，自然也非常惊讶。

与此同时，德军第 9 军正从右侧向远征军第 1 军逼近。兰瑞扎克的第 5 集团军本该到达既定位置，保护远征军的东侧，但是却丝毫不见它的踪迹。最终，约翰·弗伦奇爵士发现，兰瑞扎克在最近一次战败后，便在没通知盟军的情况下自行撤退了，现在已经向南行进了一整天。显然，如果远征军不跟随兰瑞扎克的行动，它将被孤立而被迫投降。

薄暮降临，但德军还没有行动的迹象，甚至可以听见他们的号手吹响"停火"的号角。远征军干净利索地摆脱了敌人，从星罗棋布的矿渣堆中间穿过，第1军在摩尔玛勒森林（Forest of Mormal）以东，第2军在摩尔玛勒森林以西，拉开阵形向南行进。与之后的几场战役相比，蒙斯战役只能算是一道开胃菜。此役，远征军死伤1600人，德军第1集团军死伤约3000人。冯·克鲁克对远征军的钦佩是发自内心的，虽然他们没能阻止他前进，但却耗费了他宝贵的时间。远征军的步枪队给人的印象太深刻了，当德军拷问英国俘虏每个步兵营有多少架机枪，得到的答案是两架时，他们一开始都感到难以置信。

在酷暑中从蒙斯撤退的行动一直持续到了月底。这场磨难，经历过就绝不会忘却。士兵还在行进的时候，便断断续续地睡着了。有时候，他们会出现幻觉，模糊了现实和想象以及极度疲惫下的美梦的界限。脚上磨满了泡，让人觉得靴子里好像塞满了玻璃碴子。靴子磨破了，马蹄铁也磨得只剩一层白铁皮。当然了，德军也一样。他们被冯·克鲁克撵着，要保持与远征军的接触。实际上，德军先遣部队和远征军后卫部队短暂的交火都成了一件令人开心的事，因为这样他们就有了短暂地从那永无止境的行进中歇息的机会。

8月25日晚上，德军第3、第4军的分队从摩尔玛勒森林穿了出来，在朗德勒西（Landrecies）附近截击了黑格的远征军第1军。黑格的第1军经过猛烈抵抗，得以摆脱敌军，第二天继续向南行进。在勒卡托，史密斯-多伦决定，他疲惫不堪的远征军第2军亟须休息。他认为，让手下人趴在地上打枪能够得到一定程度的休息。于是，他选择将左翼从根据地埃桑兹（Esnes）、欧库尔（Haucourt）和科德里（Caudry）这三座村子撤回，将勒卡托—康布雷（Cambrai）公路沿线作为阵地。虽然德军从北面和西面接近时将经过一片基本上毫无遮拦的旷野，但这个阵地对英军也几乎提供不了任何掩护。而且，不幸的是，他们没有时间在阵地上挖战壕了，大多数情况下只能利用白铁皮饭盒凑合着挖出一道浅浅的坑来。

8 月 26 日，初夏的黎明让冯·克鲁克得以仔细观察英军的阵地。冯·克鲁克决定，让第 4 军牵制史密斯 - 多伦的正面，第 4 预备军迂回进攻史密斯 - 多伦左翼，第 3 军迂回进攻史密斯 - 多伦的右翼，从而将敌人关进口袋，让他们无路可逃。形势对史密斯 - 多伦极为不利，因为他只有 4 万兵力，而他要对付的德军则不下 14 万兵力。清晨 6点，战斗打响，接着持续了一整天。英军步兵每分钟十五发的精准射击再一次展现了他们高超射击术的威力，让敌军穿着灰色制服的密集编队成片地扑倒，而占据压倒性优势的德军炮兵也再一次将英军炮兵大量的火炮和拖车炸成粉碎，糊作一团。

然而，到了晚上 8 点，德军伤亡人数太大，已经到了进攻难以为继的地步。史密斯 - 多伦的士兵在成功突破了双重包围之后，在暮霭中消失，继续向南行进了。他们虽然伤亡 7812 人、损失大炮 38 门，但仍是一个战斗实体，而且让冯·克鲁克的军队遭受了比蒙斯战役更惨烈的伤亡。事实上，冯·克鲁克在报告中对他们也不吝赞词，声称与他交火的至少有九个师的兵力，而实际上敌方只有三个师。不知何故，这次遭遇也动摇了冯·克鲁克的判断，因为他一直以为，他先前已经彻底打败远征军，迫使远征军朝着英吉利海峡港口撤退，而实际上远征军是在跟随盟军行动，沿盟军同一方向撤退，而且远征军第 1

军几乎也完好无损。

德军持续向远征军尤其是向远征军第 2 军施加压力。约瑟夫·霞飞对此一清二楚，因此命令兰瑞扎克的法国第 5 集团军猛攻冯·克鲁的东翼，但他拒绝了约翰·弗伦奇爵士腾出来第 1 军进行反攻的建议。这是非常慷慨的姿态，因为兰瑞扎克已经在承受从北方过来的冯·比洛第 2 集团军的压力。尽管如此，29 日，兰瑞扎克仍然朝着圣康坦（St Quentin）的方向进攻了几英里，之后才因德国第 1、第 2 集团军优势兵力下的反击而被迫退到瓦兹河（Oise）之后。

然而，事情还远没有结束。到现在为止，兰瑞扎克麾下由弗朗彻·德斯佩雷（Franchet d'Espérey）将军指挥的第 1 军面朝着西边，还处于待命状态。兰瑞扎克命令第 1 军针对冯·比洛的第 2 集团军独自发起反攻。弗朗彻·德斯佩雷是一个信奉纪律至上的人，而且对细节非常坚持。他收到的命令要求，他的第 1 军立刻向右调转 90 度。在敌方压力下，要做到这一点可不容易。虽然如此，他依然不慌不忙。等到准备充分了，他才下令前进。考虑到战争性质的转变，接下来的这番场景令人叹为观止。而且，这样的场景之后再也见不到了。他们展开军旗，乐队吹奏起行动的号角，而他们的军长则拔出佩剑，骑马和队伍一起行进，鼓励他们忘掉敌人的火力，朝着敌人猛冲过去。他们向着德军的近卫军迎头冲击，在敌方阵线撕开一道道口子。德军的近卫军和第 10 军一起被赶回到吉斯地区（Guise），那里是瓦兹河从东向西的流经之地。他们挤作一团，又背对着河流，不得不一直忍受着法国 75 毫米口径火炮的持续攻击，直到夜幕降临。到此时为止，未能阻挡侵略者的步伐，长距离的撤退，可怕的伤亡以及东线"第七号计划"进攻的失败，像一团阴郁的乌云笼罩在法军头上，但吉斯战役的胜利则将他们的士气和信心提振到了新的高度——哪怕这是暂时的。

虽然兰瑞扎克夜里撤军，但这场战役还是令冯·比洛异常狼狈。冯·比洛要求冯·克鲁克派军援助。他有权在整个行动计划中这样做。虽然不情愿，但是有毛奇批准，冯·克鲁克只得改变第 1 集团军的进攻轴线，向东南方向行进，希望这样可以将兰瑞扎克的左翼向中央逼退。冯·克鲁克这样做，代表"施里芬计划"最重要的阶段发生了关键变化。最初，第 1 集团军是要从巴黎东南部开始向东进军。现在，显然第 1 集团军的新进军方向将把它带到巴黎的北边。

此外，还有其他事情占据着冯·克鲁克的注意力。他对英国远征军的行踪一无所知，但他坚信，远征军已经构不成威胁了。事实上，圣康坦附近的战斗已经让他与远征军的撤退路线拉开了距离，现在他向东南转向，两者之间的距离就更大了。远征军也许极度疲倦了，但它仍然运转正常。实际上，它已经被增援到了三个军的实力，而且它的交通线更短。相比之下，德军第 1 集团军不仅同样疲倦，而且随着时间一天天过去，它的补给线越拉越长。尤其是，冯·克鲁克担心骑兵部队的状态。骑兵部队严重缺乏饲料，马蹄钉也用光了。此外，还有传言说，法军正在巴黎西边组建一个新的集团军，只是未被证实。冯·克鲁克坚决拒绝听信这些传言。这支新组建的集团军，就是由米歇尔·莫努里（Michel Maunoury）指挥的第 6 集团军。很快，它就会在事态中发挥决定性的作用。

事态还将受两件事影响。第一件是盟军的侦察机发现并报告了德军第 1 集团军改变方向的事。第二件是冯·克鲁克的先遣部队和远征军的后卫部队在瓦卢瓦地区克雷皮（Crépy-en-Valois）、维莱科特雷（Villers-Cotterêts）和内里（Néry）发生的几次小的交锋。前两次交锋中，德军很容易便被甩开了，但最后一次交锋的规模更大，影响也更深远。内里是一个小村子，坐落在巴黎东南约 50 英里的奥托纳河（Autonne）与瓦兹河的交汇处。8月31日晚上，在远征军撤退路线的西侧为英军第3军的撤退进行掩护的C. J. 布里格斯（C. J. Briggs）准将的第1骑兵旅，在白天未与敌军接触的情况下从北边骑马进了村子。第1骑兵旅的三个骑兵团和皇家骑炮兵团L炮兵连（L Battery Royal Horse Artillery）当夜在村子里安顿下来，打算第二天清晨4点30分离开。第1骑兵旅的三个骑兵团分别为"女王的海湾"骑兵团（The Queen's Bays，第2骑兵卫队）、第5近卫龙骑兵团（5th Dragoon Guards）和第11骠骑兵团，而皇家骑炮兵团L炮兵连则装备了6门13磅炮的火炮。

破晓时分，四周笼罩着灰蒙蒙的浓雾，第1骑兵旅离开的时间也推迟了一个小时。与此同时，骑炮兵连忙着常规工作。雾霭消散了一些，村子东面现出一条很深的溪谷，溪谷的另一面是一片高原，俯瞰着整个区域。突然，第11骠骑兵团的巡逻兵飞奔回来，报告在高原上发现敌军大量骑兵。几乎在下一秒钟，村子和周围的露营地便被持续的大炮、机枪和步枪的火力扫射，伤亡无数，一片混乱。

敌军是德军的第4骑兵师。和平常一样，这个师的编制包括三个骑炮兵连，每个连装备了4门火炮。因此，英军L骑炮兵连寡不敌众。很快，它的火炮就只剩3门了，接着还只剩1门。就是这1门火炮，却由志愿分遣队和弹药兵继续撑着射击了一个多小时，直到他们几乎全部负伤或阵亡。大约到了早晨7点30分，这门13磅火炮在发射了最后一发炮弹后，终于沉寂了下来。

就在那一刻，人们似乎开始觉得，这些志愿分遣队员无比英勇的付出白费了。但接着，整个局势却发生了改变。德军利用火炮对付L骑炮兵连，是犯了严重的错误，因为他们的骑兵在没有炮兵支持的情况下，不愿发起进攻。现在，这些骑兵被C. J. 布里格斯的骑兵快速而精准的射击所牵制，很多人的战马要么脱缰逃走，要么被杀死或杀伤。此外，英军第 5 近卫龙骑兵团设法绕到了德军的右翼，下马发起了进攻。这一切还在进行的时候，最后一缕雾霭也消散了，可以看到 C. J. 布里格斯先前请求的援军正向战场逼近。援军由第 4 骑兵旅、皇家骑炮兵团 I 炮兵连和第 4 师的几个步兵营组成，其中皇家骑炮兵团 I 炮兵连立即开始了火力攻击。

那一刻，德军第 4 骑兵师师长的脑海里闪过了什么念头，人们只能猜测了。但是，可以确定的是，他绝不打算奋战到底，因为他下令立即撤军。撤军毫无秩序，很快发展成惊慌、仓促的逃亡。第 4 骑兵师的 8 门火炮被原地丢弃。虽然剩下 4 门火炮被装上拖车或拉走了，但后来却被人在树林中发现。它们孤零零地躺在那儿，显然是多余的。英军第 11 骠骑兵团赶拢了足够的马匹，对敌人发起追击，又带回 78 名俘虏。德军的第 4 骑兵师四处分散在这片长满树木的几英里的旷野上，作为一个战斗编队已经不存在了。直到 9 月 4 日，它才重新集结，但即便集结后，它也被认为不再适于承担战斗职责。冯·克鲁克在回忆录中提到，德军第 4 骑兵师为了追上英国远征军而强行军了 26 个小时，但他对随后行动的看法却只能用一个词来表达，那就是"臭名昭著"。

这些事件的最终结果是，盟军由于空中侦察而对德军第 1 集团军的位置和动向一清二楚，冯·克鲁克则因为第 4 骑兵师持续多日的出局，而在这段时期内对英国远征军的踪迹只有一个最为模糊的概念。确实，战争的迷雾给很多人都带来了麻烦。9 月 3 日，毛奇向冯·克鲁克下达了新的命令，指示他带领部队作为冯·比洛第 2 集团军的侧卫行动。显然，毛奇还不知道冯·克鲁克仍在赶着手下急行军，因此第 1 集团军的行进步伐已经比第 2 集团军向南快了两日的距离。如果毛奇意图让冯·比洛的第 2 集团军成为德军进攻的先头部队，那么冯·克鲁克的第 1 集团军就必须在这段时间内停止行进。冯·克鲁克没办法与毛奇直接取得联系，因此将毛奇的命令理解为要将法军赶到巴黎东南，而他的第 1 集团军正适于这个目标。因此，冯·克鲁克继续向东南方向行进，渡过巴黎东南的马恩河。显然，冯·克鲁克对自己右翼门户大开的事实一无所知。

9 月 5 日，约瑟夫·霞飞开启了反攻。莫努里的第 6 集团军在巴黎军政长官约瑟夫·加利埃尼（Joseph Gallieni）的临时指挥下，从巴黎出发，朝东向乌尔克河（Ourcq）挺进。在那里，冯·克鲁克的右翼正门户大开。对这位第 1 集团军的统帅而言，幸运的是，指挥他右翼军的汉斯·冯·格罗瑙（Hans von Gronau）挽救了局面。冯·克鲁克却固执地认为，冯·格罗瑙面对的只不过是一次破坏性进攻，但他还是派去了另一个军去支援冯·格罗瑙。现在，莫努里重新执掌了第 6 集团军的指挥权，乌尔克河之战激烈持续了两日。直到那时，冯·克鲁克才意识到法军明显动真格儿了，他陷入了极其危险的境地。他重新渡过马恩河，将正面调转向西，发起一系列疯狂的反攻，迫使莫努里在 9 月 7 日转入防守。加利埃尼急忙利用"出租车队"（确实，凡是能找到的其他机动车辆也全都派上了用场）将援兵送到前线，这才稳定住局势，最终阻滞了冯·克鲁克的反攻。

与此同时，冯·比洛继续向东南方向挺进，结果在他与冯·克鲁克之间拉开了一片 30 英里的缺口。缺口很快便被法军的空中侦察人员发现，立即为约瑟夫·霞飞所利用。英国远征军和现在由弗朗彻·德斯佩雷指挥的第 5 集团军干脆利索地调转方向，开始向北朝这片缺口挺进，其中第 5 集团军的部分兵力被冯·比洛的右翼在小莫兰河（Petit Morin river）打了回去。尽管他们很疲惫，但持续的撤退转为进攻性的进军反而提振了士气。一般而言，英军看不上他们的盟军，但却发现他们实际上挺喜欢弗朗彻·德斯佩雷。弗朗彻·德斯佩雷打了胜仗、有一定风格，而且他的名字"Franchet d'Espèrey"听起来又特别像"Frankie Desperate"。于是，他们很快改称他为"玩命的法兰克人"（Desperate Frankie），以示对他的赞许。

同时，战斗沿着整个战线发展为全面战争。毛奇的各集团军所获无几，实际上还丢了一些先前占领的地区，他的指挥部也持续不断地收到令人沮丧的报告。9月8日，毛奇派出他的一名参谋军官里夏德·海因奇（Richard Hentsch）中校，乘车察看整个战线，一路造访各集团军指挥部，并独立评估战争形势。对于一名中级职衔的军官而言，这项任务责任重大，但海因奇显然很受他上司的信任。9月9日，海因奇抵达第2集团军的指挥部，获悉弗朗彻·德斯佩雷绕过了第1集团军的右翼。比洛忧心忡忡，情绪低落，遂命令第2集团军撤退，获得了海因奇的默许。同一日，海因奇继续赶路，抵达第1集团军的指挥部，这里的氛围因为局部胜利而更为乐观。然而，海因奇了解英国远征军正按部就班地朝第1、第2集团军之间的缺口挺进，逼近着第1集团军的后方。于是，他全权代表毛奇，命令冯·克鲁克随第2集团军撤军。毛奇获悉了上述形势后，向德军所有集团军下达了撤到努瓦永（Noyon）—凡尔登一线的总命令。

这不仅标志着马恩河战役的结束和盟军的重大战略胜利，也标志着"施里芬计划"的失败。"施里芬计划"失败的原因有多个，其中最重要的原因在于，该计划远征的距离太长，对行军士兵和后勤服务的要求太高，而毛奇以右翼为代价来支援左翼，与"施里芬计划"的意图背道而驰，导致右翼在关键时刻兵力薄弱，而且巴黎本身也给计划好的部署造成了巨大障碍。三个星期的战斗给双方带来了前所未有的惨重损失，伤亡、被俘人数达到了约 50 万人。在失败带来的震惊之中，德国军事高层得出了一个迟来的结论：无论姓氏多么显贵杰出，也无法保证战争的胜利。9 月 14 日，毛奇被免职，埃里希·冯·法尔肯海因接替了他的职位。

德军用了五天时间，高效地撤到了埃纳河（Aisne）以北的高地，撤军完成后，他们开始巩固阵地。盟军紧随其后，但他们的进攻没能突破这些野战防御工事。两支集团军的北翼都还敞开着。于是，9 月 15 日至 11 月 24 日，由于双方都试图迂回包围对方，他们便竞相向北挺进，直到抵达北海海岸。这场竞争后来也被称为"竞相向大海进军"（The Race to the Sea）。

这一阶段战争的决定性战斗被称为"第一次伊普尔战役"（First Battle of Ypres），实际上是由英国远征军和德军第 4、6 集团军之间展开的殊死搏斗。其中，英国远征军不仅由第 1、2、3 和第 4 军组成，还拥有一个骑兵军和一支印度军分遣部队，并得到了现负责伊普尔镇周围的突出阵地防守任务的法军第 11、16 军的支援。德军第 4、6 集团军则分别由符腾堡公爵阿尔伯特和巴伐利亚王储鲁珀特指挥。法尔肯海因再三叮嘱两位集团军统帅，这是最后一次突破到英吉利海峡港口的机会，占领海峡港口至关重要，可以令英国远征军从战争中出局。为此，他们必须不惜任何代价，保证进攻成功。为此，他们的部队由一个不同寻常的组合组成：一部分是新征募的预备军，由爱国热情高涨的年轻的理想主义者组成，其中大学生占了很高的比例；另一部分是大量的近卫军的团。前者不会因为"施里芬计划"的失败导致巨大的牺牲付之一炬而感到愤世嫉俗，也不会因这样的经历而心生畏惧；后者的铁纪则会帮助他们渡过难关，就像曾经在圣普里瓦帮助他们的那样。

　　第一次伊普尔战役从 10 月 18 日持续到 11 月 24 日。德军疯狂进攻，将英国远征军逼到了极限。防守阵线的是依靠召回的预备役军人支援的不断萎缩的步兵营，他们是第一批抵达前线的英国本土防卫义勇军分队（Territorial units），以及与步兵一样守着战壕的骑兵。局部的形势变得如此危急，以至于厨师、办事员、司机和指挥部的人员临时拼凑的编队，在千钧一发之际冲进阵线，才阻挡住德军使之没能突破阵线。

　　然而，德军的情况更为糟糕。年轻的志愿者热情高涨，以密集阵形欣然迈步向前，进攻敌军，结果却在杀伤爆破弹的轰炸中、从前面几乎看不清的战壕中射来的枪林弹雨中和在他们头顶落下的飞溅的弹片中，纷纷倒下，再也没有站起来。他们一下子就明白过来，这不是什么探险游玩。当伤亡名单在他们的家乡张贴时，这些年轻人的阵亡也被控诉为"对天真者的大屠杀"（The Massacre of the Innocents）。

　　11 月 11 日，普鲁士近卫军的数个团发起了最后一次突破盟军阵线的疯狂进攻。温克勒尔（Winckler）少将的近卫军师下属的四个团在梅嫩（Menin）公路两侧排成列前进，每个团的三个营依次部署成纵队。在英军第 3 师等候的士兵看来，他们"像鬼魂一样"出现在晨雾中，正步前进的姿态更加强化了这种令人毛骨悚然的不真实之感。他们的正步有一种令人震惊的逞强感在里边，将带来极为可怕的后果。有些人怀疑他们看到的不是真的，但是可靠的报告中提到，他们"像自动装置一样"前进。第 4 近卫军掷弹兵团的军官和士兵因倒下的人数太多而加快了步速。在这掷弹兵就要发起最后进攻的紧要关头，英国皇家炮兵的一名前方观察官大惊失色地发现，与炮兵联系的电话线被炮火切断了。他赶紧往回跑，一直跑到断线那里，接着便命令炮兵持续发射榴霰弹。灰色制服的德军阵线摇摆了，停下了，接着就崩溃了，逃窜了。

第 2 近卫军掷弹兵团将公路作为中央阵线，这恰好也是英军第 4 皇家燧发枪团和法军第 4 轻步兵团的分界线。令德军吃惊的是，他们发现英军和法军的前沿战壕被放弃了。这实际上是战斗开始时，敌军发射掩护炮火期间，己方的标准做法。当德军越过了前沿战壕时，他们便遇到了战壕之前的主人，这些人正冲过来重新占领战壕线。德军将他们打退，赶到了维尔德霍克（Veldhoek）村外的树林里。掷弹兵团的先头营冲进树林，但是被来自数个英军团的分遣队包围，有的被杀，有的被俘。盟军虽然重新夺回了辅助战壕，但最初的前沿战壕线仍然被德军所控制。

在附近，第 1 近卫步兵团明智地快步前进发起进攻，碾压过防守薄弱的散兵壕，击溃了防守这一区域的三个兵力不足的营。有那么一刻，他们仿佛能一路杀到伊普尔，将进攻也引到了维尔德霍克与波利贡森林（Polygon Wood）之间。在他们右侧的是第 3 近卫步兵团，后者以为森林里的敌军已经被第 54 预备师赶走了，便开始行动。然而，事实并非如此，所以当该团从森林边缘经过时，便遭到了躲在林间射击掩体里的第 1 国王团的步兵一阵扫射。第 3 近卫步兵团针对这个森林的部署距离只有 50 码，在这个位置全被打崩溃了。第 1 近卫步兵团已经停下步伐，观察进攻波利贡森林的进展，突然遭到守卫前边据点的两支小的分遣队的火力攻击。英军炮兵从荷格（Hooge）发射的炮弹开始落在第 1 近卫炮兵团的队伍中。他们被打散，为了躲避炮火而躲进了波利贡森林与梅嫩公路之间的修女森林（Nonne Boschen）。德军的火炮朝着维尔德霍克与波利贡森林轰炸，步枪和机枪的咔嗒射击声也没有停下。渐渐地，战场恢复寂静，飘在空中的硝烟也淡了。第 1 国王团在波利贡森林的射击掩体里似乎看到敌军在组织新的进攻。但是，奇怪的是，身着灰色制服的德军沉默无声，没有一人行动。这时，一阵强风吹来，吹走了一大片硝烟，可以看见第 3 近卫步兵团为了往林子里进攻而整队的地方，尸体已经堆成了一座小山。整个第 3 近卫步兵团，就只剩下包括一两名军官在内的屈指可数的掉队者和一个没有参加战斗的预备营了。第 1 近卫步兵团只在修女森林集结了 900 士兵，所有的军官几乎全阵亡了。

随着盟军白天早些时候丢失的阵地被收回，第一次伊普尔战役也结束了。英国远征军死伤 58155 人，法军伤亡 5 万人，德军的伤亡达到了惊人的 13 万人。德皇威廉二世极力否认曾称英国远征军为 "不值一提的小军队"（a contemptible little army），这个名号后来就被这支军队的幸存者骄傲地戴在了头上。他们不仅互称 "不值一提的老兵"（The Old Contemptibles），而且这个称呼在全世界都叫得响亮。当前，他们如俗语所说，已经 "精疲力竭" 了，但很多伤员将回国训练英国国内正在组建的大规模的公民军队。第一次伊普尔战役战败后，德皇威廉二世在对他的将军们歇斯底里地发飙时的确说过，英国人是 "垃圾，是没用的对手，根本不配德国士兵的钢枪来消灭！" 帝国皇家陆军的精英、普鲁士近卫军的那几个团一定不会同意这位特殊的非战斗人员的评价。

未来的将军海因茨·古德里安（Heinz Guderian）最广为人知的一句话是 "只有行动能带来胜利"。就西线而言，接下来的三年时间里都不会有任何进一步的重要行动。相反，敌对双方在围攻条件下对阵，每一方都希望获得突破，恢复战场行动。即便能攻下一些阵地，也要付出无数生命的代价，而且将攻占转化为重大的突破也绝无可能。主要的原因在于，即便越过一道战壕，占领了一两英里的阵地，进攻的一方也绝不可能用马拉着火炮越过两道战壕，因为那中间是一片炮火

轰炸、带刺的铁丝网障碍密布的无人区。在进攻方突破之前，防守方
的后备力量就会冲过来，将一切存在的突破口封死。双方都提升了炮
兵的兵力和战术，直到炮兵部队成为首要的杀人机器，但除此之外，
几乎别无他用。德军还尝试了毒气，但只有在风向有利的情况下才会
取得有限的成功。1916 年 2 月 21 日，法尔肯海因认识到凡尔登作为
法军抵抗决心的象征将被守卫到最后，从而对凡尔登发起主攻，意图
消灭法军的有生力量，迫使其投降。凡尔登战役造成法军伤亡约 54.2
万人，德军伤亡约 43.4 万人。这场战役就是一场血腥、残酷、非理性
的杀人竞赛，一直激烈地持续到 12 月 18 日。

　　同时，在 6 月 24 日至 11 月 13 日期间，英军和法军对索姆河
（Somme）战区发起了一次大规模反攻。索姆河战役呈现了和凡尔登
战役一样的机械化屠杀的场景，但两者有一个重要区别，将在下一章
再进行探讨。盟军将阵线向前推进了约 8 英里，但未能取得突破。英
军伤亡 41.8 万人，法军伤亡 19.4 万人。然而，德国却蒙受了惊人的
约 65 万人的伤亡，其中战前任命的军官和军士占了很高的比例。损
失了那么多经验丰富的青年领袖是一个极其严重的问题，因为这致使
德国陆军再也不是原来的德国陆军了。常备军官团很想保持它的精英
地位。中产阶级出身的预备军官虽然人数更多，但却不具备相同的地
位。德国陆军并没有从士兵中间任命军官，而是为有前途的军士设立
了一个新的职阶，被擢升的军士被称为候补军官（Offizierstellvertreter
或 Officer Substitute）。这个职阶赋予了候补军官中尉的职责，却没赋
予他们同等的地位。

　　8 月 29 日，德国陆军在凡尔登战役和索姆河战役的损失加在一
起，使法尔肯海因丢掉了帝国军队总参谋长的职位。法尔肯海因被任
命为第 9 集团军的司令，他在罗马尼亚对德、奥宣战的前两日，成功

抵御了罗马尼亚对特兰西瓦尼亚（Transylvania）的入侵。保罗·冯·
兴登堡①将军取代法尔肯海因，成为帝国军队总参谋长。兴登堡将军和
他的副手、列日战役的英雄埃里希·鲁登道夫将军决定及时止损，在
西线采取防守战略。

---

① 保罗·冯·兴登堡（Paul von Hindenburg，1847~1934 年）：德国陆军元帅，德意志帝国军队总参
谋长，魏玛共和国的第二任总统。——译者注

WHY
THE GERMANS
LOST

THE RISE AND FALL OF THE BLACK EAGLE

第 13 章

帝国末日

在战争的第一阶段，"施里芬计划"第二大要点在于，将德军主力部署在西线，以远弱于西线的兵力防守东普鲁士，一旦取得对法国的决定性胜利，再调用西线兵力大幅支援防守东普鲁士的兵力。这样，德军就可以对俄罗斯发起总攻，而且据预测，俄罗斯在没有援助的情况下，将无法抵抗德意志帝国和奥匈帝国联合兵力的攻击。他们推测的理由是，毕竟不到十年前，俄罗斯刚在日本手下遭到耻辱大败，连舰队也被消灭了，紧接着国内便爆发了革命。虽然革命被镇压了，但国内仍暗流涌动，并且因政府的无能和严厉的压迫政策更加形势恶化了。

令所有人意想不到的是，战争爆发时，俄罗斯动员的速度竟然比预期快，这主要是因为法国的敦促。俄罗斯的两个集团军被迅速地部署到东普鲁士边境。第一支集团军在右翼，由帕维尔·伦南坎普夫（Pavel Rennenkampf）将军指挥。第二支集团军在左翼，由亚力山大·萨姆索洛夫（Aleksandr Samsonov）将军指挥。伦南坎普夫参加过日俄战争，而报道这场战争的《泰晤士报》记者将他描述为"糟糕的将领"。两位集团军司令中的萨姆索洛夫经验更为丰富。他参加过 1877~1878

年的俄土战争，也参加了日俄战争。据描述，他精力旺盛，足智多谋，但缺少战略眼光。在日俄战争期间，两位将军之间出现了严重的龃龉，互相指责对方令自己失望。这场争执太过激烈，以至于两人在满洲里火车站就动手打了起来，被人硬拉着才分开。这也是当时俄罗斯政府管理中存在的典型现状：两位官员被赋予相邻的管区，但在一方遇到麻烦时，另一方伸出援手的概率可以说是非常渺茫的。

守卫东普鲁士的任务交给了马克思·冯·普里特维茨（Max von Prittwitz）大将指挥的德军第8集团军。和大多数同时代人一样，普里特维茨参加过1866年和1870年的两次战争。其间，他的表现似乎既没有受到嘉奖，也没有招致指摘。他当前的职位得益于一件事，即他被视为俄罗斯和日本事务方面的专家。尽管如此，他容易受变动的局势影响，做决定的时候也谨小慎微。此外，关于被称为东线的战场，也存在一些特别的考虑。除了铁路，这里的交通极为不便。过了俄罗斯边境，城市和重镇以外只铺设有少数公路，其他地方一经春天和秋天的雨水浇灌，便成了一片泥泞，而到了冬天，在俄罗斯想要进行任何形式的战事，在调动兵力时都将面临极大的艰辛。俄罗斯的一位皇帝曾宣称，在为他效命的将军里边，最得力的两位便是"一月"和"二月"。这样说并非毫无来由。此外，战线也拉得非常长，所以没办法像西线那样部署连续的阵线。在重兵防守区域间的空白地带，仍然有一些可以由骑兵承担的任务，特别是侦察和急袭。这里总是缺少带刺铁丝网，尤其是俄军方面。结果，即便是在防守最完善的区域，铁丝网在纵深与密集程度方面都无法与西线相比。

1914年8月17日，在施塔卢珀嫩地区（Stalluponen），伦南坎普夫行进中的集团军中军撞上了赫尔曼·冯·弗朗索瓦（Hermann von François）中将指挥的德军第1军。弗朗索瓦是胡格诺派教徒后裔，父亲在普法战争中阵亡。普里特维茨知道萨姆索洛夫的第 2 集团军正向南行进，担心弗朗索瓦会被孤立，命令他立即撤退。弗朗索瓦思想独立，能力出众，传讯回复道："冯·弗朗索瓦将在打败俄罗斯人之时撤军。"他对伦南坎普夫发起奇袭，做到了这一点。他在造成俄军伤亡5000 人、被俘 3000 人之后，服从命令，向西撤退了约 50 英里，退到了贡宾嫩（Gumbinnen）。

尽管遭遇了挫折，伦南坎普夫还是重整军队，向贡斌嫩逼近。普里特维茨现在正处于恐慌的边缘，他担心萨姆索洛夫从南面出现，将他包围，所以本来主张再次撤军，但被弗朗索瓦说服，对伦南坎普夫发起攻击。8 月 20 日，德军发起攻击。尽管弗朗索瓦成功迫使俄军右翼后退 5 英里，但结局不分胜负。没能获取一场决定性的胜利，最终让第 8 集团军的总司令失去了镇定。普里特维茨给远在德国那头的科布伦茨的毛奇拨通电话，通知毛奇他正撤往防御工事充分的维斯瓦河（Vistula）一线，并请求派出充足的援军，让他可以守住沿河阵线。

毛奇震惊了，这样的行动方案意味着要放弃东普鲁士，这是片刻也不能容忍的。普里特维茨被就地免职，接替他的是退休后又被请出山的、年迈的保罗·冯·兴登堡将军。兴登堡将军身形健硕，剪着短发，一眼就知是典型的容克[①]，绝对不会让人看走眼。的确，他复出的主要原因，也是因为他对德国东北部这片角落的细致了解。德军为他配备了列日战役的英雄埃里希·鲁登道夫将军做他的参谋长。鲁登道夫将军知道，俄罗斯的两个集团军是按照分叉轴线的路线行进的，而他的计划正是将萨姆索洛夫的第 2 集团军彻底歼灭。他会单独留一支骑兵师，盯住伦南坎普夫的第 1 集团军，同时利用德国边境铁路系统和征集的公路运输，将弗朗索瓦的第 1 军运送到萨姆索洛夫第 2 集团

---

① 容克（Junker），指以普鲁士为代表的德意志东部地区的贵族地主。——编者注

军以南的位置，而第 8 集团军的其余兵力则从北面过来，从多个方向痛击萨姆索洛夫的第 2 集团军。

德军拥有一个重要优势，因为他们的敌人，上至俄罗斯西北方面军总司令雅科夫·日林斯基（Yakov Zhilinski），下到为伦南坎普夫和萨姆索洛夫工作的无线电报员，都是通过明文传输来进行通信的。德军在保密工作中也会犯这种愚蠢的过失，但绝没有俄军那么严重。事实上，德军对俄罗斯兵团的位置、动向和他们总体的意图都一清二楚。

普里特维茨一离开，第 8 集团军的高级作战参谋马克斯·霍夫曼（Max Hoffmann）中校就开始为摧毁萨姆索洛夫准备起自己的计划。霍夫曼是个圆脸，戴着夹鼻眼镜，看起来更像个银行家，而不是行动派。然而，他却是德军中思想最敏锐的人之一。8 月 23 日，兴登堡和鲁登道夫抵达第 8 集团军位于马林堡（Marienburg）的指挥部，霍夫曼向二人呈报了行动计划。由于该行动计划在所有重要方面都与鲁登道夫的相吻合，体现了德军总参谋部面对类似不利局势时统一的思想过程，兴登堡未做任何更改就批准了计划。这份计划是非常明确的对"歼灭战思想"原则的应用。

伦南坎普夫对守在他对面阵线的德军正变得越来越稀少这一问题似乎既没有察觉，也毫不关心。德军第 1、第 17 军和第 1 预备军，再加上一个骑兵旅，悄无声息地向南撤走了。就这样一直到 8 月 27 日，与伦南坎普夫对阵的就只剩下两个骑兵旅。对于萨姆索洛夫而言，更糟的是，他作战的区域几乎就是由一片片湖泊和一块块林地组成的迷宫，妨碍了他对集团军进行战术部署。

8 月 26 日，萨姆索洛夫的先遣部队遭遇德军第 20 军的前哨。在接下来的两天里，俄军加强火力，迫使第 20 军退到坦能堡（Tannenberg）。这一表面的胜利掩盖了萨姆索洛夫的五个军正一头钻入口袋的事实，因为截至目前，德军第1军已经在吉尔根堡（Gilgenburg）附近的右翼摆好梯阵，第20军和第3预备师驻扎在坦能堡，一个后备役师位于奥斯特多德（Osterdode），第17军和第1预备军则部署在阿伦施泰因（Allenstein）的东北部。在后方西北方面军的指挥部，日林斯基的地图桌揭示了第2集团军现在已经被置于极度危险的境地。这位方面军总司令命令伦南坎普夫前往援助萨姆索洛夫，但伦南坎普夫无意于解救他的老对头，只是做做样子而已。

8月28日，兴登堡发起攻击。他先对俄军左翼声东击西，然后用第17军和第1预备军猛攻阿伦施泰因东面的俄军右翼。俄军的两个军和第2集团军的指挥部一起，被赶进坦能堡森林。令萨姆索洛夫恐慌的是，他意识到德军已经渗透进他的集团军和伦南坎普夫的集团军之间的地区。他被困在这片树木繁茂、湖泊和沼泽密布、几乎没有路的旷野，即便在内部通信能够工作的情况下，也不可能令各部协作对敌做出回应，更何况现在内部通信也断掉了。组织混乱、领导不力，萨姆索洛夫的部队简直是在被进击的德军撵着走，成群结队地向德军投降。

到了8月30日，这个陷阱唯一剩下的出口是一条通往奥特尔斯堡（Ortelsburg）的狭窄堤道。那些但凡能逃走的俄军士兵，成群而混乱地沿着堤道鱼贯而行。萨姆索洛夫和集团军剩下的兵力被困在了这片由树林、沼泽和宽广的湖泊组成的区域。炮兵部队的军官想把火炮从车轴深的淤泥中拖出来，但不得不放弃。第二天，这出悲剧走向了结局。萨姆索洛夫在深深的绝望中走出指挥部，来到树林里，结束了自己的生命。他的集团军中，只有五分之一的人沿着铁道线七零八落地逃到了奥特尔斯堡。俄军的伤亡达到了约12万人，包括被俘9.2万人，被缴获的武器装备有大约300门火炮、大量的机枪以及奥特尔斯堡—阿伦施泰因铁道线上的火车里装载的运输汽车和补给。德军第8

集团军伤亡约 1.5 万人。在霍夫曼的建议下，这场战斗被命名为坦能堡战役，以抹去 1410 年同名的一场战役中条顿骑士团的惨败所带来的痛苦回忆。

8 月 31 日，伦南坎普夫被命令固守阵地。在这种形势下，这样的命令无异于自取灭亡。第 1 集团军的司令伦南坎普夫考虑到兵力广为分散，选择无视这一命令，放弃了占领柯尼斯堡的野心，发起了让左翼驻扎在安格堡（Angerburg）、向着马祖里湖区（Masurian Lakes）的撤退行动。

到了 9 月 2 日，在得到刚从西线过来的近卫预备军和第 11 军的支援后，德军第 8 集团军的兵力已经超过了敌军。在围捕了萨姆索洛夫败军的最后一批逃亡者，将他们送往战俘营后，兴登堡可以开展下一阶段的行动了，即追击并消灭敌人的第 1 集团军。兴登堡意图绕过伦南坎普夫的南翼。带着这样的目的，他将第 1、第 17 军派遣到马祖里湖区中心点附近的区域，将第 3 预备师派遣到更南面的利奇（Lych）。利奇距离伦南坎普夫的阵线最南端约 30 英里。

9 月 9 日，德军开始进攻。镇守阵线北端的俄军兵团被赶出阵地，但他们的撤退井然有序。然而，在南面，白天的战斗导致第 17 军的左翼被俄军迂回。幸运的是，弗朗索瓦的第 1 军赶来救援，结果在这次交锋中，失败的反而是俄军。与此同时，在利奇附近，第 3 预备师与俄军第 22 军激烈战斗，迫使对方向东南后撤。第 22 军军长向伦南坎普夫发信号，报告说他除了撤退，别无选择。在北面，集团军司令伦南坎普夫投入反攻，迫使德军第 20 军后退数英里。他希望借此争取时间，恢复阵线。但是，这一点要令他失望了，因为德军在南北两面渗透敌军的部队还在继续进军。目前取得胜利的俄军意识到他们面临被包围的危险后，便仓皇进行了撤退。

到了 9 月 11 日，俄军被逼退到因斯特堡—安格堡一线，但这条阵线的南端持续遭受压力，已经开始折弯得像鱼钩一般。伦南坎普夫意识到他就要陷入被侧翼包围的危险境地，便下令在一支强大的后卫部队的掩护下，全面撤退到俄罗斯边境。这支集团军的其余兵力通过强行军而逃脱了包围，让兴登堡失掉了一场完胜。兴登堡发现前边的道路上空荡荡的，只散落着丢弃的武器装备，便命令两翼的军队将行进速度增加到了体能的极限，但是在听到俄军反攻的危言耸听的谣言后，也不得临时停了下来。等到他们恢复追击时，俄军已经领先他们半天的距离，在 9 月 12 日经过贡宾嫩，第二天经过了施塔卢珀嫩。没多久，俄军便越过国界，在边防线安定下来。

伦南坎普夫也许会如释重负，以为自己至少将不少士兵带了回来，但事实上，他的第 1 集团军几乎不存在了。第 1 集团军伤亡 12.5 万人，另有 4.5 万人被俘，损失 150 门火炮。德军的损失为伤亡 4 万人。第 1、第 2 集团军是俄军装备最为精良的部队。自它们被消灭，俄军便再也没有真正恢复元气。这次的双重灾难致使日林斯基被立即免职，还造成了盟军对俄军的信任危机。

1914 年的秋天见证了东线总司令部（Ober Ost）的创立。东线总司令部是"德军东线总司令部地区"（Oberbefehlshaber der gesamten Deutschen Streitkrafte im Osten）的简称，或称"德意志帝国军事占领区当局"（Military Occupation Authority of the German Empire）。东线总司令部的第一任总司令是新近擢升的陆军元帅保罗·冯·兴登堡，兴登堡仍留用埃里希·鲁登道夫做他的参谋长。东线总司令部不仅指战地指挥官，还指他的拥有统治权的参谋部以及他们常以一定程度的高压政策控制的军占区。

1915 年初，兴登堡便带着一份进攻计划去拜见时任德军总参谋长的法尔肯海因。通过这份进攻计划，德军将进军到维斯瓦河的另一边，有希望削弱俄军持续战斗的能力。法尔肯海因虽然认为战争的成败只会取决于西线，但最终还是批准了兴登堡的行动。奥托·冯·比洛将军麾下的第 8 集团军和赫尔曼·冯·艾希霍恩 [1] 中将麾下的第 10 集团军，将对马祖里湖区发起北部的进攻；在南部，亚历山大·冯·林辛根（Alexander von Linsingen）将军麾下的奥匈帝国南方集团军将通过喀尔巴阡山脉袭击伦贝格（Lemberg）；博罗埃维奇·冯·波伊纳（Borojevic von Bojna）将军麾下的奥地利第 3 集团军解救被围困的普热梅希尔（Przemysl）要塞，卡尔·冯·弗朗泽-巴尔丁（Karl von Pflanzer-Baltin）将军麾下的奥地利第 7 集团军则朝切尔诺维茨（Czernowitz）进攻。

在北部，兴登堡在马祖里湖区面对的是男爵撒迪厄斯·冯·西弗斯（Thadeus von Siever）将军指挥的第 10 集团军。1915 年 2 月 7 日，在一场遮天蔽日的暴风雪中，该集团军遭到了冯·比洛第 8 集团军的奇袭。俄军遭受重创，在混乱的持续一周的大撤退中，被往回赶了大约 70 英里。在此期间，布尔加科夫（Bulgakov）将军的第 20 军被艾希霍恩的德军第 10 集团军在奥古斯图夫森林（Augustow Forest）包围。第 20 军一直顽强抵抗到 2 月 21 日。当时，该军在弹尽粮绝的情况下，只得投降。然而，第 20 军的抵抗争取到了宝贵的时间，让俄军第 10 集团军得以重整队伍，建立新的防守阵地。第二天，帕维尔·普列维（Pavel Plehve）将军新组建的第 12 集团军发起了反攻，阻止了德军的前进，结束了被称为"第二次马祖里湖战役"的战斗。

---

[1] 赫尔曼·冯·艾希霍恩（Hermann von Eichhorn, 1848~1918 年）：德意志第二帝国陆军元帅，"一战"前曾长期在德军东线总司令部任职。1915 年 1 月出任新组建的第 10 集团军司令，参加了第二次马祖里湖战役（1915 年 1 月）和攻打考那斯（1915 年 8 月）、维尔诺（1915 年 9 月）的战役，随后一直在东线北部作战。1916 年晋升为艾希霍恩集团军群总司令，1917 年 12 月被德皇擢升为陆军元帅。——译者注

　　此役，德军伤亡 16200 人。俄军损失包括伤亡、失踪 5.6 万人，被俘约 10 万人，并被缴获大量的火炮与装备。在南部，德军和奥军的进展就不那么顺利了。冰雪封路，天气严寒，林辛根没能突破喀尔巴阡山脉。博罗埃维奇·冯·波伊纳也没能为普热梅希尔解围。第二个月，普热梅希尔便投降了。不过，弗朗泽 - 巴尔丁攻占了切尔诺维茨，抓获 6 万俘虏，之后才被俄军的反攻所阻止。

　　德军和奥匈联军的伙伴关系也不是那么一帆风顺。正如一位德军军官不友善地评论道，奥匈联军华尔兹也许跳得不错，但他们天生只会打败仗。问题的主要原因仍在于，这是一支来自中欧和东欧的哈布斯堡帝国的多民族、多语言混合的军队，只有奥地利本国的日耳曼民族的忠诚度是可以依赖的。从帝国一个地方征募的应征士兵将被分配到另一个很遥远的地方。否则，当战争爆发，他们很可能面临不得不与邻国的亲属兵戎相见的局面。他们中间，很少有人有意为哈布斯堡家族而战，尤其是捷克人，只要有可能，他们往往就会大批地当逃兵。此外，奥军对行动守时的观念也与德军不同。奥军对德军的看法是，德军的指挥官傲慢自大，对奥匈帝国面临的问题缺乏了解。

　　迄今为止，被称为同盟国（Central Powers）的德奥同盟虽然在东线赢了一些战役，却未真正打赢一场大战。然而，这样的局面就要改变了。在德国本土，兴登堡的几场胜利赢得了广泛的赞誉，而西线毫无进展却基本上无人关心。德皇威廉二世决定好好利用这一点。威廉二世为法尔肯海因分配了援军，指示他直接指挥东线德军。兴登堡的集团军群将在华沙以北持续向俄军施压，而奥古斯特·冯·马肯森（August von Mackensen）将军麾下新组建的德军第 11 集团军将进一步向南进军，于塔尔努夫（Tarnow）和戈尔利采（Gorlice）之间的地区，在奥地利的支援下发起攻势。

　　这次行动于 5 月 2 日开始，以持续四小时的轰炸为开端，对于这次行动，同盟国投入了优势兵力。俄军第 3 集团军长 28 英里的阵线被撕裂，包含了俄属波兰（Russian Poland）和加利西亚地区（Galicia）大部分领地的广阔突出阵地的南部边界也开始出现突破口。6 月 3 日，普热梅希尔重新被德军占领。6 月 22 日，伦贝格被攻占。6 月 23 日至 27 日的这段时间，德涅斯特河（River Dniestre）上的几座桥头堡被拿下。

　　这些胜利虽然令人欢欣，但与接下来的胜利相比，还只是小巫见大巫。7 月，德军另一支新组建的集团军，马克思·冯·盖尔维茨（Max von Gallwitz）麾下的第 12 集团军，突破了波兰突出阵地的北部边界，朝华沙进军。8 月 4 日至 7 日，俄军放弃了华沙。突出阵地内的整个俄军阵线开始瓦解。到了 8 月 18 日，阵线部分地段的俄军已经被赶退到布格河（river Bug）。在德军进攻路线上，俄罗斯城市接连陷落：8 月 25 日，布列斯特—里托夫斯克（Brest Litovsk）陷落；9 月 2 日，格罗德诺（Grodno）陷落；9 月 19 日，维尔纳（Vilna）陷落。这时，秋雨如注，终于阻挡住了德军惊人的 300 英里大挺进。现在，东线已经从波罗的海沿岸的里加（Riga）延伸到喀尔巴阡山脉的东端。在总司令尼古拉大公的领导下，俄军虽然一切物资都严重短缺，但却以传奇的耐力设法保持了整体性。尼古拉大公得到的"回报"，是遭到免职，被派往高加索阵线。在那里，俄罗斯正与入侵的土耳其人作战。俄罗斯帝国皇帝尼古拉二世取代尼古拉大公，亲自统领军队。事实证明，尼古拉二世虽然有总参谋长阿列克谢耶夫（Alexiev）将军的专业辅助，但他亲自统领军队也将成为俄罗斯帝国难以承受的灾难。1915 年，俄国在东线的伤亡达到了 200 万人，其中半数成为战俘，而同盟国总的损失也超过了 100 万人。

在其他战场，意大利因为奥地利在其他地区卷入战争，而抱着渔翁得利的想法，于 1915 年 5 月 23 日对奥宣战，希望获得的里雅斯特（Trieste）和特伦蒂诺（Trentino）的争议领地。对同盟国而言，现在又开辟一片战场，虽然这片战场目前在群山中还处于静态，但这也远远不能让人高兴起来，而且还需要德军为盟友提供更多的支援。1914 年，奥地利入侵塞尔维亚的一次尝试以耻辱大败而告终。但是，1915 年 10 月 6 日，塞尔维亚再次遭到奥地利、德国和宿敌保加利亚的入侵。这次侵略战争的形式是由法尔肯海因所设计，即兵分多路向塞尔维亚的心脏地带集中攻击，但指挥这支侵略军的是新擢升的陆军元帅冯·马肯森。虽然敌我兵力几乎达到了二比一的劣势，塞尔维亚人仍然顽强抵抗。他们巧妙地躲开了围击，但不得不翻过冰雪覆盖的山峦，凄惨地撤到黑山和阿尔巴尼亚。塞尔维亚蒙受的损失为伤亡 10 万人、被俘 16 万人，损失大炮 900 门。除了塞尔维亚战场，德国还为奥斯曼帝国提供了支援，尽管在规模上较小一些。

1916 年全年，同盟国在东线喜忧参半。3 月，俄军进攻纳洛克湖（Lake Naroch）地区失利，伤亡 10 万人、被俘 1 万人，而德军伤亡还不到这些数字的五分之一。然而，6 月 4 日，俄军最骁勇善战的统帅之一阿列克谢·布鲁西洛夫（Alexei Brusilov）指挥西南方面军，在 300 英里的前线发动了一次重大进攻。为了达到最大的奇袭效果，俄军事先没有集中兵力，也没有预备攻击的掩护炮火，没显示出任何准备发起重大行动的迹象，但计划却非常充分，得以将奥德阵线割裂为两地，击溃奥地利第 4、第 7 集团军，抓获 7 万俘虏，并威胁到重要铁路枢纽科韦利（Kowel）。然而，这时，俄罗斯帝国中私人恩怨与妒忌影响行动实施的一面就开始发挥作用了。体现在这件事上，布鲁西洛夫两翼的集团军群总司令似乎都不愿支援布鲁西洛夫的胜利。6 月

26 日，亚历山大·冯·林辛根的德军集团军群发起反攻，阻止了俄军
在北部战区的前进。位于帝国司令部的总参谋长阿列克谢耶夫命令布
鲁西洛夫再次进攻。7 月 28 日，布鲁西洛夫奉令再次进攻，有了更多
的斩获，直到因弹药短缺而被迫转为防守。然而，8 月 7 日，布鲁西
洛夫仍然发起了第三阶段的进攻。这次进攻，他一直打到了喀尔巴阡
山脉的山麓。但是，到了那时，他的部队已经精疲力竭。到了 9 月 20
日，进攻最终彻底没了锋芒。这次总攻，俄军伤亡 100 万人。即便是
庞大的俄罗斯帝国，这也是难以承受的。但是，奥地利的伤亡更大。
如果不是德军大规模的援军从西线战场跨越欧洲而源源不断地输送过
来，到了这年年底，奥匈帝国很可能就从战争中彻底出局了。

这次总攻还造成另一个后果，这个后果将对俄罗斯造成最不幸的
结局。罗马尼亚政府对布鲁西洛夫总攻的前期胜利印象太深了。结果，
8 月 27 日，罗马尼亚政府对德国和奥地利宣战，希望由此可以获得特
兰西瓦尼亚。罗马尼亚政府认为，罗马尼亚对特兰西瓦尼亚拥有领土
主张权。对罗马尼亚而言，不幸的是，阵线的另一边发生了许多重要
的变化。法尔肯海因在凡尔登进攻失败，被免去了帝国总参谋长的职
位。兴登堡接任这个职位，将鲁登道夫带在了身边。东线总司令部的
新司令是巴伐利亚的利奥波德亲王，马克斯·霍夫曼将军被分配给他，
做他的参谋长。这解决了统帅圈子里一个困扰已久的问题，因为霍夫
曼早就对兴登堡和鲁登道夫被授予坦能堡战役和马祖里湖战役的全部
荣誉而愤恨不已。霍夫曼认为，这两场战役之所以能取胜，是因为自
己做好了基础性工作。这些变化的结果之一，就是法尔肯海因被调任
东线德军第 9 集团军的司令，他作为一名军队指挥官的能力是毋庸置
疑的。

虽然一定有例外，但罗马尼亚军官团整体被认为是堕落、狡诈、

缺乏诚信的。然而，虽然罗马尼亚军队整体训练不足，没有经验，对于现代战争带来的冲击也毫无准备，但普通士兵却是由能吃苦耐劳的农民士兵所构成。他们适应能力强，打起仗来也斗志顽强。他们的将军却无法与法尔肯海因或马肯森相提并论。法尔肯海因率领第 9 集团军从北面逼近，而马肯森的第 3 保加利亚集团军则在德国兵团和土耳其兵团的增援下，从萨洛尼卡（Salonika）向北挺进。德军的集团军在 11 月末会师，并在 12 月 1 日至 4 日在阿尔杰什河战役（Battle of the Arges River）中重创罗马尼亚军。罗马尼亚军伤亡超过了 30 万人，其中包括很大比例的病号和逃兵，幸存者则向北逃到了俄罗斯。同盟国蒙受约 6 万人的战斗减员，因疾病而丧失战斗能力的人数也与此相当。德国的战利品则是罗马尼亚的产粮和产油区。与此同时，俄军被迫将战线向南延伸到被称为多布罗加地区（Dobruja）的区域，也就是多瑙河流入黑海形成多瑙三角洲的地区。这是俄军完全难以承受的。

因此，在东线，对于同盟国而言，1916 年是喜忧参半的一年。11 月 21 日，奥地利皇帝与匈牙利国王弗兰茨·约瑟夫（Franz Joseph）在统治长达 49 年之后去世。统治期间，他的人生充满了个人的悲剧，但他成功保持了帝国领土的完整，广受臣民爱戴。他去世后，侄孙卡尔（Karl）继位。卡尔对于摆在眼前的重任几乎没有任何准备。

结果，最先崩溃的反而是俄罗斯帝国。从战争一开始便出现的一个明显现象是，榴霰弹在士兵头顶爆炸导致无数人头部受伤。除了俄罗斯，每支一流的军队都为士兵配发了钢盔，来降低这一导致伤亡的主要原因的影响。但是，俄军士兵上战场时却仍戴着软顶帽。事实上，这只是俄罗斯各种物资短缺的表现之一。这些物资的短缺，揭示了俄罗斯帝国的资源已经接近耗尽。1917 年 3 月的头几天，食物和燃油短缺导致圣彼得堡发生暴动和罢工。当时，圣彼得堡已被改称作彼得格勒。彼得格勒的警察无力控制局势，驻军也站在暴动者一边。罗曼诺夫王朝对民众的牺牲与痛苦无能为力或无动于衷，最终导致民众愤而反抗。当俄罗斯皇帝离开战地指挥部，前往首都，希望挽回局面时，他的火车被拦下了。他被拒绝继续前进，直到他签下一份包括他继承人在内的退位书。他和直系亲属的悲剧，在第二年西伯利亚的一个地下室里的大屠杀中结束了。

彼得格勒在亚历山大·克伦斯基（Alexander Kerensky）的领导下组建了临时政府。临时政府被迫要与彼得格勒苏维埃分享权力，而它继续与同盟国战争的承诺也因苏维埃发布的"一号通令"而变得毫无意义。"一号通令"剥夺了军官的惩戒权，这造成的直接后果是，一切形式的军事权威都崩塌了，许多军官被杀。其他军官发现他们的命令没有用时，干脆卷铺盖回家了。

克伦斯基设法集结了像俄罗斯第7、第11集团军这样仍能够发起攻击行动的兵力。7月1日，在布鲁西洛夫的指挥下，第7、第11集团军向伦贝格方向发起了新的攻势，将伯爵费利克斯·冯·博特默尔（Felix von Bothmer）将军麾下成分混杂的德奥土南方集团军（German-Austrian-Turkish South Army）在100英里宽的阵线上向后逼退了30英里。布鲁西洛夫两翼的辅助行动重创了两支奥地利集团军。但是，到了7月5日，俄军中间产生了做得已经足够好的自满情绪，纪律也只在维持防御性任务时有效。7月19日，霍夫曼带着从西线抽调的兵力发起反攻。俄军的集团军一支接一支地土崩瓦解。到最后，普里皮亚特沼泽以南已经没有一支集团军驻留了。随后，德军仅仅因为后勤物资和后备力量不足，才停止了进军。

正是在这一时期，德军发展出了打破堑壕战僵局的战术。这套战术的创始者是奥斯卡·冯·胡蒂尔[①]将军。在这场大战的前几个月，他先是指挥一个师在法国作战，后于 1915 年作为第 10 集团军下的一位军长，被调到东线作战，在接下来的两年期间，参与了对俄罗斯统治下的波兰和立陶宛的征服。1917 年，胡蒂尔被任命为部署在波罗的海沿岸里加的德军第 8 集团军的总司令。这里，克列姆博夫斯基（Klembovsky）指挥的俄罗斯第 12 集团军把守着一座位于德维纳河（Dvina）西岸沿岸的桥头堡。胡蒂尔打算消除这座桥头堡，攻占里加，然后再进军彼得格勒。克列姆博夫斯基知道自己将面临敌军的进攻，但他认为，胡蒂尔会先除掉桥头堡，再尝试渡河。因此，克列姆博夫斯将更可依赖的兵力部署在桥头堡，令战斗力存疑的几个杂牌师守沿河阵线。实际上，胡蒂尔的计划恰恰与此相反。他计划强行渡河，然后向北朝岸上转向，从而将桥头堡和里加包夹起来。

胡蒂尔见识了太多这样的场面：先是长时间的掩护炮火，接着大规模步兵沿着整个阵线拉开并发起进攻，结果却只带来惨烈的伤亡。他设计了一套不同的战术，包括几个阶段。第一阶段，先进行短时间的炮火轰炸，包括大口径杀伤爆破弹和高比例的毒气弹，目的在于让把守阵线的敌军失去战斗力，而不是摧毁战壕体系。接着，用连续的炮火作掩护，利用特别遴选和训练的暴风突击队，以营为单位发起攻击，尽可能避免交锋，避开已知的强据点，从先前发现的敌军防守中的薄弱点渗透进去，目的在于攻占或摧毁敌军的指挥部和火炮控制中心。第三阶段，派出武装更为全面的分队逼近那些被暴风突击队绕过的强据点，将其摧毁。

---

① 奥斯卡·冯·胡蒂尔（Oskar von Hutier，1857~1934 年）：德国步兵上将，在战争史上主要以"胡蒂尔战术"为人所熟知。这种战术也被称为渗透战术或者暴风突击队战术，具体操作上，先实施短时间的密集炮火准备，然后以小规模战斗单位（即暴风突击队）绕过敌人的强点，渗透对方前线，打击重要目标，切断交通线，割裂防御部署之间的关系，为正面攻击创造条件。——译者注

1917 年 9 月 1 日，这套战术最先在里加战役中应用起来。德军先进行 5 小时的轰炸。按照西线的标准，这只能算是一点噪音干扰，但却足以让毒气笼罩俄军的阵地，让杀伤爆破弹吓破阵地守军的胆气，让硝烟遮蔽他们的视线。接着，德军步兵一拥而上，渡过河流。他们迅速绕过了那些仍在坚守的阵地，令剩下的守军丧失了斗志，纷纷向东逃去。不到几小时，里加就和 9000 名俄军俘虏一起落入了德军手里。不过，克列姆博夫斯基也并非庸才。他见到事态这样发展，早已将剩余兵力撤出里加，沿着海岸撤往普斯科夫（Pskov）。因此，双方伤亡人数都相对较少。作为奖励，皇帝立即召见胡蒂尔，亲自为他颁发了蓝马克斯勋章。

10 月 24 日，同样的战术又被应用了一次。这次，是冯·比洛的奥德第 14 集团军在伊松佐河（Isonzo）前线的卡波雷托（Caporetto）战区，针对意大利第 2 集团军所应用。意军总司令路易吉·卡多尔纳（Luigi Cadorna）先前便怀疑这片战区被同盟国选为了主攻目标，便指示做好纵深防御的准备。然而，他的指示遭到无视，造成了灾难性的后果。

德军的轰炸在前沿阵地爆发，扰乱了前沿阵地与后方的通信，导致意军的兵团指挥部在浓浓的硝烟笼罩中不知所措，就像他们前线的士兵被同样浓烈的硝烟包围而呛得几乎不能呼吸一样。接着，暴风突击队便冲了过来。穿着灰色制服、给人带来不祥之感的暴风突击队，成群地飞掠一般穿过毒气覆盖区，继续朝炮兵控制中心和行政指挥区域挺进。他们身后跟着大规模的兵团，消灭那些被他们绕过的中心抵抗点。正面的兵力开始溃散，因为指挥系统瘫痪而得不到指示的两侧兵力也只能跟随。很快，整个第 2 集团军都开始向后逃散，迫使它右翼的第 3 集团军也只能撤退。

　　卡多尔纳希望能够阻挡逃兵沿着塔利亚曼托河（river Tagliamente）如洪水决堤一般的逃散，但是德军的追击既迅速又无情。意军还没来得及重整溃散的队伍，德军就强行渡过了河流。甚至第 2 集团军指挥部的参谋人员，也没能利用残兵组织起统一的阵线，而沦落到和普通士兵一起逃散的地步。一直到 11 月 7 日，意军才调转方向，再次战斗，为沿着皮亚韦河（river Piave）南岸匆匆挖就的防守阵线部署了兵力。在不到 3 个星期的时间里，意军遭受了惊人的 30 万人死伤，损失火炮 2500 门，并且从最初的前线被赶回了 70 多英里的后方。如果不是紧急从西线派来的英国和法国的援军赶到，以及进攻的威力总是随着距离更远而逐渐减小这一颠扑不破的规律在起作用，从而为意军争取到了组成新阵线的时间，意大利可能就从战争中彻底出局了。

　　这里值得注意的一点，是一位名叫埃尔温·隆美尔[①]的青年军官的出场。他指挥的是一支名为"符腾堡山地营"的分遣队。在进攻开始后的 52 个小时里，隆美尔的分遣队攀登了 8000 英尺，之后又下行了 3000 英尺，并在此过程中孤立、打败或消灭了来自意军 5 个团的分队，俘虏了 150 名军官、9000 名士兵，缴获 81 门火炮和无数运输车辆。该分遣队自己的损失包括阵亡 6 人，其中 1 名军官受到了致命伤；负伤 30 人，包括 1 名军官。隆美尔对士兵要求严格，但他对自己要求更加严格。他获得了蓝马克斯勋章，并被提升为上尉。因为战后德军兵力的削减，这一军衔，他将在接下来的 13 年里，一直保留下去。

[①] 埃尔温·隆美尔（Erwin Rommel，1891~1944 年）：德国陆军元帅，世界军事史上著名的军事家、战术家、理论家，绰号"沙漠之狐""帝国之鹰"。——译者注

WHY
THE GERMANS
LOST

THE RISE AND FALL OF THE BLACK EAGLE

第 14 章

德皇退位

弗莱尔（Flers）这座村庄已经成为一片废墟。一部分德军驻守在这座村庄、其前沿阵地的战壕以及村南的德尔维尔森林（Delville Wood）里。在这部分德军看来，1916 年 9 月 15 日的清晨，预示着接下来将是晴朗的一天。地面升起的缕缕轻雾，让人们感觉到秋天就要到来了。两个半月前，看起来永远也不会结束的索姆河战役才刚刚开战。在之前于凡尔登战区参战过的人看来，这正是凡尔登战役进程的可怕的重演，尽管现在敌人换成了英国人，而不再是法国人。英军会进攻、占领德国战壕体系的一片区域。然后，德军会反攻，收复这片区域，或者反攻了也收复不了这片区域。这要视情况而定。最惨重的伤亡都是在这些反攻过程中造成的。在带领士兵进行反攻的下级军官和身经百战的常备军军士中间，伤亡尤其惨重。再然后，便是由炮击和狙击手造成的日常的稀稀疏疏但不间断的伤亡。到了夜里，士兵会被派去巡逻或偷袭敌军的战壕，有时会轮到敌人过来，通常都是为能抓到对方一个俘虏。接下来便是短暂但凶残的近身搏斗，选用的武器通常是匕首、钉刺棒和短柄斧。他们这么做，是因为不得不做。如果想活命，就得杀掉对面战壕里的人。但是，他们因为处在相同的动物般的生存环境中，因而会互相抱有同情。这里边很少会牵扯到仇恨；仇恨，只不过是平民的啤酒馆里逞能者吹牛的那套说辞罢了。他们哪里知道战争的真实面目。

那天早晨，守在弗莱尔和德尔维尔森林的士兵中，很少有人会料到，他们即将见证一种完全不同的新式战争的诞生。自从1914年末堑壕战开始，英军和法军便努力寻找能够打破这种吞噬了数以万计生命的僵持战的办法，但却没有任何真正的希望，能够取得决定性的成果。他们尝试、检验了各种想法。最终，他们设计了一种可以用装甲钢板抵御机枪和步枪火力的车辆。这种车辆可以在布满弹坑的地面通行，从敌军的带刺铁丝网障碍上碾过去，并用自带的火炮和机枪重创敌人。英国和法国各自拿出了可以实现大规模生产的设计方案。不过，英国人赢得了这场竞赛，拿出了状似菱形、穿越战壕能力更强的设计，但在穿越障碍方面的能力还有待完善。英军按照这种设计方案进行秘密生产，将这种车辆伪装成为东线生产的移动蓄水箱，或称"水箱"（tank），英文发"坦克"音。"坦克"的名称便由此而来。当时，其他建议取的名字包括"履带战车"（landship）和"移动堡垒"（mobile fort），但因为太过直白，都被否决了。将这些坦克投入战斗，要冒着巨大的压力。最终，陆军元帅道格拉斯·黑格决定，针对索姆河战区的目标先投入相对少数可部署的坦克，而不是等着可以大批投入战斗时再用。这样的决定是个错误，而且也失去了出其不意的要义。

在弗莱尔，按惯例，早晨双方先是用炮火对轰。之后，刚过5点30分不久，从德尔维尔森林方向传来持续的机枪和步枪声，中间周期性地穿插着更大型武器弹药的爆炸声。现在，整个德尔维尔森林就剩残桩断木了。从这片残桩断木中，一颗发出紧急呼救信号的火箭弹升到了空中。德军支援炮列射出的炮弹发着布匹撕裂般的声音从空中划过，接着从远处村庄和德尔维尔森林分界的山坡处传来猛烈的爆炸声。几乎看不清轰炸造成了什么样的效果，但现在战场上出现了一个新的声音。这个声音像是飞机引擎发出的一样，但声音起伏不定，不时还伴随着奇怪的咔嗒声。过了一会，这声音响过，又传来士兵举着刺刀冲向敌人的凶狠的口号声。然后，随着为数不多的逃兵从山丘上的前哨基地拼命朝村庄逃去，便出现了一阵相对的静寂。这些逃兵吓坏了，他们结结巴巴地讲着一件咄咄怪事。他们说，一个奇怪的车辆攻击了他们。那个车辆穿过他们的战壕，轧过带刺的铁丝网，用车上的好几架机枪扫射着他们的战友。他们用一切能用的武器朝它开火，却不能伤它分毫。接着，在这辆车后边的英军步兵一拥而上，他们刺刀的钢刃映射出清晨天空的红霞。他们逃了出来，但其他战友就没有那么幸运了。

　　这辆坦克是马克 I 型（Mark I）"雄性"[①]坦克，由 H. W. 莫尔蒂摩尔（H. W. Mortimore）上尉指挥。关于上尉的其他乘员的姓名，我们就不得而知了。这挺遗憾，因为他们参与了一起历史性的事件，这个事件标志着战争行为进入了新的阶段。许多年后，莫尔蒂摩尔与英国皇家坦克团原少校约翰·弗利（John Foley）探讨了这次战斗。莫尔蒂摩尔说，当时他 23 岁，他的乘员中除了一名中士比其年长一点，其他人也不过才十几岁。他补充说，虽然他们之前从没参加过战斗，但他们在这次战斗中的表现都是一流的。

　　莫尔蒂摩尔关于这次战斗的叙述被约翰·弗利记录在了他的著作《样板战争》（*The Boilerplate War*）中：

---

① 配有机枪并装备火炮的坦克为"雄性"坦克，只配有机枪而未装备火炮的为"雌性"坦克，后者火力较为逊色。——译者注

我们安全与"KOYLI"（King's Own Yorkshire Light Infantry）[①]碰面，然后朝德尔维尔森林出发。我们沿着交通壕前进，步兵跟在我的坦克后边。我看到森林边缘冒出大片火光——我认为那是机枪发出的，但当时周围一片嘈杂，我弄不清那是不是在朝我射击。

我命令其中一门6磅炮开火，但是有太多炮弹朝着目标区域落下，我不确定我们的炮弹是否有用。不过，我觉得我们肯定发挥了作用，因为接下来我就看到国王私人约克郡轻步兵团连队的士兵装上了刺刀，朝林子冲去。

我设法让坦克跨过了森林前边的一个德军战壕，用霍奇基斯重机枪朝敌人开火。防空壕里有一些德军，他们从防空壕里露出头时，我永远忘不了他们脸上惊恐的表情。就在主攻发起时刻到来之前，国王私人约克郡轻步兵团已经在林子里安全地立住阵脚。在主攻发起时刻，我命令向东前进，参加主战。于是，我们出发了，但还没走300码，我们坦克右侧的突出炮座就被炮弹直接命中。我不知道敌人的这一发炮弹是侥幸击中，还是瞄准了射中的。总之，他们打掉了我右侧的突出炮座，破坏了履带，两名乘员也因此遇难。就这样，我们被困在了这不知身在何处的地方，一个突出炮座被击毁，一条履带被破坏。不管怎样，我们还能够用一定程度的火力压迫敌人的战壕。于是，我们就这么干了。过了一会儿，我方的步兵从我们身边经过，所以我们只得停止射击，等待有人过来帮我们把坦克救回去。

----

① 指国王私人约克郡轻步兵团。——译者注

德尔维尔森林的进攻是弗莱尔村庄主攻的前奏。主攻 6 点 20 分开始，由新西兰步兵发起，新西兰步兵营的 D1 型坦克作先锋。德国一家报社的记者见证了随后的战役，他关于战役的叙述则被布莱恩·库珀（Bryan Cooper）记录在了他的两本杰作《康布雷的铁甲舰》（*The Ironclads of Cambrai*）与《第一次世界大战的坦克战》（*Tank Battles of World War I*）里：

> 当德军的前哨在晨雾中从防空壕里爬出来，伸长了脖子看着英军时，他们的血液凝固了起来。神秘的怪物从弹坑上边跨过，朝着他们爬过来。他们震惊得仿佛身边爆发了地震一般，所有人都使劲揉了揉眼睛，目光始终无法从这些庞然大物身上移开……
>
> 他们瞪大眼睛，一动不动地盯着看，好像四肢都不再听使唤。这群怪物行动缓慢，上下颠簸，左右摇晃，但它们仍然在前进。没什么能阻挡它们，似乎有一股超自然的力量在推动它们前进。战壕里有人喊"魔鬼来了！"，于是这话便像野火一样沿着阵线烧开了。
>
> 突然，火苗从这钢铁履带战车覆盖着装甲钢板的两侧喷射出来。炮弹呼啸着从我们头顶飞过，机枪扫射的声音充斥双耳。随着英军步兵从这"魔鬼"的座驾后边源源不断地涌来，这个神秘的怪物也露出了它的真面目。

这里必须强调，第一次坦克战带来的震惊、恐慌、畏惧在影响上还纯粹是局部的。在前线阵地上就位的每一名德军士兵都能看到一辆坦克，这样的景象还要经过很久才会出现。然而，虽然迄今为止，坦克的应用有限，道格拉斯·黑格还是这样点评了索姆河战役期间坦克的应用："只要坦克前进，我们就能拿下目标；坦克停滞不前，我们就久攻不下。"坦克的数量还太少，无法对战役的整体结局起到决定性作用。但是，黑格已经对坦克的价值确信不疑。他要求应该按照改良的设计，再造 1000 辆坦克。正是在这一方面，德军最高统帅部犯下了最严重的判断失误。德军的高级汽车工程师对困在德军阵线或被击毁的英军坦克进行了仔细的检查，他们得出的结论是，坦克造价高昂，而且包含数不清的机械缺陷，并不可靠。在当前条件下，他们建议，德国陆军不应发起坦克制造计划。这样的结论没有注意到一个可能性，即英国和法国的设计师对这些缺陷是充分认识到了的，而且他们已经在下一代坦克的设计中设法消除这些缺陷。实际上，下一代的坦克即将被制造出来。

索姆河战役被近卫军预备役师的一名军官描述为"德军的泥泞坟场"，通常被认为结束于 1916 年 11 月 18 日。这场战役中，英军伤亡 41.8 万人，法军伤亡 19.4 万人，德军伤亡 65 万人。1917 年 2 月，德军放弃了剩余的阵地，后退约 20 英里，撤到了更坚固的兴登堡防线之后。就防守的人力资源而言，兴登堡防线也更为节省。

1917 年 4 月 9 日，英国第 1、第 3 集团军分别由 H. S. 霍恩（H. S. Horne）与埃德蒙·艾伦比（Edmund Allenby）爵士两位将军指挥，在猛烈轰炸和毒气攻击之后，他们对阿拉斯（Arras）战区发起进攻。第一天，加拿大军队攻占了维米岭（Vimy Ridge），但之后进攻的速度便慢了下来。4 月 15 日，进攻最终停止。阿拉斯战役期间，英军伤亡 8.4 万人，德军伤亡约 7.5 万人。这场战役原本是法军大规模进攻的初步阶段，后来被以罗贝尔·尼维尔（Robert Nivelle）将军的名字命名。罗贝尔·尼维尔将军是个好夸大其词的人，他声称自己的战术掌握着打赢堑壕战的关键。他还愚蠢地当众放言，承诺将拿下这场主攻的胜利。罗贝尔·尼维尔将军的主攻于 4 月 16 日开始，但很快便沦为一场灾难性的溃败。五天后，进攻彻底结束，法军伤亡近 12 万人。德军虽然有 2.1 万人被俘，但整体损失要小得多。

法军在早期的一些战役中损失就较为惨重。法军士兵在承受了那么多之后，又遇到这胜仗的空头承诺，他们再也无法忍受了。从 4 月 29 日开始，哗变沿着阵线爆发开来。士兵能做到的最大限度是，当受到攻击时，他们会坚守阵地；但是就当前而言，进一步的进攻行动都是绝不可能的。哗变的规模之大，令政府极为震动。于是，政府命亨利·贝当（Henri Pétain）将军取代罗贝尔·尼维尔。亨利·贝当会理解人、有策略、性格坚决、处事公平，渐渐地成功劝服了士兵。到了 5 月 20 日，哗变结束。令人难以置信的是，多亏了法军反情报机构的效率，关于哗变的一切消息竟全被封锁了下来。

到目前为止，德军最高统帅部的最高层出现了令人意想不到的、几乎是非正式的变动。现任第一军需总监之职的鲁登道夫，成为地面作战的实际指挥官，但他会将决定报给军队统帅兴登堡审批。作为名义上的最高统帅，德皇受到尊重，实际发生的局势变化也会向他报告。但是，他对战略战术完全不通，除了日常事务，他们也很少征求他的意见。鲁登道夫直到法军的哗变几乎结束之前，对哗变都一无所知。等到他获悉消息，他的预备军已经被调到北部战区应对英军在阿拉斯的攻势了。

在英军战区，道格拉斯·黑格迫切地想在伊普尔突出阵地发起主攻。但是，他明白，在此之前，必须先将高耸的莫西尼斯山脊（Messines Ridge）拿下。英军的地道连在德军未察觉的情况下，成功将 100 万磅的高爆炸药埋在了德军在莫西尼斯山脊上的防线下边。英军对山岭进行的长时间轰炸，让防守山岭的德军相信英军并没有不同寻常的计划。接着，6 月 7 日，巨大的地雷坑引爆，将德军的阵线炸开一片巨大的突破口。在计划周详的进攻中，将军赫伯特·普卢默（Herbert Plumer）爵士的第 2 集团军蜂拥而上，以伤亡 1.7 万人的代价一举攻占德军阵地。德军的损失为伤亡 1.8 万人，另有 7500 人被俘。

　　道格拉斯·黑格的攻势于 7 月 31 日开始。这场攻势有时被称为第三次伊普尔战役，但更多地被称为帕斯尚尔战役（Battle of Passchendaele）。连年的炮火已经摧毁了战役展开的这片郊野的排水系统。所以，8 月以及之后攻势期间的暴雨一来，这整个地区就成了一片沼泽。没前进多远，人就被冲得不见踪影，坦克也没到了车顶。11 月 6 日，协约国联军占领了距离伊普尔仅七英里的帕斯尚尔山岭和村庄，这场进攻战便结束了。英军的损失包括死亡与失踪 8 万人，受伤 23 万人，被俘 1.4 万人。法军的损失包括伤亡 5 万人。德军死亡或被报告失踪 5 万人，受伤 11.3 万人，被俘 3.7 万人。从那以后，"帕斯尚尔"便成了西线堑壕战的惨烈与可怕消耗的代名词。

　　颇有意思的是，从帕斯尚尔经历中获益的英军的一个部门，是新组建的坦克军团。坦克军团的坦克本该被视为军队的宝贵资产，却被开进沼泽，这是赤裸裸的浪费。军长胡伊·埃勒斯（Hugh Elles）准将与参谋长 J. F. C. 福勒（J. F. C. Fuller）少校自然对此感到愤怒。他们向高层强烈建议，坦克军团应该被允许在良好、坚实的路况集体作战，从而展现军团可以达到的战争效果。这一举措意义重大。为了保密，这项行动仅被称为"坦克突袭"，将在康布雷战区未经破坏的石灰石丘陵地展开。这里，兴登堡防线的防御工事完好无损，但福勒设计出了可以不费多大力气就能攻克这些防御工事的战术。打头阵的一波坦克将在车顶带上枯树枝捆成的柴捆。当坦克到达敌军阵线时，坦克就把柴捆抖落到敌军的战壕里。之后，坦克就可以越过战壕，然后转向，与守在战壕里的士兵交火。通过这种方式，他们攻克了一道又一道战壕阵线。更多的坦克将直接开进敌军的后方区域。与此同时，装备有四爪锚的坦克可以将敌军带刺的铁丝网拖走，步兵就可以跟进了。

本来只是"坦克突袭"的计划发展成了更有野心的行动，打算借此实现重大突破。参加行动的兵力为朱利安·宾（Julian Byng）爵士19 个师组成的第 3 集团军。埃勒斯指挥的由 378 辆坦克组成的坦克军团打头阵。敌军阵线是格奥尔格·冯·德尔·玛维兹（Georg von der Marwitz）将军指挥的德军第 2 集团军，一开始拥有 6 个师。11 月 20日，在短暂的轰炸后，天刚亮不久，英军便开始了进攻。他们轻而易举地将德军的防线撕开一个巨大的缺口，这充分证明了坦克军团关于如何利用坦克的理念是正确的。只有两个地方不太令人满意。第一，英军骑兵军团应该越过突破的防线以施展杀伤，但他们来得太迟，没取得有价值的成绩，因为随着黄昏将近，德军赶来足够的援军，将突破口封锁了起来。第二，在弗莱斯基埃（Flesquières）战区，第 51 高地师没有按照坦克军团设计好的战斗程序行动，而是按自己的步骤来，造成了不幸的后果。然而，总体上，英军还是取得了令人瞩目的胜利，英国本土教堂的钟在整个战争中头一次为庆祝胜利而敲响。

接着，11 月 30 日，当除了少数几辆需要大修的坦克外，所有的坦克都被撤出后，意想不到的事情发生了。德军进行了反击，反击的速度和力度完全出乎预料。德军迅速绕过英军的据点，将其包围，在后续兵力的压迫下迫使其投降。暴风突击队从近日刚被英军占领的地盘扫荡而过，直到一半甚至还多一点的占领区又被德军夺了回去。这种趋势一直持续到 12 月 3 日，德军的反攻停止之时。康布雷战役的两个阶段合在一起，造成英军伤亡约 4.4 万人，德军伤亡约 5.3 万人。

当然，德军采用的是冯·胡蒂尔设计的渗透战术。这套战术在里加和卡波雷托都已被证实非常成功。1917 年 4 月 6 日，美国对德宣战。但是，德军最高统帅部认为，在规模很小的美国正规军完成几倍的扩张、装备、训练并被运送到欧洲之前，战争就已经结束了。既然俄罗斯已经战败，对战争不再起作用，那么就可以将兵力从不复存在的东线调动过来，以实现这一目的。此前，胡蒂尔已经被调到西线，他将负责从全军挑选精英，组建多个暴风突击营，这些暴风突击营将在 1918 年春天发起的总攻中起到先锋作用。这要求炮兵部队做好特别准备，并需要胡蒂尔与格奥尔格·布吕歇穆尔（Georg Bruchmüller）上校之间的默契配合。布吕歇穆尔是一名职业炮兵。他在 1885 年加入普鲁士炮兵部队。虽然大部分时间都在步炮兵部队服役，但他的主要兴趣在重型火炮、榴弹炮和迫击炮方面。1901 年至 1902 年，他在驻扎在于特博格（Jutebog）炮兵射击场的普鲁士皇家步炮兵团示范营指挥一支炮兵连。在那里，他受到其中一位教员阿图尔·比尔瑟（Arthur Bilse）上尉思想的影响。阿图尔·比尔瑟是一名重型火炮专家，后来成为将军，但在 1916 年 1 月 1 日的战斗中阵亡。

在"一战"开始前，布吕歇穆尔在一次骑马事故中受伤，被迫退役。1914 年，布吕歇穆尔被召回军队，他活跃的军旅生涯中出现的这段漫长中断期，也解释了为什么他和胡蒂尔共事却仍是中级职衔。布吕歇穆尔被召回后，首先被任命为第 86 步兵师的师炮兵指挥官。布吕歇穆尔认为，炮列应该通过勘测而不是试射来标记目标，因为试射会向观察者泄露火炮的位置。他还认为，出人意料地集中火力精确打击目标，以此为进攻提供火力支持，比遍及整个区域的持久轰炸能够带来更好的效果。布吕歇穆尔的其他原则包括：炮兵火力应该覆盖敌军阵地的整个纵深，而不仅仅是敌军的前沿防线；进攻的步兵应该获得徐进弹幕射击（rolling barrage）的火力支持。

布吕歇穆尔所有创新中最显著的一条，大概是利用炮兵瘫痪敌人的指挥系统。野战炮、中型火炮和重型火炮的各炮列都会收到包含时刻表的火力计划。瘫痪战术的第一阶段需要集中炮火突袭敌人的指挥部、电话交换台、指挥所、敌军炮列和步兵阵地，而且这一阶段的火力要包含很大比例的毒气弹。第二阶段，需要支援已经在进行反炮列行动的炮列。第三阶段，需要持续轰炸仍在顽强抵抗的敌军前沿步兵阵地，并针对远程目标部署最重型的武器。准备过程中的保密工作被视为获得成功的重要因素。

此前，在攻击里加期间，布吕歇穆尔就指挥了冯·胡蒂尔的炮兵及时抵达西线，参加康布雷反攻，并因为他的战术在里加、卡波雷托和康布雷的成功而很快获得蓝马克斯勋章。布吕歇穆尔实施战术的对手中，只有那些最资深的炮兵军官才可能意识到发生了什么。而且，这样的军官一定为数不多。此外，这为数不多的能够幸存下来的军官中间，一些也成了战俘，只能在战俘营中反复思考布吕歇穆尔的战术了。

1917年冬，双方都在为来年的开局战役做着准备。胡蒂尔的暴风突击队集结起来，艰苦训练。这些志愿加入的队员相信，在经历了遴选过程后，他们都是帝国陆军最优秀的士兵。布吕歇穆尔开始集结由火炮和炮兵分队组成的"炮兵飞行队"，这个炮兵飞行队将能够根据需要在前线来去自如。在阵线对面，虽然是无意识的，但英军却在以实际上有利于德军进攻的方式调整着他们的阵地。

除了这些新情况，现在帝国陆军的上层一致认为，军队的确需要坦克。一些损坏的英军坦克被从各个战场上收回、修复。但是，这些上层人士的共识是，德国必须让世界看到，德国能够设计并制造自己的坦克。这项任务交给了一个代号为"A7V"的委员会。"A7V"的全称是"Allgemeine Kriegs-department 7 Abteilung Verkehrswesen"，表示

"普遍战争部第七交通处"（General War Department 7, Traffic Section）。经过试验后，它的第一辆可以作战的坦克，也被命名为"A7V 坦克"，于 1917 年 10 月 1 日完成。军方总共订购了 100 辆，但截至战争结束，也只制造出了 20 辆。1918 年 2 月 27 日，A7V 坦克向德皇展示后正式列装。A7V 坦克的壳体覆盖着装甲钢板，采用下悬式履带，车首装备有俄式 57 毫米口径的火炮，车身四周分布着六挺史宾道或马克沁重机枪。坦克可容纳惊人的 18 名乘员，他们要在极不舒适的状态下各司其职。德军的坦克，无论是 A7V 型还是缴获的英国马克Ⅳ型，投入战场的都是少数，而且一个月很难出阵一次。它们的应用战术因 A7V 型坦克完全无法穿越战壕而受到严重限制。作战中，他们会把坦克开到联军的战壕，与战壕里的士兵交火。

到了 1918 年初，鲁登道夫形成的结论是，英国已经成为协约国军事同盟的主力。他认为，因为前一年的军队哗变，如果法国被打败，英国还会继续战斗，但如果英军被打败，法国就会投降。因此，必须谋划好下一阶段的总攻，让英军遭受一次沉重的失败，并将英军与其盟友分离开来。以"米歇尔"（MICHAEL）为代号的攻势将先从对阿拉斯—康布雷—圣康坦阵线发起的大规模进攻开始。战略目标是拿下亚眠这个交通中心，再往远处仅 20 英里便是索姆河入海口和大海这两个耀眼的目标。要是能攻到大海，西线就会被撕成两半，英军就会被困在沿岸被包围的领土，只有为生存而战的份儿。这是个令人为之着迷的战略，并且将在约 20 年后构成未来的陆军元帅冯·曼施坦因（von Manstein）提出的"曼施坦因计划"的基础。

除了冯·胡蒂尔和布吕歇穆尔，鲁登道夫的团队现在还包括了卡波雷托的胜者冯·比洛将军。沿着长达 40 英里的战线，德军集中了第 17、第 2 和第 18 集团军不下 67 个师的兵力，对垒的英军则只有第 5、第 3 集团军下属的 33 个师。在高度保密的状态下，德军炮兵部队集结了 4010 门野战炮、2588 门中型和重型火炮。与之相对，英军的野战炮只有 1710 门，可部署的中型和重型火炮也只有 976 门。

　　战争打到这个阶段，英国后备的人力已经严重不足。这反映在了他们承受鲁登道夫攻势主要压力的防线布局上。这个布局包含三部分：前哨区，由勉强算是一连串加强的前哨基地组成；战斗区战壕体系，位于前哨区后边两三英里，部署了约三分之一防守兵力；以及后防区战壕体系，位于战斗区后边约 4~8 英里，守在里边的是预备军。这套防御体系的各个方面都正中鲁登道夫下怀。前哨区恰好为暴风突击队提供了可供他们渗透的缺口；战斗区在德军炮兵部队的射程之内，但缺乏可供英军躲避轰炸的防空壕；后防区的地面上还没挖战壕，那一长排插在草地上的标志正好标记了后防区的位置。除此之外，每个由 9 个营兵力构成的师都严重兵力不足，每个营也只剩 500 名有战斗力的士兵，而刚加入战争时，每个营都是 1000 兵力。在这种情况下，德军进攻初期的结果是丝毫不用怀疑的。

　　3 月 21 日凌晨 4 点 40 分，德军大约 7000 门火炮开始了整个战争中火力最凶猛集中的一次轰炸，造成的噪声巨大，以致英军的 2500 门火炮还击时，噪声的水平都没有明显可辨的增加。布吕歇穆尔的轰炸从 4 点 40 分一直持续到 9 点 40 分——只在 6 点 40 分时中断了 30 分钟让炮手休息，达到了所需效果。暴风突击队的进攻发起时间为 9 点 40 分。英军前哨区已经被炸成一片废墟，暴风突击队在这片区域快速挺进，几乎没遇到任何抵抗，大自然的薄雾更是助了他们一臂之力。事实上，他们前进得太快，而不得不发射绿色的信号弹，好让己方加速徐进弹幕射击。他们身后跟上来的是作战大队，作战大队负责将所有袋形阵地中顽强抵抗的守军制服。作战大队身后跟来的，则是进攻主力。中午的时候，德意志帝国陆军航空队的战斗中队抵达战场上空，为地面部队提供空中火力支持。

一些败军的残兵和就地组成的临时队伍，还在顽强地抵抗着德军。这些临时队伍往往由厨子、办事员、勤务兵、通信兵、驾驶员，甚至通常被认为年纪太大不适合上前线的裁缝和理发师组成。炮兵拼命地想把他们的火炮拖走，但并非总能成功。有的人幸运地撤离了，但其他一些更迅速地被包围的人，则再也听不到他们的音信。偶尔，一两辆坦克给德军造成一些伤亡，拖延了他们前进，但进攻者总是能绕过它们。到了夜里，德军已经在英军防线上撕开了一道 40 英里长的突破口，英军第 5 集团军已经处在瓦解的边缘。

4 天之内，索姆河战役期间换手了的阵地又再次落入德军手中。这场危机已经到了十分危急的地步，以致 3 月 26 日联军任命斐迪南·福煦（Ferdinand Foch）为最高统帅。福煦深知亚眠的战略意义，立即派出英军和法军的数个师到危急区域。4 月 5 日，阵线的局势在亚眠以东仅 10 英里的维莱布勒托讷（Villers-Bretonneux）稳定了下来。这部分是由于福煦的对策，部分是因为那条不可避免的规律，即进攻的先锋部队挺进得越远，它的威力就越弱。一周之内，暴风突击队可能挺进了 40 英里，但现在他们已经处于力竭的边缘，而且由于英军顽强的抵抗、英国皇家空军的对地攻击以及与英军坦克的遭遇，他们阵亡了许多战友，这出乎他们的预料。

此时，另一个因素在这场战役中发挥了关键作用。3 月 28 日，德国空中侦察机报告，阿尔贝特与亚眠之间的旷野没有联军兵力，但不知出于什么原因，暴风突击队拒绝从阿尔贝特继续前进。一名参谋军官被派去调查原因，发现他们喝得酩酊大醉，戴着高顶礼帽，穿着其他洗劫来的衣物，走路摇摇晃晃，已经完全不听长官的控制了。原来，他们发现了联军的补给兵站，里边存满了因为英国封锁而在德国本土几乎只存在于人们记忆中的物品，包括各种各样的烟酒、茶叶、咖啡、高档食品以及甚至像黑鞋油那样原本很平常的物品。等恢复了秩序，已经过去了很久。那时，暴风突击队早些日子的冲劲和热忱已经没了踪影。进攻缓了下来，并随着联军加强抵抗而最终停下。

虽然联军的补给兵站阻止了德军对亚眠的进攻，但鲁登道夫一度是有可能占领亚眠的。他之所以没能占领亚眠，是源于早在 3 月 23 日做的一个决定。鲁登道夫没有保持三支集团军一齐向西挺进的策略，而是命令第 17、18 集团军分别向西北、西南改变方向，只有位于中央的第 2 集团军继续沿着原先的中心线挺进，从而分散了他们的力量。鲁登道夫代号为"米歇尔"的第一次攻势失败，虽然后边又展开了几次攻势，但哪一次都没有这一次那么有希望成功。这次攻势，英军伤亡 17.8 万人，法军伤亡 7.7 万人，英法军队共有 9 万多人被俘，这个数字已经包含在了两国军队的伤亡人数中。此外，英法军队共损失了火炮 1000 门。德国的损失也几乎同样惨重，共伤亡约 25 万人。

4 月 9 日，鲁登道夫发起了代号为"乔其纱"（GEORGETTE）的第二次攻势。这场攻势针对的战区从伊普尔突出阵地向南一直延伸到拉巴塞运河（la Bassée Canal），共绵延了 12 英里。第一军需总监鲁登道夫仍然认为，如果英军被打败，法军就会投降。所以，他的意图是通过占领具有战略意义的阿兹布鲁克（Hazebrouck）铁路枢纽，动摇英军的左翼。这场攻势正式结束于 4 月 30 日，德军收复了帕斯尚尔战役和莫西尼斯山脊战役期间的所有失地，造成英军伤亡 8.2 万人。然而，德军自己的伤亡也达到了 9.8 万人，并进一步耗尽了暴风突击营的兵力，而暴风突击营士兵的素质要远高于德军其他部队士兵。

虽然"米歇尔"攻势的结局令人失望，但鲁登道夫当然没失去占领亚眠的兴趣。4月19日，4辆A7V坦克和5辆缴获的英国马克Ⅳ型坦克充当先锋，成功袭击了圣康坦战区。4月24日，共13辆A7V坦克和缴获的英国马克Ⅳ型坦克打头阵，在通往亚眠的主路上，对维莱布勒托讷（Villers-Bretonneux）发起主攻。这场主攻带来了人类历史上的第一次坦克对决。对于德军而言不幸的是，他们的坦克被分散到广阔的区域上，没能在步兵需要时提供火力支持。最终，德军两辆英国马克Ⅳ型雌性坦克（即只装备机枪的坦克）因受损而撤退，一辆A7V坦克在沙坑里倾倒而被俘获，另一辆A7V坦克遭到弹击后被乘员遗弃，但在天黑后又被找了回来。这两辆A7V坦克都是被同一辆英国马克Ⅰ型雄性坦克（即装备有6磅炮和机枪的坦克）袭击的。弗朗西斯·米歇尔（Francis Mitchell）少尉指挥着这辆坦克还用霰弹重创了前进的德军步兵。战场西南几百码的地方是一座名叫卡希（Cachy）的村子。在村子附近，两个暴风突击营正在山谷中休息。英军的一架侦察机发现了他们，侦察机飞行员重新飞回己方的阵线，向后边有些距离的一支英军坦克连空投文电，表示如果他们加紧速度，将追上处于露天地形的敌人。这支连队装备了旨在供骑兵使用的"小灵狗"（Whippet）轻型坦克，连长托马斯·普莱斯（Thomas Price）上尉立刻抓住了机会。他将七辆"小灵狗"轻型坦克排成一行，每辆坦克之间留40码的距离，一起从北面向山谷冲去，将暴风突击队杀了个措手不及。面对不断射击的机枪，有些人想躲进弹坑里，但却被追来的坦克碾了过去。这些坦克开到山谷尽头后，又掉过头来，将山谷仔细搜寻了一遍。这时，它们的履带上已经沾满了鲜血和残骸。德军的两个暴风突击营被歼灭，伤亡约400人。英军的一辆"小灵狗"轻型坦克因为忽略了普莱斯让它远离山脊线的指示而被击毁，另外还有3辆被击毁——当时人们以为是被德军的火炮击毁的，但随后确认，这4辆坦克是开到了仍然留在这一区域的一辆单枪匹马的 A7V 的射程内，被这辆 A7V 击中的。德军对维莱布勒托讷的进攻就这样放弃了。

鲁登道夫发起了第三次攻势。这次攻势代号为"布吕歇尔"（BLÜCHER），但有时被称为"第三次埃纳河战役"。进攻于 5 月 27 日发起，一直持续到 6 月 6 日。进攻的目标是从努瓦永沿着贵妇小径^①向东延伸、长 30 英里的战线战区。防守者是雅克·杜奇斯尼（Jacques Duchesne）的法军第 6 集团军，由 13 个法军师和 4 个英军师组成。这 4 个英军师刚经历了"乔其纱"攻势，本是被派到这里休整的。进攻的发起者是德军第 7、第 1 集团军，分别由冯·伯恩（von Bohn）和弗里茨·冯·毕洛（Fritz von Below）将军指挥。在前两次攻势取得有限的成功后，鲁登道夫的想法有了一些改变。他仍然打算将英军和法军孤立，但对计划做了修正，打算先迫使法军将后备力量从弗兰德斯（Flanders）撤出，再对英军发起最后的决定性攻势。

虽然德军取得了战术上的大胜，得以渡过埃纳河，向马恩河方向前进，但双方付出的代价不下于前两次攻势，最终的结果也达不到预期目标。为了进攻巴黎这一宏伟目标，鲁登道夫允许自己偏离最初的目标。结果，他留给自己的兵力太少，在部署因为新的突出阵地而延伸的阵线方面捉襟见肘。

鲁登道夫虽然痛苦地意识到这一缺陷，但还是于 6 月 9 日发起了代号为"格奈森瑙"（GNEISENAU）的第四次攻势。这次攻势也被称作"努瓦永—蒙迪迪耶会战"（Battle of Noyon-Montdidier）。鲁登道夫投入了两个集团军，即奥斯卡·冯·胡蒂尔的第 18 集团军和马克斯·冯·伯恩的第 7 集团军。8 辆 A7V 坦克被分给了 3 个步兵师，但收效甚微，因

---

① 贵妇小径（Le Chemin des Dames）：位于法国埃纳省，是法国国王路易十五为他女儿们设计、建造在山脊上的一条休闲步道，全长约 35 千米，沿途可以观赏到埃纳河两岸秀丽的风光。——译者注

为德军还没体会到将坦克集中起来一同作战的好处。结果8辆坦克中，2辆被打掉、2辆抛锚、2辆被击中但随后被收回。两天后，法军用4个师的兵力发起反攻，以48辆施耐德（Schneider）中型坦克和96辆圣沙蒙（St Chamond）中型坦克为先锋。此外，法军还空着12辆英国装甲车，可以用来实施突破。但是，尽管法军收复了德军进攻开局几个小时丢失的阵地，德军还是设法保住了阵线的完整。所以，这批装甲车也没被派上用场。到了6月13日，战斗结束，双方各伤亡3.5万人，法军另损失70辆坦克。

鲁登道夫手上的筹码只够最后一搏了。他为第五次攻势取代号为"保卫马恩—兰斯"（MARNESCHUTZ-RHEIMS），但被不同军事史学家称作"第二次马恩河战役"或"第四次香槟战役"。鲁登道夫企图渡过马恩河，通过东、西两路突入兰斯，实现对该城市的孤立。为了执行这项任务，鲁登道夫可以投入的集团军有四个：冯·埃本（von Eben）将军的第9集团军，马克斯·冯·伯恩将军的第7集团军，布鲁诺·冯·穆德拉（Bruno von Mudra）将军的第1集团军，卡尔·冯·艾内姆的第3集团军①。在兰斯以西，5辆A7V坦克被分配给了3个步兵师。与此同时，在兰斯以东，15辆缴获的马克Ⅳ型坦克，外加5辆备用坦克，被分配给了两个步兵师和一个不骑马的骑兵师。

他们面对的是五支法军集团军：亨利·古尔戈（Henri Gouraud）将军的第4集团军，亨利·贝特洛（Henri Berthelot）将军的第5集团军，让·德古特（Jean Degoutte）将军的第6集团军，安托万·德·米斯特里（Antoine de Mistry）的第9集团军，以及查尔斯·芒让（Charles Mangin）的第10集团军。其中，第10集团军包含有美

---

① 书中原文为"General von Karl Einem's First"，经核查，实际应为"卡尔·冯·艾内姆的第3集团军"。——译者注

军、英军和意大利军的精英分队。可以为他们提供火力支持的坦克有
不下于 746 辆，主要是雷诺 FT 轻型坦克^①。从兵力对比上来说，52 个
德军师对阵 44 个法军师、8 个美军师、4 个英军师和 2 个意大利军师。
就炮兵而言，德军占明显优势：德军部署了 609 门重型炮对阵联军的
408 门重型炮，1047 门野战炮对阵联军的 360 门野战炮。然而，联军
却拥有一个主要的优势，他们投入战场的坦克有 223 辆，主要是雷诺
FT 轻型坦克，而德军只有上文提到的 25 辆坦克。

　　这场战役，鲁登道夫只能赢，不能输。德军从原来东线战场调来
兵团而实现的兵力优势，因前四次攻势导致的严重伤亡遭到削弱。东
欧仍活跃有大量德军的兵力，这是事实。但是，由于该地区动荡的局
势和俄国国内混局的威胁，东线总司令部必须将他们留在那里。此外，
美军已经加入西线的战斗，并将在此处投入越来越多的兵力，这同样
是事实。在德国国内，英国的封锁导致食物和其他物资严重短缺，这
也挫伤了民众的士气。

　　战役于 7 月 15 日打响。兰斯以东德军的推进在当日就被挫败。但
是，兰斯以西，马恩河南岸的守军则不得不忍受布吕歇穆尔持续了三
个小时的轰炸。当轰炸结束，暴风突击队一拥而上，借助于一切能浮
在河面的东西，渡过马恩河，开始组装 12 座临时桥梁。到了晚上，他
们已经拿下村庄多尔芒两侧的桥头堡，纵深挺进 4 英里，阵线宽 9 英
里。他们熬过了法军不下于 225 架飞机的大轰炸。但是，7 月 17 日，
支援法军的英军和美军到来，阻挡了他们进一步前进。两天后，联军
转向反攻，中间短暂地停下一次后，继续逼迫德军后退，一直持续到
8 月 6 日战役停止之时。这场战役，德军伤亡 13.9 万人，另有 29367

———————————

① 雷诺 FT（Renault FT）轻型坦克：在"一战"后的文献中常被称作"雷诺 FT-17"轻型坦克。——
译者注

人被俘。此外，德军损失火炮 793 门，机枪 3000 架，坦克 13 辆，前几次攻势占领的阵地也再度落入联军手里。联军的损失为伤亡约 13.3 万人，另有 102 辆坦克丧失战力，但多数可以修复。事实证明，第二次马恩河战役和第一次马恩河战役一样，都是"一战"的转折点，因为从此刻起，德军被迫进入防御战争阶段。这场胜利的缔造者斐迪南·福煦将军被授予了法国元帅权杖。

鲁登道夫的五次重要攻势，令德军遭受了 50 多万人的伤亡，另损失了大量武器装备。此外，他在第二次马恩河战役中战败，也给军队的士气造成了毁灭性的打击。此前，他将这场战役称为"和平冲锋"（Friedensturm），言下之意是这场战役的决定性胜利将带来持久的和平。和前几场攻势一样，士兵已经竭尽全力，但得到的回报却是一场败仗。自然，他们感到所有的牺牲和付出都是枉费，继续战斗下去的意志也严重削弱，当国内饿死人的可怕报道传到他们耳中时，就更加如此了。不可思议的是，甚至当最近的一次攻势停止时，鲁登道夫还在计划针对北方的英军发起第六次攻势。没过两天，他所有的梦想都将破灭。

亚眠的英军阵线后面是一片忙碌的景象，因为他们正在做着将坦克集中起来发起进攻的准备，这次的坦克集中作战将令前一年康布雷的那次战斗相形见绌。进攻的目的是消除对亚眠的威胁，但同时也希望能够实现突破，迫使德军撤退。投入的兵力是从亨利·罗林森（Henry Rawlinson）爵士的第 4 集团军调来，包括共 13 个师兵力的澳大利亚和加拿大军团，3 个师兵力的骑兵军团，以及坦克军团。坦克军团由 324 辆马克 V 型坦克、96 辆"小灵狗"轻型坦克、42 辆备用坦克、120 辆补给坦克、22 辆履带炮车和 1 个装甲车营组成。马克 V 型坦克是一种大幅改良过的中型坦克，只需要一个人驾驶。欧仁·德伯内（Eugene Debeney）将军的法军第 1 集团军将针对敌军右翼发起牵制性进攻。

英国皇家空军已经取得了完全的空中优势，因此德国侵略者丧失了侦察联军进攻准备工作的一切机会。天黑之后，随着数百辆坦克从隐藏处一起开出来，低空飞行的轰炸机也开始沿着阵线来回嗡鸣飞行，掩盖了坦克履带发出的行进声。为了这次进攻，联军派出了大量飞行中队，以提供地面支持，其中一些飞行中队还被赋予了具体的任务，专门对付敌军炮兵部队埋伏在坦克进攻途中的炮列。

在这片正面宽 13 英里的无人地带的对面，驻守着德军的两个集团军，即格奥尔格·冯·德尔·玛维兹将军麾下的第 2 集团军和奥斯卡·冯·胡蒂尔将军麾下的第 18 集团军。第 2 集团军有 10 个师在阵线上，4 个师为后备；第 18 集团军则有 11 个师在阵线上，4 个师为后备。这些师中，只有很少几个仍被视为适于战斗，其余的则士气低落。造成这种局面的原因，一部分缘于对一场似乎没有尽头的战争的厌恶情绪，一部分是因为这些师的精锐兵力此前都被抽走组建暴风突击营了。士兵们疲惫不堪，心神不宁；他们频繁地误报敌军坦克来了，以致军队的参谋人员已经倾向于无视所有类似的报告。

飞机持续的嗡鸣声也令人不安。8 月 8 日凌晨 4 点整，飞机和往常一样嗡鸣，但现在这种嗡鸣声是为了掩盖坦克从起点线开始前进时引擎和履带发出的特殊声音。4 点 20 分，联军的坦克从联军步兵中间穿过，来到了队伍的头前。与此同时，联军的 3500 门火炮突然一起响起。其中，三分之一的炮弹落在了联军进攻队伍的前面，以制造徐进弹幕，而剩余的炮弹则撞向已知的德军炮列阵地。

战场笼罩在浓浓的硝烟中，但现在轰鸣的引擎和咔嗒咔嗒的履带只意味着一件事。已经被炮火轰炸吓到的防守者，发现那越来越逼近的声音比亲眼看到坦克更令人恐惧。紧急呼救的信号弹嘶嘶飞上了天空，但是太迟了。那庞大的轮廓破雾而出，碾过铁丝网，来到了战壕前方的胸墙边，高耸其上。那些抵抗的士兵，立即被一阵 6 磅炮的霰弹炸飞，被机枪的火力扫荡干净。有些士兵逃走了，但大部分当场投降。坦克继续隆隆前进，但并非所有德军都逃走或者投降。德军的炮兵向来以自己的使命为荣，他们坚守在火炮跟前，直到最后一分钟。他们拼命的程度可以从一件事上衡量出来：他们打掉了敌人不下于109 辆坦克，占到了敌军交火坦克的四分之一。

然而，这还不足以阻挡敌军的前进。到了上午 10 点左右，坦克已经突破了德军的战壕体系，穿过开阔的旷野。骑兵师开始跟进，各骑兵团的长官迫切地想要证明他们这个兵种继续存在的合理性。遗憾的是，当他们等待落在后边的军团指挥部下达具体指令期间，机会便浪费了。在阿尔博尼耶尔（Harbonnières）附近，他们发起了一次冲锋，俘虏了一支补给队。但是，大部分时候，他们的时间都用在赶拢被坦克进攻丢在后边的敌人上了。离天黑还早，他们就开始退到给马喂食、饮水的来处，坚持带着两个"小灵狗"轻型坦克营一起。级别低于骑兵的坦克军团的指挥部对这种"狗占马槽不吃草"的态度义愤填膺，也是可以理解的。如果骑兵和"小灵狗"轻型坦克营能够表明他们的组合是兼容的，那么便证明了坦克军团指挥部的这种愤怒实属没有必要。然而，事实是，他们的组合不兼容。当敌人很少或没有敌人的时候，骑兵就快马加鞭，跑在前面，将速度慢得多的"小灵狗"轻型坦克甩在后边。然而，当一架机枪就足以阻止骑兵的前进时，他们又不得不等"小灵狗"赶来解决问题。问题一解决，他们又会骑马跑在前头，直到被下一挺机枪阻挡住前进的脚步。如果两个"小灵狗"轻型坦克营被骑兵放走，他们能取得什么样的战绩，这从克莱门特·阿诺德（Clement Arnold）中尉的"小灵狗"轻型坦克"八音盒"（Musical Box）身上就可窥见一斑。阿诺德设法摆脱了直属的骑兵上司的影响，在接下来的十个小时里，一直到他那辆坦克在近身射程内被打掉之前，他通过在德军后方区域制造混乱，为自己和他那辆坦克赢得了不朽之名。在英军的装甲车队身上也重演了这个教训。不然，就不仅仅是英军有几辆装甲车深入渗透敌军的领地，在敌军一个军级指挥部的人员正收拾东西时，就将这个指挥部整个占领那么简单了。

尽管如此，德军阵线还是被撕开了一个纵深 7.5 英里的口子，前线各处兵力匆匆赶来才将这个口子暂时堵上。德军总伤亡人数超过了7.5 万人，包括被俘 29873 人。刚经历第二次马恩河战役的挫折，这场战败又接踵而来，将鲁登道夫投入了绝望的深渊。更令他担心的是，大批的俘虏意味着军队已经被厌战情绪所侵蚀。此外，投降人员中军官所占的高比例表明，军官团的成员认为，继续战斗下去已没有太多意义。鲁登道夫将 8 月 8 日称作"德军最黑暗的日子"，并向兴登堡表示，他打算向皇帝威廉二世建议，既然取胜无望，就必须停止战争。

英军的损失包括伤亡、失踪 2.2 万人，损坏坦克 109 辆，但很多还可以修复。从这场战役开始，联军沿着前线缓慢但持续地推进，一直到战争结束。在其他地方，德国的盟友逐一接受战败，请求停战：9 月 29 日保加利亚，10 月 30 日土耳其，11 月 3 日奥匈帝国。德国早在 10 月 6 日便请求停战，但被一些人视为军事独裁者的鲁登道夫持续抛头露面，令美国总统伍德罗·威尔逊（Woodrow Wilson）难以接受。10 月 27 日，鲁登道夫迫于压力辞职，威廉·格勒纳（William Groener）将军继任。10 月 29 日，公海舰队（High Seas Fleet）哗变，其他哗变、叛乱、骚动在全德境内接连而起。在这一阶段，几乎不存在什么暴力行为，地方权力的控制权顺利地被士兵和工人议会所接管。

在整个德国，几乎没有人同情君主制度。国家渴望和平，但人们感到，协约国认为皇帝威廉二世应该为发动战争而负责，因而只要他还坐在皇位上，协约国便绝不会与德国谈判；除此之外，对威廉二世个人的尊重也所剩无几。这种情况放在那些曾经支持威廉二世的德意志君主们身上也是如此，只是程度没有那么深罢了。11月8日，永久性变化的第一个迹象在巴伐利亚出现了：巴伐利亚的统治家族维特尔斯巴赫（Wittelsbach）收到地方士兵和工人议会的领袖库尔特·艾斯纳（Kurt Eisner）礼貌的通知，告诉他们君主制已经在巴伐利亚被废除了。巴伐利亚国王本人达观地接受了这个消息。

第二天，柏林的士兵和工人明显受上述消息启发，成群走上了街头，歌唱拥护共和政体的歌曲。有些窗户被砸烂了，有人也开了几枪，但占领帝国皇宫并未费多少力气。其他地方，君主制的象征也被拆毁或扯下。柏林军区司令冯·林辛根将军为防患于未然，先前已在城内集中了大量机枪，但是他的部队，尤其是近卫军，都对游行示威者抱有同情，这些机枪也根本未派上用场。林辛根别无选择，只得辞职。

几天前，德皇威廉二世已经离开柏林，前往位于比利时斯帕（Spa）的德军总部。威廉二世的心思似乎脱离于周围事件的现实。兴登堡发现自己根本无法向自己的君主汇报一而再，再而三地战败、撤退的消息。威廉二世在未能领会周围事件现实的情况下，提到他将骑马走在他不败之师的前边，返回德国。有人告诉他，军队各统帅都不会接受他这样做。当对威廉二世的要求，各统帅确认了不会接受时，他震惊了。格勒纳刻薄地建议，也许皇帝陛下应该到士兵中间去，以求马革裹尸。这个建议被否决了，因为更有可能出现的情况是，他将落到对政府"不忠"的士兵手里，那后果将不堪设想。当柏林和巴伐利亚的消息传到德军总部时，兴登堡建议威廉二世，除非他退位，不然一场内战将不可避免。当得知他最亲信的近卫军团都加入了革命者队伍时，威廉二世接受了现实。但是，为了保留王储的权益，他宣布将以德意志帝国皇帝身份退位，但不以普鲁士国王身份退位。这样的处理方式在政治上可能行不通，但 11 月 10 日下午 2 点整，威廉二世还是签署了必要的诏书。然而，当一名官员试图在电话里向柏林方面宣读相关内容时，他遭到打断，被告知这份退位诏书：

> 太迟了，无力回天了。首相［巴登亲王马克斯］^① 已经
> 通过通讯社向外界发出电文，宣布皇帝与王储都已退位，而
> 他本人将成为摄政者，弗里茨·艾伯特^② 先生则成为首相。

没什么值得多说的了。威廉动身前往荷兰，余生在那里流亡。前皇后仍然身在柏林，但在兴登堡派遣一支"忠诚的"队伍确保她安全后，来到了威廉身边。

停战协议于 1918 年 11 月 11 日 11 时生效。根据协议条款，德国被要求：

> 立即撤离所有被占区，包括阿尔萨斯—洛林地区。
>
> 所有德军撤出莱茵河西岸，撤出莱茵河东岸位于美因茨、科布伦茨和科隆的桥头堡以及这些桥头堡 30 千米半径区域。
>
> 无条件地将所有协约国战俘和平民遣送回国。
>
> 完整交出以下战争物资：
>
> 2500 门重型炮；
>
> 2500 门野战炮；
>
> 25000 挺机枪；

---

① 指巴登亲王马克西米利安（Prinz Maximilian von Baden，1867~1929 年）：1918 年 10 月 3 日至 11 月 9 日任德意志帝国第八任首相。——译者注
② 弗里茨·艾伯特（Fritz Ebert，1871~1925 年）：全名弗里德里希·艾伯特（Friedrich Ebert），德国社会民主党右翼领袖，1918 年德国十一月革命爆发后，接替巴登亲王马克斯任首相，1919~1925 年任魏玛共和国第一任总统。——译者注

　　3000 门迫击炮；

　　1700 架飞机，包括德国空军拥有的所有夜间轰炸机；

　　所有德国潜艇；

　　在只允许德国维护与保养人员登船的情况下，将以下德国舰艇扣留在英国港口：

　　6 艘战列巡洋舰；

　　10 艘战列舰；

　　8 艘轻型巡洋舰，包括 2 艘布雷舰艇；

　　50 艘最现代化型号的巡洋舰。

　　德国付出的人员代价令人震惊。德国大约动员了 1100 万人员，其中 1808546 人在战斗中阵亡，另有 4247143 人负伤。此外，战争直接造成了 76 万平民死亡。

　　协约国同样损失惨重。他们认为，德国因为战争罪责而受到惩罚、羞辱是罪有应得。这种精神体现在了合约的谈判过程中以及在要求德国赔款数额的设定方面。这一对德策略缺乏远见，从而为下一场更加残酷的战争埋下了祸根。

WHY
THE GERMANS
LOST

THE RISE AND FALL OF THE BLACK EAGLE

第 15 章

乌烟瘴气

当前，虽然德国的整体结构已发生不可逆转的变化，但社会仍然保持着太平。然而，正如约翰·布坎（John Buchan）所言：

> 虽然德国革命的第一阶段是有序的，虽然他们为了确保政府管理上的延续性而做出了艰辛的努力，但是另一方面，德国的剧变也十分彻底。旧的专制主义已不复存在，德意志境内的君主制已变成一出闹剧——在有些地区，人们痛恨君主制；在所有地区，人们都鄙视君主制，认为它已名存实亡。几个世纪以来，德意志的君主们自我标榜，一直都是欧洲的笑柄。现在，这些君主们都消失了，无影无痕。在巴伐利亚、萨克森、符腾堡、梅克伦堡、黑森、不伦瑞克和巴登，这里的统治家族几乎连一点抗议的声音都没有就那么垮台了。与他们一同垮掉的还有王权的中流砥柱，即那些大贵族和通过当廷臣而走上权力舞台的工业巨头。

1919年，虽然德国和现已沦为中欧小国的奥地利仍然允许贵族成员保留一定形式的贵族头衔，但也已废除了各自的贵族制度。

与 1914 年预期的相反，"凯旋"的只有一部分德军。带领这支队伍的正是保罗·冯·莱托 - 福尔贝克（Paul von Lettow-Vorbeck）将军，他曾在德属东非打胜了一场游击战争，直到停战协议签署后才投降。当时，德属东非还被称为坦噶（Tanga），后来改称坦噶尼喀（Tanganyika），现在被称作坦桑尼亚（Tanzania）。和这支队伍一起归来的，还有一小队海军军官和海员，他们是"柯尼斯堡"号（SMS Königsberg）轻巡洋舰最后的幸存者。"柯尼斯堡"号轻巡洋舰曾在印度洋上牵制住英国皇家海军的相当一部分兵力。

正是在这一时期，革命演变成了左翼与右翼之间的暴力冲突。左翼中最重要的团体是斯巴达克团（Spartacists）。斯巴达克团以反抗罗马帝国强权的奴隶领袖之名而命名。在有些地区，人们对已消亡的当权派的蔑视太深了，往现役军官身上吐唾沫或撕掉他们肩章的行为时有发生。右翼的冲锋陷阵者是自由军团（Freikorps）。自由军团独立于军队而行动，但他们很大一部分成员是退役军官。在一段时期内，首都和其他一些地区实际上已经进入内战状态，迫使政府不得不迁往更安静的乡间小城魏玛（Weimar）。1919 年初，虽然自由军团只忠于自己的司令，而非民选政府，但他们被并入了中央司令部系统。比起对手，他们训练有素，装备精良，不仅在德国本土成为得胜者，而且在前俄罗斯帝国波罗的海各省份也旗开得胜。在那里，德意志的少数族裔正拼力抵御着布尔什维克。

1919 年 6 月 28 日，协约国在凡尔赛与德国缔结了和平条约。作为准予德国停战的代价，德国需要交出性能完好的火车头 5000 个、车厢 15 万个，卡车 5000 辆以及所有必要的备件。这大大减少了食品、燃料、工业品和原材料的流通，再加上 660 亿英镑的巨额赔偿，确保了德国的经济复苏将被推迟多年。

除此之外，该条约极尽各种方式羞辱德国：剥夺德国的殖民地；除少量非武装的装甲运兵车外，禁止使用军用飞机、重型火炮和各种战斗车辆；解散总参谋部；大幅削减见习军官学校的数量；将军队规模从 40 万人裁减至 10 万人。大多数德国人感到，这一条约让他们"失去了武器，失去了防御能力，也失去了尊严"（Heerlos, Wehrlos und Ehrlos）。内战一结束，许多人自愿离开了军队。但是，大约有 1.5 万名军官和占很大一部分比例的高级士官既没有辞去的打算，也没有辞去的理由，却被政府免职了。他们当中的大多数人都曾经为了政府与革命派真刀实枪地斗争过，而现在，这个政府却弃他们如敝屣。当政府组建了新的常备军，即国家陆军（Reichsheer），并把更好的职位安排给那些安稳地躲在军营后边没参加过斗争的人和旧军队的渣滓时，他们被背叛的感觉就更加强烈了。那些被抛弃的人自然就加入了新建的纳粹党（Nazi Party），即民族社会主义工人党（National Socialist），为其身着制服的街头暴徒团伙冲锋队（Sturm Abteilungen，简称 SA）带来了组织和纪律。这样，冲锋队便轻而易举地打败了他们纪律较为散漫的敌人，即由其他党派的私人军队组成的钢铁阵线（Iron Front）。当然，在 20 世纪 20 年代，那些曾在军队服役过的冲锋队成员不可能预见历史的走向，但他们的胜利是希特勒上台的主要因素，而一旦像希特勒那样的恶魔被放出牢笼，就只能任由悲剧继续发展下去了。

政府选派了汉斯·冯·塞克特大将领导国家陆军。大家应该还记得，在威廉一世皇帝的葬礼上，当柏林大教堂的秩序在濒临崩溃之际，塞克特在使用武力驱散哀悼者时毫无顾忌。1914 年以前，他一直在亚历山大·冯·克鲁克的第 1 集团军下属的一个军担任参谋长，并亲身见证了"施里芬计划"失败的原因。他开始欣赏英国远征军的素质，并自此坚定地支持组建小规模的职业军队，而非全民动员（levée en masse）的军队。1915 年，他在冯·马肯森将军的参谋部服役，在戈尔利采—塔尔努夫（Gorlice-Tarnow）会战中起到了重要作用。接着，他参加了第二次入侵塞尔维亚的行动，并一直在东线战斗，直至战争结束。

协约国坚信，塞克特不会成为 20 世纪的沙恩霍斯特，他们通过征兵为国家陆军建立了大规模的预备军。相反，塞克特将军队的兵力定在 10 万人，雇用期固定为 12 年。

塞克特的目的是打造一支水平超出平均水准的教员队伍，以便在《凡尔赛条约》被废止的时候，能够将军队迅速扩大到理想规模。目前，国家陆军共有军官 4000 人，其他衔级的人员 9.6 万人。他们被分配到 81 个骑兵中队、21 个步兵团，组成了 3 个骑兵师和 7 个步兵师。传统的价值被特别强调，国家陆军的每个中队或连队都承载着原先帝国陆军的传统、荣誉和习俗。

协约国军事管制委员会的设立是为了监管《凡尔赛条约》条款的执行。为了规避协约国军事管制委员会，德国人进行了很多秘密活动。他们与瑞典等国秘密共享坦克制造技术和设计的方方面面，而邻国正处于启动一个重大坦克制造计划的关键时期。所谓的摩托和滑翔俱乐部，实则为机械化步兵和未来纳粹德国空军的飞行人员提供初步训练。分队与师级的战斗序列也在随着技术的进步而稳步地更新装备。世界各地的武官提供了各自领域重要发展的详细信息。约翰·弗雷德里克·查尔斯·富勒少将和巴兹尔·利德尔·哈特（Basil Liddell Hart）的著作不仅吸引了看到机械化战争潜力的军官的关注，也吸引了老毛奇和冯·施里芬传统所培养的军官的注意。他们援引了富勒在著名的《1919 计划》[①] 中表达的机械化战争与老毛奇和冯·施里芬传统之间基

[①] 富勒在《1919 计划》（Plan 1919）中提出了最早的装甲兵作战理论体系。——译者注

本思想过程的相似性，为未来的闪电战（Blitzkrieg 或 LightningWar）战术提供了理论基础。这些活动是意料之中的，但还有其他力量在一个更加阴暗的世界里行动着，隐隐预示了未来事态的发展。

它们在一个名为"R 特别行动组"（Sondergruppe R）的组织的操控下行动。该组织负责暗杀涉嫌为协约国军事管制委员会告密的德国人。当德国最高法院审判一名涉嫌类似暗杀行动的男子时，塞克特给最高法院的院长写了一封密信，承认该组织是国家陆军的一个部门。但是，塞克特认为，在这场与《凡尔赛条约》的斗争中，这种暗杀行为是正当的，法庭应该宣判这名被告无罪。

随着独立的波兰建立，德国也就失去了相应的领土，尤其是被称为"波兰走廊"（Polish Corridor）的大片领地。这片土地将东普鲁士与德国其他地区隔开，是波兰从格但斯克 [①] 进入波罗的海海岸的通路。塞克特认为，德国东部应该恢复到 1914 年俄德共同边界时的样貌：

> 波兰的存在是不可容忍的，也是与德国的利益不相容的。
>
> 波兰必须灭亡，而且将通过自身内部的弱点，通过俄国以及在我们的助力下灭亡……从军事角度来看，法国要经由德国驰援波兰将是无稽之谈。

他的话正确预言了未来。没过二十年，这句预言便成了现实。

塞克特忠于德国，但未必忠于共和国。1926 年，他身上的这种矛盾导致他犯下了职业生涯中最为严重的错误。前皇帝的孙子威廉·霍亨索伦（William Hohenzollern）王子请求参加当年的军事演习，获得了塞克特的允许。令塞克特大惊失色的是，王子穿着现在已不复存在的第 1 近卫步兵团的制服就出现了。对政府而言，这是不可忍受的。塞克特

---

① 格但斯克（Gdansk），德国称但泽（Danzig），是波兰北部最大的城市，位于波罗的海沿岸。——编者注

被迫辞职。1933 年，塞克特担任访问中国的德国军事代表团团长，这是自他辞职后担任过的唯一要职。但是，塞克特早期打下的基础，确保了德国在 1939 年发起战争时，已经拥有了堪称全世界最高效的军队。

1929 年，华尔街股市大崩盘引发金融剧震，危机波及全球，导致德国经济于第二年陷入衰退，并造成大批失业。在这之前，纳粹党很少引起选民的注意，但因为 1930 年的国民议会选举，该政党作为一股政治力量，影响力不断扩大。1925 年当选总统的陆军元帅冯·兴登堡，迫于压力于 1933 年 1 月 30 日任命希特勒为总理。之后不到一个月，国会大厦失火，原因不明。希特勒成功地将责任归咎于其他党派，声称他们企图通过烧毁大厦破坏新的选举。随即，兴登堡宣布他们为非法组织，冲锋队恐吓了剩余的反对力量。这样一来，纳粹党以巨大优势赢得选举。1934 年，冲锋队已经将成员发展到 40 万人。他们视国家陆军为自己的对手，对其抱有敌对和极富挑衅的态度。希特勒深知，只要冲锋队愿意，便可将他赶下台。于是，他采取了自认为合适的措施，先发制人。6 月 30 日，在后来被称为"长剑之夜"（The Night of the Long Knives）的那晚，冲锋队全德范围内的领导人以及所有被希特勒心怀怨恨者，包括两位将军在内，共 77 人，被希特勒个人的警卫机构党卫军（Schutzstaffeln，简称 SS）和安全部门党卫军安全处（Sicherheitsdienst，简称 SD）派出的成员所杀害。希特勒在国会大厦讲话时强调，为了保护军队的完整，确保军队不会成为国家的政治工具，这场肃清行动是必不可少的。

现在，年岁已高的陆军元帅兴登堡反应也迟钝了，显然并没有完全理解希特勒的所作所为都意味着什么，因为他竟然给希特勒发了一封贺电。8 月 2 日，兴登堡元帅去世。希特勒立即将总统和总理的职务合二为一，称之为"元首"（Führer）。所有德国武装部队立即接到命令，要求他们向德意志国 ① 的元首兼国防军（Wehrmacht）的最高统帅阿道夫·希特勒，而不是国家或国家的宪法，宣誓无条件的效忠和服从。这与大多数高级军官曾经向君主宣誓效忠的情况完全不同。许多人接受了命令，但对此持严重保留态度，因为这样做，无异于将陆军、海军和空军变为一名无赖政客的私有财产。而且，一经宣誓，大多数军官都会认为自己的荣誉受到了约束。从长远看，这将对德国造成可怕的后果。为了补偿他们的自尊心，希特勒恢复了军官在公共场合佩剑的权利。

在这段时期，希特勒的所谓声望达到了顶峰。他通过全民投票而追认了他事实上的独裁者的地位。这样，他的地位就不会在法律上受到质疑。他拥有古怪而富有魅力的个性，这种个性特征吸引了许多人。此外，他的演讲也包含了听众想听到的一切。希特勒提醒听众，在1914 年之前的五十年里，德国已经成为一个伟大的帝国，在众多领域取得了毋庸置疑的成就，受到了世界各国的敬仰；而在"一战"期间，这一切都被毁了，就因为这个国家的金融和商业基础设施内部的人背叛了德军；这些人中间，包含了很大比例的犹太人。当然，这是无稽之谈。但是，多年来，这一说法被鲁登道夫和其他急于恢复自己和军队声誉的军官广为散播，很少受到质疑。希特勒承诺，这些极其不公之事将得到纠正。如果没有他的"杰出"宣传家约瑟夫·戈培尔的精心策划，希特勒的演讲也许不会给人留下那么深刻的印象。戈培尔还组织阅兵，旨在向外界传达纳粹党的实力和声望。阅兵也成了十分受欢迎的青年运动。戈培尔对新闻界、电台和影院等媒体的操控给人们的印象是，德国即将进入一个新的"黄金时代"。

---

① 德意志国（German Reich）：纳粹德国（1933~1945 年）先后有两个官方国名，分别为 1933~1943 年使用的德意志国（Deutsches Reich）与 1943~1945 年的大德意志国（Großdeutsches Reich）。——译者注

1935 年 3 月 16 日，希特勒废除了《凡尔赛条约》的限制性条款，明确表示德国将按照适合自己的方式重整军备。德国引入了征兵制，目的是希望：到 1939 年，军队能够进行全面防御战争；到 1943 年，军队具备打进攻战争的能力。拥有 10 万兵力的国家陆军失去了它的名号，被淹没在应征士兵的洪流中：它的分队像变形虫一样不断裂变，组建成新的团级单位；接下来，新的团级单位再繁殖它自己的后代。不可避免地，这严重稀释了分队的素质，致使多年后这一劣势才扭转过来。新的军队既不像国家陆军，也不像德意志帝国军队，因为它的组建是为了应对短期战争，而不是 1914~1918 年之间那种旷日持久的战争。事实上，这是一支在广度上而不是在深度上重新武装的军队。大多数现代装备都被分发给装甲和机动化编队，这些编队将组成军队的尖端兵力，而其余编队则继续依靠马匹作为原动力。

1936 年 3 月 7 日，希特勒命令军队重新占领莱茵兰。法国没了英国的支持，拒绝以武力回应。随后的证据证实，如果法国回应，德国的将军们将罢免希特勒，撤出莱茵兰。希特勒只是证实了他的想法，即之前的协约国已经不再拥有战斗的欲望。这一年晚些时候，他通过与意大利结盟，巩固了自己的地位。然而，直到 1937 年 11 月 5 日，在一次与各武装力量的统帅和外交大臣的秘密会议上，他才充分表明了自己的意图。德国将扩大疆域，以满足所谓必要的国家人口所需的生存空间（Lebensraum）。首先，德国要以武力占领奥地利和捷克斯洛伐克，然后是波兰，最后是俄罗斯。该计划将于 1938 年开始，1943 年完成。

1938 年 3 月 12 日至 13 日，德国毫不费力地占领了奥地利。9 月 7 日至 29 日，德国又轻而易举地占领了苏台德地区。苏台德地区属于捷克斯洛伐克，但拥有 300 万德国人口。当德国还要声索更多领土时，它与捷克斯洛伐克其余地区之间就很可能爆发战争了。英国首相尼维尔·张伯伦（Neville Chamberlain）飞抵慕尼黑与希特勒会谈，希望平息局势。张伯伦返回时，以为自己维护了"我们这个时代的和平"。结果，希特勒只是利用他来争取时间，并在次年 3 月吞并了波希米亚和摩拉维亚的省份，让斯洛伐克保留了名义上的独立。对于德国而言，这一步极为重要，因为如果不获得捷克的军工业，德国就不可能发动一场大战。原因在于，德国的坦克部队大多由 PzKw Ⅰ 型和 Ⅱ 型坦克组成，这类轻型坦克只配有机枪，而 PzKw Ⅲ 型坦克和Ⅳ型坦克虽然被归类为中型坦克，但它们数量太少，根本无法与法国那样的一流军队较量。然而，捷克的 PzKw 35（t）和 PzKw 38（t）坦克虽然缺少某些性能，但仍被归类为中型坦克，拥有这些坦克几乎填补了德军在这方面的空白。就装备而言，步兵的情况更好。老式的马克沁中型机枪被射速每分钟 800~900 发的 MG-34 轻机枪所取代，而 MG-34 相应地又将被射速每分钟 1200 发的 MG-42 取代。步兵小组的组长和同级别人员配备有 MP-38 或 MP-40 冲锋枪，这两种冲锋枪的射速都达到了每分钟 500 发。因此，德军的步兵排的综合火力输出要强于很多军队类似级别的单位。

与此同时，纳粹德国空军已经发展成为一支高效的战术空军，能够为地面部队提供高频次的决定性火力支持。纳粹德国空军的轰炸机，尤其是容克斯 Ju87 俯冲轰炸机和容克斯 Ju88 战斗轰炸机以及亨克尔 He-111 和道尼尔 Do-17 水平轰炸机，得到了优秀的梅塞施米特 Bf-109 战斗机针对敌军战斗机的掩护。负责纳粹德国空军装备的人士的重大失误在于，他们未能研制出可用于执行战略任务的远程重型轰炸机。从 1937 年开始，德国重组的陆军和空军便在西班牙内战期间站在西班牙国民军（Nationalists）一边积极参战，为他们检验装备的性能创造了机会，得以评估可以用于其他战役的战术方法。

坦克让战场重新恢复了机动性。有了机动性，就有了重新应用德国传统的歼灭战概念的机会。在歼灭战中，要孤立、包围敌人；如果敌人不投降，就消灭他们。大多数军队倾向于在两个层面上进行作战：如何进行战争的战略层面，以及如何取胜的具体手段相关的战术层面。除此之外，德军也开始在所谓的行动层面上作战。在这个层面上，他们利用军级规模的兵团，并善于从不同的兵种调用人员组成战斗群，以执行特定任务。德国很久以前就擅长"快马传令"（saddle orders），常常派出参谋或将军的副官，向行动中的兵团司令传达指示。随着无线电通信的广泛应用，这一传令过程得到了进一步加速。

希特勒决定最大限度地加紧对军队的控制，即便要使用最卑鄙的手段。当他手下丧偶的战争部部长冯·勃洛姆堡（von Blomberg）元帅再婚时，谣言立即传播开来，说新的冯·勃洛姆堡夫人曾有一段有趣的过往。这种事情在普鲁士军界太招人侧目，冯·勃洛姆堡元帅别无选择，只得辞职。辞职后，他的职责则由希特勒本人执掌。同样，当有传言称陆军总司令冯·弗里奇（von Fritsch）是同性恋时，他也只好辞职。接任弗里奇的是瓦尔特·冯·布劳希奇（Walther von Brauchitsch）将军。布劳希奇是一位能干而有才智的炮兵军官。传统上，他的职责要求他绝对要敢于向希特勒实话实说、进言献策；如果形势必要，哪怕冲撞了希特勒，也要直言相谏。可悲的是，他不是能担此重任的人，他完全被希特勒所支配。希特勒每一次突然暴怒，都让他胆战心惊，好几个小时缓不过来。下一个遭殃的是总参谋长路德维希·贝克（Ludwig Beck）将军。他公开批判纳粹统治集团，被免职在所难免。令人讽刺的是，他的接替者弗兰茨·哈尔德（Franz Halder）大将，是一位来自巴伐利亚的天主教徒。他极其鄙视希特勒，早就参与了暗杀希特勒的谋划。

　　现在，陆军的上层指挥权已由原德意志帝国陆军出身的炮兵将军们所支配，包括冯·布劳希奇将军，陆军装备部部长哈尔德大将，预备军司令弗里茨·弗罗姆（Fritz Fromm）大将，未来的陆军元帅威廉·凯特尔（Wilhelm Keitel），以及国防军最高统帅部（Armed Forces Supreme Command，简称 OKW）的阿尔弗雷德·约德尔（Alfred Jodl）大将和瓦尔特·瓦尔利蒙特（Walter Warlimont）将军。如此多的炮兵能够走上职业的巅峰，与其说是因为他们达到了本军种所要求的高标准，倒不如说是因为在第一次世界大战期间，炮兵的伤亡人数在比例上比步兵和骑兵都要少。

　　在即将到来的战争中，许多德意志帝国陆军出身的将军都起到了重要作用，包括：曾在近卫军步兵服役的陆军元帅埃里希·冯·曼施坦因，汉斯-于尔根·冯·阿尼姆（Hans-Jürgen von Arnim）将军也是近卫军步兵出身；两位陆军元帅埃尔温·隆美尔、沃尔特·莫德尔 ① 是步兵出身，同为步兵出身的将军还有赫尔曼·巴尔克 ②、海因里希·埃贝尔巴赫（Heinrich Eberbach）、弗里茨-胡贝特·格拉瑟（Fritz-Hubert Graser）、约瑟夫·哈尔佩 ③、哥特哈德·海因里希 ④、赫尔曼·霍特 ⑤、汉斯·胡贝 ⑥、瓦尔特·内林（Walther Nehring）、乔格·莱因哈特 ⑦、鲁道夫·施密特（Rudolf Schmidt）、格奥尔格·施

---

① 沃尔特·莫德尔（Walter Model，1891~1945 年）：纳粹德国陆军元帅，曾被希特勒称为"东线的救星"。——译者注
② 赫尔曼·巴尔克（Hermann Balck，1893~1982 年）：纳粹德国陆军二级上将。——译者注
③ 约瑟夫·哈尔佩（Josef Harpe，1887~1968 年）：莫德尔元帅的副手，曾任北乌克兰集团军群司令。——译者注
④ 哥特哈德·海因里希（Gotthard Heinrici，1886~1971 年）：纳粹德国陆军大将，仅次于莫德尔的防御战专家。——译者注
⑤ 赫尔曼·霍特（Hermann Hoth，1885~1971 年）：纳粹德国陆军一级上将。——译者注
⑥ 汉斯-瓦伦丁·胡贝（Hans-Valentin Hube，1890~1944 年）：纳粹德国陆军大将，曾获橡叶宝剑钻石骑士铁十字勋章。——译者注
⑦ 乔格-汉斯·莱因哈特（Georg-Hans Reinhardt，1887~1963 年）：纳粹德国陆军上将，坦克战名将。——译者注

图姆（Georg Stumme）和威廉·里特尔·冯·托马（Wilhelm Ritter von Thoma）。此外，陆军元帅埃瓦尔德·冯·克莱斯特（Ewald von Kleist）是骠骑兵出身，同为骠骑兵出身的将军还有埃贝哈德·冯·马肯森（Eberhard von Mackensen）、哈索·冯·曼特菲尔（Hasso von Manteuffel）和古斯塔夫·里特尔·冯·韦尔斯特（Gustav Ritter von Vaerst）。另外，路德维格·克吕威尔（Ludwig Crüwell）将军、莱奥·盖尔·冯·施韦彭堡（Leo Geyr von Schweppenberg）将军和艾里希·霍普纳[1]将军均为龙骑兵出身。

---

[1] 艾里希·霍普纳（Erich Hoepner,1886~1944 年）：纳粹德国陆军一级上将。——译者注

WHY
THE GERMANS
LOST

THE RISE AND FALL OF THE BLACK EAGLE

第 16 章

闪电战

希特勒不费吹灰之力，便将奥地利和捷克斯洛伐克大部分地区并入了德国。1939 年 3 月，希特勒又向波兰政府提出一系列不容商榷的要求，让波兰政府将波兰走廊和格但斯克还回德国。这一要求不仅遭到波兰政府的坚决拒绝，英国和法国政府也告诫他，他们将全力支持波兰的立场。这件事再加上随后的警告，让希特勒开始三思，暂时停止了活动。不过，经过适当考虑后，希特勒得出结论，虽然西方盟国已经开始重整军备，但这还不足以构成威胁，无论如何，如果德国入侵，英国和法国都不可能为波兰提供实际的援助。希特勒认为，英法两国暗暗威胁，只是虚张声势，一旦波兰被占，威胁便会随之消失。

尽管如此，希特勒还是采取了预防措施。他一方面与相邻大国秘密签订互不侵犯条约，另一方面动员 25 万预备役士兵进行"巩固"训练。9 月 1 日，希特勒发起对波兰的全面入侵。冯·布劳希奇制订了进攻计划。不难预测，这份计划准备施行双重包围，内部包围华沙，外部包围布列斯特 - 立托夫斯克（Brest-Litovsk）；钳形部队由南面的由陆军大将格尔格·冯·伦德施泰特（Gerd von Rundstedt）指挥的 A

集团军群和北面的由陆军元帅费多尔·冯·博克（Fedor von Bock）指挥的 B 集团军群组成。纳粹德国空军由帝国元帅赫尔曼·戈林指挥。赫尔曼·戈林是个狂热的纳粹分子，喜好穿着亲手设计的装饰性制服。他很快便对兵力较弱的波兰空军建立了优势。波兰顽强抵抗了两天，之后才开始撤退，其间一直遭到德军俯冲轰炸机持续的令人胆战心惊的侵扰。德军装甲军团突破了波兰军队沿边境部署的封锁线，加速进入敌方腹地，破坏了敌方的指挥体系和后勤网络。

9 月 2 日，英法向德国下达最后通牒，要求德国撤出波兰，但遭到忽视。第二天，英法两国向德国宣战。英法接受了希特勒的挑战，这令他非常恼火。现在，他面临的是一场结局难料的重大战争。与此同时，波兰人还在继续战斗，却没有真正脱困的希望。9 月 16 日，苏军越过波兰的东部边界且宣布，他们已经为了波兰的最大利益介入进来了，以停止战事。尽管如此，华沙仍然坚守到 9 月 27 日，被孤立的波兰军队一直奋战到 10 月 6 日。最后，大批波兰士兵越过边境，逃往罗马尼亚，并继续在其他地方与德军战斗。

在战斗打响的前十天里，波兰的 150 万大军已经几乎全军覆没。德军的损失为死亡 8000 人，负伤 3.2 万人，失踪 3400 人。波兰军队激烈反抗的程度，从德国坦克的损失情况中可见一斑：德军有大约 400 辆坦克被击毁，包括所公布的 218 辆坦克完全报废。

与德国陆军并肩在波兰作战的队伍中，有些来自一个较新的组织，即"武装党卫军"（Waffen SS 或 Armed SS）。武装党卫军的前身是希特勒的私人警卫机构，名叫"阿道夫·希特勒党卫军警卫旗队"（Leibstandarte SS Adolf Hitler）。武装党卫军有别于一般的党卫军，一般的党卫军负责管理集中营，并与盖世太保密切合作。这些组织组成了党卫军全国领袖海因里希·希姆莱掌管的恐怖帝国的一部分。可以说，海因里希·希姆莱是第三帝国权力最大、最危险的人之一。但是，武装党卫军就不同了，它在起源和世界观上都是彻头彻尾的纳粹主义。到解散之前，武装党卫军下属数量庞大的师已经从很多欧洲国家吸收了无数持有相同思想的人员。武装党卫军对敌人毫不留情，无论他们是军人还是平民。此外，"二战"中一些最为罪恶滔天的暴行也是他们犯下的。武装党卫军从来都不是德国陆军的一部分，甚至连德国陆军也对它反感至极。

在波兰被占领后的几个月里，西线除了小规模的局部战斗外，什么也没有发生。奇怪的是，英军和法军仿佛患上了嗜睡症，躲在防线特别是耗资巨大的马其诺防线之后，没了声息。他们似乎想依赖"一战"期间十分奏效的对德国实行地区封锁和经济钳制的政策，但是现在和当时一样，都需要等待多年才能见效果。

与此同时，事件的焦点转移到了斯堪的纳维亚。德国严重依赖瑞典的铁矿石供应以支持它的战争事业。运输矿石的船只大多经过北部的纳尔维克（Narvik）港口，然后沿着漫长的挪威海岸线而下，最后抵达德国。

1940 年 2 月 16 日，当英国皇家海军舰艇"哥萨克"号驱逐舰拦截并俘获了德国袖珍战列舰"施佩伯爵"号的"阿尔特马克"号补给船时，问题到了非解决不可的地步。一开始，挪威表示了抗议。但是，当挪威得知这艘德国船装备了武器，参与了海军行动，而且船上还囚禁着英国战俘时，挪威便停止了抗议。从那时起，希特勒便决意攻占挪威的海岸线，而时任英国第一海军大臣的温斯顿·丘吉尔也同样决心阻断德国的航运路线。

然而，希特勒对该地区的兴趣却让丹麦先尝尽了苦果。4 月 9 日，德军突袭丹麦边境，挺进日德兰半岛。与此同时，藏在哥本哈根港口一艘商船货舱里的一支步兵营，上岸俘虏了丹麦国王和政府官员。幸运的是，这次完全非法的进攻，并没有让这个没有作战能力的小国造成多少流血牺牲。

4月8日至10日，当德国的军舰运送侵略部队时，英德两国的军舰在挪威海岸附近的海面上进行了一系列交锋。尽管德国的运输舰队抵达了目的地，但他们在这次的遭遇战中不敌英军。当德国军舰试图向奥斯陆峡湾（Oslo Fjord）挺进时，又有军舰被挪威炮艇和海岸防御工事摧毁。此外，在4月10日至13日的战斗中，由10艘德国驱逐舰组成的小型舰队，在纳尔维克港被英国皇家海军"厌战"号战列舰和随行的驱逐舰全部击沉。但是，德军侵略部队的最初目标，已经全部被大规模空运增援的空降部队和机降部队所占领，于是海运的运输舰队顺利让侵略部队和装备完成登陆，包括一支小型的装甲分遣队。

德国侵略者巩固了阵地之后，开始向挪威全境散开，压制了挪威弱小的军队和辅助民兵的抵抗。与此同时，德国空军中队飞入挪威境内，开始以占领的机场为根据地展开行动。作为应对，英法两国派兵在挪威北部登陆，但面对德国空军的绝对空中优势，他们无法进行有效回击。

5月初，英法的一部分兵力带着挪威国王和政府官员一起撤离。其余兵力在历经旷日持久的战斗之后，成功将德国驻军赶出了纳尔维克港，但是胜利很短暂，因为他们不得不因为西欧发生的灾难性事件而相继撤离。

在西欧，盟军持续躲在马其诺防线背后无所作为，导致德国国防军最高统帅部在看法上有了一些变化。他们感到欣慰的是，盟军并没有在波兰战争期间或是此后一段时间发起破坏性进攻，因为在当时德国的坦克车队中，大部分坦克或者正在修理，或者在等待替换。这是个关键考虑因素，因为这时他们的坦克数量已经被法国超越。

国防军最高统帅部对于盟军为何没有主动出击的迹象也心存疑惑，这大概是因为盟军担心德国会经由比利时重新上演机械化版的"施里芬计划"，所以要保留足够的兵力以应对这一不测事件。在很多人看来，这一旧计划的新版本还是有很大的成功可能的。事实上，国防军最高统帅部和国防军陆军总司令部都认为这样的作战方案太过明显，因此正在积极研究其他替代方案。与此同时，埃里希·冯·曼施坦因中将（新近过世的陆军元帅保罗·冯·兴登堡的侄子）正在独立研究一个能够消灭盟军大部分军力、使盟军在装甲方面的数量优势荡然无存的革命性计划。当时，冯·曼施坦因任格尔德·冯·伦德施泰特大将的参谋长。冯·伦德施泰特大将是总部设在科布伦茨的 A 集团军群的总司令。曼施坦因向装甲部队的海因茨·古德里安中将核实了一件事，即阿登森林并非如法国和比利时认为的那样，是坦克无法通过的天然屏障。然后，曼施坦因便坐下来完善计划的细节方面。该计划的核心是"施里芬计划"的翻版：德军将入侵低地国家，把盟军的精锐力量诱入比利时北部；然后，德军将装甲部队集中起来，穿过阿登森林，渡过默兹河，在法国北部开辟一条 40 英里宽的走廊，直抵海岸。

这一计划的效果是，走廊以北的盟军将被孤立，因得不到补给和增援，最终被迫投降。走廊以南的盟军残余军队，现在在兵力上大大不如敌军，而且失去了大部分的装甲部队，也将被迫全面撤退，直至投降或请求停战。这个计划的天才之处在于它不仅简单，而且周详。

得到冯·伦德施泰特批准后，曼施坦因将军于 10 月 31 日向国防军陆军总司令部提交了被他命名为"镰刀收割"（Sichelschnitt）的计划，但遭到了无视。他在 11 月又提交了三次，12 月提交了两次，1940 年1 月又提交了一次。最后一次提交时，计划还附上了冯·伦德施泰特的批示，要求将该计划呈给希特勒。然而，无论是布劳希奇还是弗兰茨·哈尔德，都不打算将这份他们缺乏信心的计划呈给希特勒。在他们眼中，曼施坦因是个纠缠不休的麻烦精。曼施坦因被派到了斯德丁担任军长，远离了任何能够产生影响的地方。

然而，曼施坦因的一个前同事冯·崔斯考夫（von Tresckow）中校对一位私交施蒙特（Schmundt）上校，提到了"镰刀收割计划"的概念。施蒙特上校是希特勒的副官，当时正对科布伦茨进行例行访问。施蒙特知道，希特勒曾表示过将索姆河河口作为战略目标的兴趣。因此，当施蒙特上校返回柏林后，便向希特勒报告了曼施坦因的计划。

曼施坦因奉命晋见希特勒，在他的书房里与他详细讨论了自己的想法。曼施坦因发现，希特勒"令人吃惊地迅速领会了我们集团军群过去几个月一直宣扬的要点，而且他完全同意我所说的"。之后，曼施坦因回到斯德丁，而希特勒则"谦虚"地宣称这个计划是他自己的，并命令布劳希奇和哈尔德根据"镰刀收割计划"制定新的指令。这些指令经过作战推演的检验，发现是可行的。

德军进攻的发起日期定在了 5 月 10 日。进攻前夕，各参战方兵力对比如下。德国动员了 250 万人，分别部署在 10 个装甲师、9 个摩托化师和 104 个步兵师之中。这些师组成了三个集团军群——在北线，费多尔·冯·博克元帅麾下的 B 集团军群包含两个集团军，把守从北海到亚琛的阵线；在中央的是冯·伦德施泰特四个集团军组成的 A 集团军群；集结在亚琛和斯特拉斯堡之间区域的是一个装甲集群，该装甲集群包含了德军 2574 辆坦克中的大部分。支援德军的作战飞机有 3500 架。盟军将兵力沿着法国边境，从加来（Calais）一直部署到瑞士。他们拥有 100 个师，包括 9 个英军师、1 个波兰师和 13 个部署在马其诺防线的要塞师。盟军拥有坦克 3609 辆，其中一些坦克的装备和装甲比对手的更加精良。法军拥有 3 个装甲师（但缺少相应的军指挥部）、几个轻装甲师以及数量庞大的分配给步兵师的独立坦克营。法国空军拥有 1400 架战斗机，英国皇家空军分遣队拥有大约 290 架飞机。在中立的低地国家，比利时和荷兰军队虽然可以分别投入 60 万与 40 万兵力到战场，但这两支军队的士兵都没有接受过充分的训练，配备的武器也不是新式的。

　　5 月 10 日早晨 5 时 35 分，B 集团军群如潮水般越过比利时边境。比利时军队本来打算沿着阿尔贝特运河（Albert canal）的阵线作战。但是，当他们的侧翼暴露于德军滑翔机编队的猛烈攻势之下，导致据称固若金汤、横亘在阿尔贝特运河与默兹河交会处的埃本埃马尔要塞（Fort Eban Emael）陷落时，他们很快就被迫撤退了。与此同时，德军通过伞兵部队和空降部队的行动，已经拿下了荷兰的机场和桥梁，包括一次由 120 名伞兵和突击工程师通过十几架水上飞机在鹿特丹市中心马斯河（Maas）沿岸登陆的行动，拿下了一座至关重要的桥梁。其他重要的地点则被人们常称之为"勃兰登堡兵"（Brandenburgers）的德军特种部队拿下。这些特种兵身穿荷兰或比利时的制服，并配备相应的武器。总的来说，战斗非常激烈，在荷兰全境实施铺地毯式空降行动的代价也很高昂，这尤其体现在容克斯 Ju52 运输机在空中被击毁或在着陆时坠毁的飞机数量上。幸运的是，对于事故所涉人员而言，第 9 装甲师解救了他们。此前，第 9 装甲师径直穿越荷兰边境，于 5 月 12 日突破防线，来到他们这里，之后才向北朝鹿特丹挺进。这样做的效果是在盟军到达之前就将荷兰军队孤立。荷兰军队的统帅亨利·温克尔曼（Henri Winkelman）将军得到警告，如果他不投降，德国空军将会像去年对待华沙一样，将荷兰的城市毁灭。为了强调这一点，在谈判仍在进行时，德军的轰炸就将鹿特丹的商业中心变成了炼狱。荷兰女王和政府官员也已经从海路逃往了英格兰。5月14日，温克尔曼无条件投降。

德军的进攻一开始，盟军总司令莫里斯·甘末林（Maurice Gamelin）将军便命令最西面的集团军，按照应急计划，向北进入比利时。这份应急计划在制订的时候，已经将德军以机械化形式重演"施里芬计划"的情况考虑了进去。最终，盟军大约有35个师进入了冯·曼施坦因的计划为他们准备的陷阱中。同时，艾里希·霍普纳将军的第16装甲军已经通过所谓的"马斯特里赫特盲肠地带"（Maastricht Appendix），然后越过比利时，一直到达布卢缺口（Gembloux Gap）。5月12日和13日，在布卢缺口，第16装甲军与普里乌（Prioux）将军的两个轻装甲师组成的第1骑兵军展开了一场激烈的遭遇战。

技术上，大多数法国坦克都优于德国坦克。但是，唯一的例外是其单人炮塔。法国坦克的单人炮塔要求坦克指挥官不仅要控制坦克的移动，而且要充当自己的炮手和装弹手。结果，指挥官手忙脚乱，经常瞄不准或装错弹药。例如，在遇到"坚硬"目标时，该用穿甲弹的时候，却误用了高爆弹。此外，德国空军的俯冲轰炸进一步分散了法军坦克乘员的注意力。这一战，双方都损失了100多辆坦克，但双方都宣称取得了胜利。普里乌的几个团完成了掩护法国第1集团军在迪勒河沿岸进行部署的任务后，便撤退了。这样，战场就落入德国人手里，他们借机修复了许多受损的坦克。霍普纳可能会因为这场挫折而感到失望，但这场战斗的规模让甘末林坚定地以为，接下来的战斗将在比利时中部打响，而实际上真正的威胁却正在其他地方悄悄展开。正因为如此，法国第1和第2装甲师才被命令向北前进，正好落入陷阱之中。

与此同时，在A集团军群的前线，克莱斯特装甲集群正稳步穿过阿登森林，向默兹河开进。到了 5 月 12 日晚上，该装甲集群的三个装甲军已经来到默兹河边，北起迪纳尔（Dinard），南到色当，拉开了 40 英里长的阵线。

在他们对面，横跨在法军第 2 与第 9 集团军群之间的边境线上的，是由中年预备役军人组成的 4 个 B 级预备役师。甘末林从来没有打算让这些人承受战斗的主要压力。实际上，他们所在的区域本应是阵线中保持安稳无战事的一段。然而，数小时后，这里将成为炮火连天的炼狱。

从次日上午 9 点到下午 3 点，德国空军整个轰炸机群对选定的渡河地点进行了连续轰炸。当轰炸机群嗡鸣着飞离时，机动步枪部队开始乘登陆艇渡河入境，结果却遭到坚决的抵抗，伤亡惨重。德军各师的师长采取积极有力的行动，在己方岸上集中了坦克、反坦克炮和高射炮，以压制对岸抵抗的火力中心。黄昏时分，他们已经在敌人的岸上拿下了立足点，但似乎还需要经过更艰苦的鏖战才能将这些立足点巩固成桥头堡。就在这时，法军第 55 师在 18 点左右出人意料地溃逃了，紧接着相邻的第 71 师也逃走了。法军的两个集团军之间，一下子张开了一个巨大的缺口。这场灾难性恐慌的始作俑者是一位患炮弹休克症的炮兵军官，他声称在己方的河岸上看到了德军坦克。实际上，他看到的坦克是正赶来支援己方步兵的法军坦克。法军的抵抗立刻土崩瓦解，德军工兵赶紧趁机疯狂地将桥梁搭建好。

在接下来的两天里，A 集团军群的六个装甲师越过默兹河的桥头堡，开始向英吉利海峡的海岸突进。起初，甘末林和他的高级指挥官们反应平静。他们决定投入三个装甲师的兵力，第 1 装甲师从北面出发，第 2 装甲师从西面出发，第 3 装甲师从南面出发，三路兵力集中攻击一处，从三面将渗透的敌军封锁起来。这份计划的缺陷在于，各师各自指挥，独立行动，并未在反击中体现出协同作战的明显优势。

5月15日早晨，法军第1装甲师在弗拉维永（Flavion）附近的盟军处加油。前一天，该师的坦克为赶赴战场，从拥堵的路上穿行而耗尽了燃料。那条路上不仅堵满了难民，还遍布着惊慌失措地从前线逃离的混乱的队伍。法军装甲师装备了令人闻风丧胆的夏尔 B2（Char B2）坦克。这种坦克重 32 吨，装甲有 60 毫米厚，前板上装有一门 75 毫米口径的大炮，炮塔上装有一门 47 毫米口径的大炮，此外还装备了两架机枪。埃尔温·隆美尔少将率领的第 7 装甲师在离开桥头堡后不久，就撞上了正在给坦克加油的法军第 1 装甲师。夏尔 B2 坦克是个可怕的对手，德军称之为"巨兽"（the Kolosse）。而且，此时隆美尔更关心的是再往西行进数英里，而不是与这样一个可怕的敌手殊死搏斗。于是，隆美尔召集俯冲轰炸机分散法军的注意，然后调转方向，绕过这个威胁。隆美尔身后跟着的是德军第 5 装甲师。轰炸过后，法军已经开始排开阵势时，德军第 5 装甲师赶到了。

现在，这场战争中的第二次坦克大战爆发了。法国人声称，他们打掉了德军大约 100 辆坦克。相反，德军则震惊地发现，他们 37 毫米口径的火炮打在对方夏尔 B2 坦克上毫无反应。尽管如此，德军坦克上的乘员很快发现，法军夏尔 B2 坦克的要害部位是暴露在外的履带和突出在外的百叶窗式散热器，散热器在车体的两侧，一目了然。德军便瞄准这些要害部位射击，被击毁的夏尔 B2 坦克越来越多，法军开始后撤。撤退过程中，他们发现有些坦克要么发生机械故障，要么燃料短缺，于是只能将它们抛弃，抛弃前还要亲手毁掉它们。法军因为这个原因损失的坦克不计其数。到了日落时分，第 1 装甲师终于甩掉了德军。当天夜里，法军继续撤退，一直到 16 日黎明时分才停下。这一路，法军又抛弃了更多的坦克。当撤退停止时，这支一度无比强大的装甲师就只剩下 17 辆坦克了。

如果不是受制于参谋工作的无能，下达命令的无理，收回命令的无稽，以及从上至下的无序，法军的第 2 装甲师大概也会重蹈第 1 装甲师的覆辙，因为按原先的进攻轴线，他们将径直撞上汉斯·莱因哈特中将的第 41 装甲军。第 2 装甲师的主力分队一度发现，他们同时在向相反的方向前进。5 月 14 日 17 时，莱因哈特的坦克追上了法军第 2 装甲师的部分炮兵。第 2 装甲师其余的轮式车辆躲在了埃纳河以南，他们的坦克则被留在了埃纳河的北岸。这支装甲师再也没能重新集结起来。因此，德军只花了最小的努力，便将这个师从法军的战斗序列中移除了。不过，第 2 装甲师的坦克依附了离得最近的步兵兵团，在步兵兵团不能为他们提供补给和技术梯队的情况下，仍然在他们的指挥下竭尽全力战斗到了最后。

同日，古德里安的第 19 装甲军在色当附近遭到法军装甲部队的反击，并成功击退法军。但是，他们却因己方的误伤而遭到沉重伤亡。当时，德军的一支俯冲轰炸机编队袭击了他们聚集在谢默里（Chemery）的兵力。因此，古德里安将第 10 装甲师和"大德意志"摩托化步兵团留守斯通尼（Stonne）高地，保卫该处桥头堡的南部肩角。第二天，古德里安带着第 1、第 2 装甲师向西进发。

5 月 14 日 16 时左右，法军第 3 装甲师进入了大致范围内，可以发起进攻了。但是，现在该装甲师所属的军团司令弗拉维尼将军反而取消了反攻。他沿着德军渗透区域的南部边缘，将第 3 装甲师的坦克当成一个个静止的碉堡，部署成一条长 8 英里的阵线。第二天早上，第 3 装甲师重新集结。但是，之后该师被投入了与德军第 10 装甲师和"大德意志"摩托化步兵团在斯通尼高地展开的互相毁灭的消耗战中。

到了 5 月 16 日，法国人彻底明白过来，他们遭受了一场大败。但是，他们仍然没能正确地解读这场战役。一些军官认为，德军装甲部队会在马其诺防线后边向南推进。其他军官则认为，巴黎才是德军装甲部队的目标。能猜出德军装甲部队真正目的地的人寥寥无几。而且，即便猜出了，他们所有可以调动的预备军都已经向北进入了比利时。然而，他们必须采取点措施。于是，总理雷诺[①] 罢免了甘末林，任命马克西姆·魏刚（Maxime Weygand）担任盟军总司令。

5 月 17 日，古德里安的第 19 装甲军在拉昂遭到夏尔·戴高乐[②] 少将指挥的法军第 4 装甲师的攻击。第 4 装甲师尚未完成组建，装备也不齐全，德军第 1 装甲师的几个分队就将它击退了。大多数时间里，德军的装甲部队只是在后来被称为"装甲走廊"（Panzer Corridor）的通道驱车行进罢了，大批的逃亡者和想要投降的法军士兵除了让他们前进的道路变得更堵塞一些，根本没有遭遇任何抵抗。德军装甲部队需要加油时，就从法国的加油站或德国空军可以投送补给的被占机场补充油料。德军更高级别的指挥层中间有着一种挥之不去的不安感。他们担心法军会在装甲军团的先头部队经过后，再发起反攻，切断装甲走廊，从而将装甲军团的先头部队孤立。然而，战役的走势正如冯·曼施坦因预料的那样。5 月 20 日，古德里安抵达海岸，同时拿下了索姆河上佩罗讷（Péronne）、亚眠和阿布维尔（Abbeville）具有利用价值的桥头堡。看来，这场战役就要结束了。

不过，5 月 21 日，戏剧性的变化出现了。之前魏刚建议，应该将从南北分别发起的攻势集中到一点，合力将装甲走廊切断。从南边发

① 保罗·雷诺（Paul Reynaud，1878~1966 年）：法国政治家，1938~1940 年任财政部部长，1940 年任法国总理。——译者注
② 夏尔·安德烈·约瑟夫·马里·戴高乐（Charles André Joseph Marie de Gaulle，1890~1970 年）：法国军事家、政治家，法兰西第五共和国的创建者及第一任总统。——译者注

起的攻势一直未真正成型，但在阿拉斯附近，英军的第 50 师和一支陆军坦克旅（该旅装备的玛蒂尔达步兵坦克身型虽小，但装甲坚固）在德军第 7 装甲师的先锋装甲部队的身后，侵入了该师的进军路线。德军第 7 装甲师 37 毫米口径的反坦克炮毫无用处，但是隆美尔集中了炮兵的所有火力，包括 88 毫米口径的高射炮，得以拖住英军的反攻。隆美尔自己的第 25 装甲团在回到战场时遇到反坦克埋伏，又遭到法军第 3 轻装甲师剩余兵力的攻击，被狠狠地修理了一把，比隆美尔承认的还要严重。虽然英军在当天夜里撤退了，但隆美尔显然因这次的遭遇战而受到震惊，因为他在报告里极为夸张地写道，他遭到了"上百辆"坦克的攻击。

警报从伦德施泰特的 A 集团军群司令部，一直拉响到国防军陆军总司令部和国防军最高统帅部。看来，布劳希奇、哈尔德、凯特尔、约德尔甚至希特勒本人对装甲走廊的安全问题抱有的最大担忧正在变为现实。在古德里安第 19 装甲军的右后方排成梯队、比霍特的第 15 装甲军更靠近海岸的莱因哈特的第 41 装甲军立即收到命令，要求他们沿着装甲走廊朝阿拉斯的方向退回，以防形势进一步恶化。在接下来的 24 小时里，曼施坦因的"镰刀"朝北的最后一"割"悬在了空中。当"镰刀"恢复割下动作时，便遭到了更加顽强的抵抗，尤其是在布洛涅（Boulogne）和加来两地。但是，5 月 27 日，比利时国王利奥波德接受了进一步的抵抗已毫无意义的现实，命令部队投降。结果，英军的左翼便完全暴露于德军的攻击之下。英国远征军和被困的法军几个师的阵地便不堪一击了。

尽管如此，英国皇家海军中将、多佛港司令伯特伦·拉姆齐（Bertram Ramsay）召集了一千多艘船只，将英国远征军和被困的法军从敦刻尔克撤离，实现了举世震惊的壮举。伯特伦·拉姆齐召集的这支舰队包括了驱逐舰、小型战舰、横渡英吉利海峡的渡船、游艇、沿海航船、拖网渔船，甚至平民船主操纵的游览船那样的小船。虽然损失惨重，但在5月28日至6月4日期间，在被迫将所有重型武器和车辆舍弃后，他们成功撤离了至少33.8万人，其中包括11.2万名法国和比利时军人。

盟军的防线不断收缩，而两个德军的集团军群却没能突破这道边界，其中的原因令德军高层指挥官掀起了激烈的争论。早在5月24日，希特勒就停止了装甲师的攻势，让冯·博克的步兵师和德国空军来完成最后阶段的任务，而戈林此前也请命执行这最后的一击。然而，在伦德施泰特的影响下，希特勒的这个决定没有出错。法国的大部分领土还未被占领，有些德军装甲军团的坦克数量已经降到一半以下。必须留足时间，让抛锚的坦克赶上前进的队伍，让没掉队的坦克来得及修理。即使德军剩下的坦克在敦刻尔克附近发动前进，它们很快也会陷入这片区域附近的沼泽、水道和其他水域障碍物里。

在这场戏的最后一幕中，德国空军的表现令人失望。那些在海滩上每天被德国空军低空扫射或轰炸的人当然不会支持这种观点。但是，德国空军每次出击，对那些试图在沙丘或岸边船舶中间寻找掩护的盟军士兵低空扫射或轰炸的背后，都有飞机被从英格兰飞来的英国皇家空军战斗机在空中拦截。德国空军的记录显示，在敦刻尔克期间，德国空军有156架飞机被摧毁，同时还有同等数量飞回基地的飞机处于"严重损坏"或"损坏"状态。与此相对，英国皇家空军记录显示，英方在这次战斗期间只损失了106架飞机。

法国战役的下一阶段开始于6月5日。战役的前线位于原先为装甲走廊、现被法国称为"魏刚防线"的南部边缘。尽管法国在过去三周内的事件中遭到重创，但魏刚不知用什么方法将1914年的精神灌输给了他的同胞们。魏刚基于城镇、村庄和森林打造了一个纵深几英里的防守区，而不是一个连续性的防线。只要条件允许，防守区内的点便可互相支援，点与点之间的区域则变成炮兵部队的杀戮场。法军仍然拥有一些坦克，但在数量上远低于敌军，在质量上也无法与法军自己在比利时和法国东北部挥霍掉的那成百上千辆精良坦克相提并论。

　　起初，法军的抵抗顽强得令人难以置信，德军几乎寸步难进。冯·克莱斯特的装甲集群被遏制得太厉害，不得不进一步向东转移，前进到抵抗不那么激烈的战区。但是，法军的防守是以炮兵为支柱的。于是，德国空军便专门攻击法军的炮兵。只要压制住法军的炮兵，消灭他们的坦克，德军的装甲军团就可以涌入现在几乎已是真空区的防守区。显然，法军没有获胜的希望。6 月 10 日，意大利抱着分一杯羹的想法向法国宣战，入侵了法国南部。6 月 13 日，巴黎被宣布为"不设防城市"。第二天，德军一支象征性的步兵进入了巴黎。第戎（Dijon）和里昂沦陷。再往东，古德里安的装甲集群打造的局面正是过世已久的施里芬伯爵曾经所设想的：将法军的几个集团军逼到瑞士边境和马其诺防线前，困住他们；与此同时，冯·里布[①] 的 C 集团军群持续攻击马其诺防线。这种局面的效果是打造一个巨大的包围圈，包围圈里至少有 50 万法军束手就擒。

　　法国现在的处境已经毫无希望了。6 月 17 日，法国总理雷诺辞职，亨利·贝当元帅取代了他的位置。6 月 25 日，法国要求停战，获得允许。停战协议规定，法国五分之三的领土将交给德国控制，并解除全部武装。谈判在贡比涅森林（Forest of Gompiègne）的一间火车车

---

① 威廉·里特尔·冯·里布（Wilhelm Ritter von Leeb，1876~1956 年）：第二次世界大战期间德国陆军元帅，在侵略苏联的"巴巴罗萨"行动中担任北方集团军群总指挥。——译者注

厢里举行。1918 年的停战协议也是在同一间车厢内签署的。安奇热①将军率领法国代表团直接与希特勒谈判。

德军已经达到了战绩的巅峰。在这次战役之前，德军已经打败了波兰、丹麦和挪威。如今，它又在这一名单上增添了荷兰、比利时、法国和英国。德军还可能会取得更多的胜仗，但从长远来看，这些都将化为尘埃。法国沦陷后不久，德军就将遭遇第一场失败。当时任英国首相的温斯顿·丘吉尔未能对希特勒的和平试探作出反应时，希特勒便宣布，他准备在英国海岸登陆。除非德国空军能够在英吉利海峡和英格兰南部成功获得领空优势，否则任何在英国海岸登陆的尝试都不可能成功。而且，当德国空军开始轰炸英国的城市时，唯一的后果是英国公众的抗敌决心只会更加坚定。纳粹德国海军司令埃里希·雷德尔（Erich Raeder）海军元帅也向希特勒报告，跨越英吉利海峡和渡河完全不同。关于潮汐的考虑会将合适的登陆时间缩减到一定数量的"时间窗口"，而不利的气压、风速和光线条件会将这些"时间窗口"的数量进一步压缩。最重要的是，由于在入侵挪威期间损失惨重，现在德国海军已经不具备护送入侵船队的条件。尽管在入侵规划方面已经做了一些准备，如研制深涉水坦克，在英吉利海峡的一些港口聚集大量驳船等，但随着秋天的来临，希特勒对于跨越英吉利海峡的入侵行动的热情开始减退。不久，这一行动便被无限期搁置了。

尽管与波兰战争期间，希特勒与苏联签署了互不侵犯条约，但他对苏联的反感似乎是无止境的。针对苏联，他曾说过："我们需要做的仅仅是对其正门踢上一脚，整个腐朽的大厦就会崩塌"。然而，1940年时，他忙着在东南欧国家安排政治联盟、寻求政治支持，还没有做

---

① 夏尔·莱昂·克莱芒·安齐热（Charles Léon Clément Huntziger，1880~1941 年）：法国国防部部长，1940 年德军进攻法国时，任第 4 集团军群司令。——译者注

好行动的准备。他利用政治手段控制了匈牙利、罗马尼亚和保加利亚。此外，通过确保亲德派在南斯拉夫的统治，希特勒还获得了南斯拉夫的支持。然而，他的伙伴——另一位独裁者贝尼托·墨索里尼这边开始出现重大的问题。希特勒提都没跟他提一声，便出兵占领了罗马尼亚，这件事让墨索里尼大为光火。一气之下，墨索里尼宣布，他将"占领"希腊。当希腊人把入侵的意大利军队赶回阿尔巴尼亚之后，墨索里尼狂妄的乐观便化为了泡影。与此同时，大约只比两个师的兵力多一点的一小股英国军队，竟然在北非全歼了意大利一支 25 万兵力的大军。希特勒很清楚，除非他出手干预，否则墨索里尼在巴尔干半岛也将遭遇同样的惨败，而墨索里尼本人也将在罗马被赶下台。因此，希特勒下令，让德军制订从保加利亚入侵希腊的计划，代号为"马里塔"（MARITA）行动。

1941 年 3 月 27 日凌晨，当巴尔干的计划因为一场政变而被彻底打乱后，希特勒入侵希腊的计划也要做出重大调整。在这次政变中，反德力量在南斯拉夫夺得了政权。希特勒的反应激烈而不合理。他认为，贝尔格莱德的新政府不仅对"马里塔"行动构成威胁，对于"巴巴罗萨"计划（希特勒为侵略苏联计划所取的行动代号）也是如此。当他尖叫咆哮着发出命令，要"在一次闪电行动中无情残暴地击垮"南斯拉夫时，这基本上反映了他的心理状态。可以想见，希特勒自然地将这一闪电行动命名为了"惩罚"行动。

希腊和南斯拉夫都没能做出像样的抵抗：希腊是因为大部分兵力早已部署在了与意大利的对抗上，而南斯拉夫则因为军队不仅装备差，而且因种族、宗教和政治分歧而不团结一致。例如，德奥裔的南斯拉夫人几乎无疑地欢迎入侵者，而克罗地亚人也丝毫不愿为一个把他们当成二等公民的国家而战斗。这两个国家都过于相信他们的山脉有能力抵挡装甲部队。"马里塔"行动和"惩罚"行动于 1941 年 4 月 3 日开始，4 月 28 日结束。这两次行动都采用了在西欧已经取得优异战果的策略，即利用装甲部队和俯冲轰炸机的组合，让装甲部队作先锋，俯冲轰炸机摧毁敌人顽强的火力抵抗点。实际上，入侵南斯拉夫的过程中很少有正面交锋。任德国第 2 集团军参谋军官的冯·梅伦廷（von Mellenthin）少将评论道，军队的进攻"几乎如同阅兵"。345 名南斯拉夫士兵束手就擒，德军总伤亡人数只有 558 人，这一事实更说明，这场入侵无异于杀鸡用牛刀。

希腊因为获得了从北非船运过来的英国一个军的支援，而上演了更为顽强的抵抗——尽管将希腊与意大利战斗造成的伤亡考虑进去后，希腊的损失为伤亡 7 万人、被俘 27 万人。英军因各种原因造成的人员损失为 1.2 万人。虽然该军 80% 的人员经海路而撤离，但被迫抛弃了所有重型武器。

希腊的悲剧还有最后一幕才走向完结。从本土撤离的士兵中，一些人被送到了克里特岛，其他人抵达时，岛上的驻军规模已经扩增到英联邦士兵 3.2 万人、希腊士兵 1 万人。岛上驻军的重型武器只剩下 16 门 25 磅野战炮、60 门防空武器和 21 辆破旧的玛蒂尔达步兵坦克，空中掩护几乎没有。德军在控制了巴尔干本土后，已经有了拿下克里特岛的打算，以防岛上的机场被敌军利用攻击德国在欧洲的目标。同时，德军自己也可以利用这些机场，攻击英国在中东的目标。德军打算利用伞兵部队、机降部队再加上一个师的山地部队，共计兵力 2.3 万人，入侵克里特岛。一旦拿下了一座滩头阵地，重型武器就可以像往常一样经海路运送，而德国空军的俯冲轰炸机将作为飞行炮兵使用。

5 月 20 日，登陆开始。德军的空降兵遭到激烈的抵抗，出乎意料地蒙受了严重伤亡。但是，36 个小时后，德军夺取了一座机场。这样一来，尽管英国皇家海军击沉或者驱散了运载德军援军和重型武器的船队，德军援军也可以源源不断地流入。德军使用运输机的成本极为高昂。但是，德军持续的轰炸和糟糕的通讯，让岛上的守军不可能维持连贯的防御。5月27日，岛上盟军驻军的指挥官 B. C. 弗赖伯格（B. C. Freyberg）将军命令驻军在克里特岛南岸通过斯法基亚（Sfakia）港口撤离，北岸通过伊拉克利翁（Heraklion）港口撤离。自那时起至6月1日，尽管有9艘英国军舰被德国空军击沉或击毁，盟军仍然经由这些港口撤离了1.8万多人。盟军伤亡17320人，其中包括被俘1.2万人。德军伤亡总计7000人，但损失的飞机超出了允许的范围。希特勒被空降部队的人员伤亡数（大约伤亡了50%）震惊到了。于是，他下令禁止空降部队再执行一切类似行动，而是委托他们执行精英步兵的任务。最终，德军虽然占领了该岛，却没得到多少好处，而且还需要留一支驻军控制岛上的居民。

可以说，希特勒侵略巴尔干是导致他"二战"失败的重要因素之一。"巴巴罗萨"行动这一入侵苏联的计划不得不推迟五个星期。苏联缺少铺有路面的道路，在这样的条件限制下，全面的机械化战争只能在春天冰雪融化和冬天雨季来临的这段时期内展开。所以，显然，这段宝贵的时间已经被浪费了大半。乐观的人也许会说，剩下的时间就足够了。对此，现实的人则会说，战争绝不容许任何差错。此外，德军参加了"马里塔"行动和"惩罚"行动的坦克需要三个星期的大修，才能再次投入战场使用。即便能修好，对履带车辆的磨损影响也是累积的。

苏联军队规模庞大，且必要时，军队就能动用无限的人力储备。

"巴巴罗萨"行动的前一夜，德军上阵了17个装甲师和两个预备役师。他们共有3332辆坦克。即便在这一阶段，其中大部分坦克都是轻型坦克或老旧的捷克存货。"巴巴罗萨"行动的目的是让这些装甲师作为进攻的先锋，夺取行动的最终目标，即伏尔加河上南起阿尔汉格尔（Archangel）、北至阿斯特拉罕（Astrakhan）的一条防线。据说，这样可以让德国位于欧洲的目标置于苏联空军的行动范围之外。无须更多证据证明，这已是精神病人掌管了疯人院。

1941 年 6 月 22 日 3 点 15 分，"巴巴罗萨"行动开始。德国空军的四支航空机队完全令敌人措手不及，在第一天的战斗中就摧毁了苏联地面飞机 1489 架、空中飞机 322 架。第一周结束时，苏联被摧毁的飞机数竟然达到了惊人的 4990 架。陆地上，德军的三支集团军群参与了入侵。三支集团军群中，最大的一支是陆军元帅冯·伦德施泰特指挥的南方集团军群，由 52 个步兵师组成，包括了德国的盟友罗马尼亚、匈牙利和意大利贡献的大部分兵力。为这支集团军群作先锋的是冯·克莱斯特第 1 装甲集群的 5 个装甲师。陆军元帅费多尔·冯·博克指挥的中央集团军群由 42 个步兵师和 9 个装甲师组成，9 个装甲师分属第 2 装甲集群（古德里安指挥）和第 3 装甲集群（霍特指挥）。陆军元帅威廉·里特尔·冯·里布指挥的北方集团军群虽然需要经过波罗的海国家，路程艰难，但它负责的是前线相对狭窄的一块战区，所以是三支集团军群中最小的一支，由 7 个步兵师和由 3 个装甲师组成的第 4 装甲集群（霍普纳指挥）组成。

南方集团军群遭遇了最顽强的抵抗，与他们对阵的是苏联西南方面军。苏联的一个方面军相当于西方的一个集团军群。苏联西南方面军由米哈伊尔·基尔波诺斯（Mikhail Kirponos）上将指挥，他曾在俄罗斯与芬兰的战争中表现出色。基尔波诺斯可以调用 6 个机械化集团军，截至 6 月 25 日，它们已经会师，迎战德军第 1 装甲集群的 4 个师。这足以说明基尔波诺斯的能力。然而，对于基尔波诺斯而言，不幸的是，德国空军猛攻他的部队，令他实力大损。尽管如此，双方展开了激烈混乱的坦克大战，一连持续了四天。混战结束时，基尔波诺斯不得不将剩余的机械化集团军撤出，退到基辅。在撤退的路上，每小时都会因为抛锚或缺少燃料而丢弃大批坦克。苏联军队列装的坦克各种型号都有，这令德军震惊不已。有些坦克是中看不中用的多炮塔巨兽，德军称之为"Kinderschrecke"，意为"唬小孩的玩意儿"。其他一些是过时的坦克，用处不大，但有两种型号的坦克引起德军的严重担忧，即 T-34 型和 KV 型坦克，其中 KV 型坦克又叫科京 - 伏罗希洛夫（Klimenti Voroshilov）型坦克。T-34 型坦克综合了坦克设计中的三个核心要素，即火力、防护和机动性。这种坦克的设计非常优异，一度被建议应该抄袭它的设计为德军所用。但是，这种想法立即被摒弃了，因为那样会衬托得好像德国人的能力不行似的。KV 型坦克的优势主要在于装甲，德军的坦克炮只有近距离从侧面或尾部射中这种坦克时，才能穿透它的装甲。很快，德军的装甲团学会了如何消灭苏军较老式的坦克，而装甲师则在德国空军的辅助下，用中型火炮和 88 毫米口径的高射炮对付苏军的 T-34 型和 KV 型坦克。

与德军中央集团军群对抗的是苏联西方方面军。西方方面军由 D. G. 巴甫洛夫（Dmitry Grigoryevich Pavlov）将军指挥。在西班牙内战期间，巴甫洛夫曾在西班牙参战，并被视为苏联顶尖的装甲战专家。巴甫洛夫麾下有三支机械化集团军，但他很快就证明了自己在这场战争中的能力欠缺。古德里安和霍特指挥装甲集群在巴甫洛夫混乱的机械化集团军中横扫出一片路来，所以到了 6 月 27 日，他们已经从起始阵线向东开进 200 英里，他们的先锋部队分别逼近了比亚韦斯托克（Bialystok）和明斯克，即将形成两个大的包围圈。德国步兵师一赶来，便形成、封锁并逐渐缩小了包围圈。7 月 3 日，当最后一批抵抗者投降时，苏联军队 29 万名士兵被俘。他们丢弃了大量的装备，包括

2585 辆坦克和 1449 门火炮。

谢苗·铁木辛哥 ① 元帅取代了巴甫洛夫，他立即着手沿着第聂伯与德维纳河（river Dvina）的上游建立防线。但是，这却没多大用处，因为到了 7 月 10 日，古德里安已经在莫吉廖夫（Mogilev）附近渡过了第聂伯河，霍特则在维捷布斯克（Vitebsk）渡过德维纳河。在两个装甲集群从他们的桥头堡突围出去，开过铁木辛哥军队的后防区之前，几天的鏖战是免不了的。但是，7 月 16 日，斯摩棱斯克沦陷了。第二天，两个装甲集群开到了一个巨大的包围圈的封口处，这个包围圈里锁住了苏联军队 25 个师的兵力。虽然铁木辛哥借着仍未被封死的向东的通道撤走了一些残军，但随着德军步兵的赶来，包围圈也越来越坚实。最终，撤退的通道被封死，被围困的苏军士兵于 8 月 5 日投降。这一次，德军的收获包括 25 万名战俘、2000 辆坦克和数量相当可观的火炮。当前，德军中央集团军群战区的进攻行动便以此大捷而告终。

与此同时，由霍普纳第 4 装甲集群作先锋的北方集团军群，在与 F. I. 库兹涅佐夫 ② 上将的西北方面军的对抗上也取得了良好进展。这是尤其难得的，因为北方集团军群在经由波罗的海国家向列宁格勒挺进时，道路跟苏联其他地方一样艰险，森林和沼泽将部队的前进道路限制在了海岸、佩普西湖（Lake Peipus）与伊尔门湖（Lake Ilmen）之间的两条通道上。在越过边境不久，莱因哈特的第 41 装甲军便遭到苏联两个机械化集团军的猛烈反攻。在德国空军的协助下，莱因哈特占了上风。与此同时，冯·曼施坦因将军的第 56 装甲军则绕过战场的南部

---

① 谢苗·康斯坦丁诺维奇·铁木辛哥（Semyen Konstantinovich Timoshenko，1895~1970 年）：苏联元帅、军事家，1941 年苏德战争爆发时苏军高级指挥官，此后历任苏军西方方面军司令、西南方向总司令兼西南方面军司令、斯大林格勒方面军和西北方面军司令，参与指挥过明斯克战役、斯摩棱斯克战役、斯大林格勒会战等。——译者注
② 费奥多尔·伊西多罗维奇·库兹涅佐夫（Fyodor Isidorovich Kuznetsov，1898~1961 年）："二战"时期的苏联海军总司令，苏联海军元帅、军事家。——译者注

边缘，直接朝德文斯克（Dvinsk）开进，4 天时间便行进了 200 英里，并通过闪电袭击夺取了德文斯克的桥梁。此时，库兹涅佐夫已经被克利缅特·伏罗希洛夫（Klimenti Voroshilov）元帅取代。伏罗希洛夫指挥新抵达的军队，发起了一次大反攻，将曼施坦因的部队临时孤立了三天。其他地方，北方集团军群的先遣部队在 8 月 8 日渡过了卢加河（Luga）。一周后，诺夫哥罗德（Novgorod）沦陷。到了月底，列宁格勒就与苏联其他地区隔绝了，在接下来的 900 天里，列宁格勒一直被卡累利阿地峡①的德国国防军和芬兰军队围困。苏联大约 2 万名西北前线的幸存的士兵，被困在卢加河与德军不断扩大的包围阵线之间，也投降了。冯·里布的北方集团军群已经完成了指令，也是唯一做到这一点的集团军群。

"巴巴罗萨"行动本有实现目标的一线希望，但当希特勒于 7 月 19 日发布第 33 号指令时，这仅有的一线希望也被他亲手毁灭了。这条指令重新定义了对苏战争的整个战略。对莫斯科的攻势本来是对苏战争的主要目标，但现在被中止了。霍特被派往北方，与霍普纳一起切断莫斯科和列宁格勒之间的交通。古德里安被派往南方，协助冯·伦德施泰特征服乌克兰。这些毫无意义的命令完全违背了在任何作战行动中都要保持一贯的目标这一基本军事原则。此时，只有攻占莫斯科才能保证德国取得胜利，所有的兵力部署都应以此为目标，为此尽一切努力。希特勒如此严重的错误让军队的高级军官十分震惊，乃至包括布劳希奇、哈尔德、约德尔、冯·博克、冯·伦德施泰特、古德里安和霍特在内的许多人，要么亲自强烈抗议，要么通过上级提出正式抗议。希特勒，这位曾经的准下士反而看不起他的将帅们。他嘲讽地

---

① 卡累利阿地峡（Karelian isthmus）：位于俄罗斯拉多加湖（Lake Ladoga）与芬兰湾之间的狭地，是俄罗斯西北部的门户与战略要地，南部有特大城市列宁格勒。——译者注

说，他们对战争的经济或政治方面毫无了解，他不会改变自己的决定。

苏联那边也有同样的错误。基尔波诺斯巧妙地从边境撤军，避免了重蹈巴甫洛夫在更北的地方被覆灭的灾难之后，却发现自己的部队因为命令而行动瘫痪了。高层命令他必须不惜一切代价守住基辅。结果，古德里安按照希特勒的指令从斯摩棱斯克向西南挺进时，遇到了冯·克莱斯特的先遣部队，后者在基辅以东约 100 英里处名为洛赫维察（Lokhvitsa）的村庄向北前进，从而与古德里安的部队形成了巨大的包围圈，将基尔波诺斯西南方面军的大部分兵力都围了起来。起初，苏联军队并未意识到他们的危险，当反应过来时，伦德施泰特已经将其围得水泄不通。基尔波诺斯率军试着突围数次后，最终阵亡了。9 月 26 日，西南方面军的最后一次抵抗也被击溃，造成至少 66.5 万人被俘虏、900 辆坦克和 3719 门火炮被缴获。

希特勒认为这场胜利是他一手打造，从而沉浸在了胜利的喜悦之中，但明眼人都知道，他为这个决定付出的代价是输掉了这场对苏战争。现在，希特勒宣布必须尽快将进攻的重心回归到莫斯科。不幸的是，他打乱了早先的部署，因此，现在想还原就需要花很长时间。所以，直到 10 月初，古德里安和霍特才回到之前的进攻轴心，霍普纳也加入了进来。但是，古德里安和霍特对于各自装甲部队的坦克多遭受的这一番磨损感到尤为不满。接下来的一小段时期，一切进展顺利。霍特和霍普纳封死了德军对维亚兹马（Viazma）的包围圈，而古德里安和汉斯·京特·冯·克卢格（Hans Günther von Kluge）则将德军对布良斯克（Bryansk）的包围圈收了口，再俘虏苏军 66.3 万人，缴获坦克 1242 辆、火炮 5412 门。

然后，天就下起雨来。一开始是阵雨，接着是倾盆大雨。道路泥泞，行进十分困难。12 月 4 日，德国步兵进入莫斯科东南郊区，但很快被打退回来。此后，从西伯利亚赶来数个苏联师，穿着足以抵御即将到来的极度严寒的服装，沿着前线反击，迫使德军局部撤退。德军高级军官的意见是，撤军必不可免。布劳希奇此时病重，当他将他们的意见汇报给希特勒时，希特勒破口大骂，称他是"蠢材！是虚荣、懦弱的可怜虫"。随后，希特勒将他解职，自任军队的最高统帅。他警告三支集团军群，再撤退决不姑息。军队在主路沿线的重要村镇和铁路枢纽躲避恶劣的天气。他们很快找到了保命、保持健康以及让武器保持正常使用的办法，但约有一半在对苏战争一开始就加入了行动中的马匹因为过度劳累，再加上暴露于严寒的天气中而死去。幸运的是，德国空军设法投递了足以让大多数人维持生存的补给。

当对战争的损失进行清算时，便可知尽管"巴巴罗萨"行动令苏联的武装力量遭受了惨重的损失，但没有达到摧毁苏联的目的。九次大的包围战和十三次较小的包围战造成苏联约 300 万人相当于 150 个师的兵力被俘虏，另有 14287 辆坦克和 25212 门火炮被缴获，伤亡人数没有记录。苏联之所以能够继续战斗，是因为它将大量的军工业转移到了乌拉尔以东，不在德国空军的轰炸范围之内。德国及其盟友因各种原因造成伤亡约 80 万人，损失坦克 2300 辆。

希特勒对布劳希奇的处理使得军队高级指挥官心怀强烈的怨愤。这两年来，正是这些颇有实力的军官为他赢得一场又一场胜仗，而他们在希特勒心目中是什么地位，他现在的所作所为已经说明了一切。伦德施泰特和冯·里布请求将自己的指挥职务解除，而不愿违背自己的判断行事。他们的请求得到了批准。冯·博克请了病假，将中央集团军群交给了冯·克卢格。古德里安和霍普纳都受不了克卢格，他们对克卢格袒露了一些实话，但他却向希特勒告发了他们，两人被立即解职。此后，还有更多人离开或被解职，直到所有重要集团军的高层指挥官几乎都被换了一遍。

希特勒的舆论与宣传专家约瑟夫·戈培尔博士但凡有机会，便会大肆宣扬德军在苏联的这个冬天，比最年老的俄罗斯人记忆中的还要严酷；他们的新闻报道也会报道其他地方的事态，这些事态表明战争仍然朝着有利于德国的方向发展。特别是来自利比亚的消息表明，埃尔温·隆美尔中将的德意志非洲军团让英军见识了他们在装甲战方面是多么强悍。年初，当意大利军队在利比亚即将崩溃的时候，德意志非洲军团被派到了利比亚。由于英国皇家海军控制了地中海，非洲军团无法获得更多支援，它的兵力从未多于四个师以上。名义上，隆美尔的军团归意大利军队指挥，但似乎却是隆美尔在如何进行战争方面给意大利军队上了一课。隆美尔将一支开着磨损严重坦克的英军装甲部队，从他们位于的黎波里塔尼亚（Tripolitania）和昔兰尼加（Cyrenaica）之间的边境阵地上赶跑，将他们一直追击到埃及边界。隆美尔除了托布鲁克（Tobruk）港口没能攻占，但也将这座港口包围了。此外，隆美尔两次粉碎了英军试图突破他边境阵线的企图，但在第三次时遭到英军重创，之后不得不放弃对托布鲁克的包围，暂时退到的黎波里塔尼亚。在得到增援后，隆美尔再次发起进攻。现在，隆美尔与英军在一条从地中海沿岸的加查拉（Gazala）向南延伸的阵线上对峙着。

即便戈培尔的新闻发布与宣传常常为局势描绘出一幅极其乐观的图景，那些最了解隆美尔的高级军官也对他看法不一。有人认为，隆美尔是一个聪明的机会主义者，并取得了一些成就；也有人认为，隆美尔就是个赌徒，总有一天他会赌过火。

WHY
THE GERMANS
LOST

THE RISE AND FALL OF THE BLACK EAGLE

第 17 章

黄昏日落

1942 年，德国军队为弥补主要作战坦克的短缺而做出的努力初见成效。首先，由装甲护盾保护的反坦克炮被安装到废弃和缴获的坦克的底盘上，这样做的好处是，避免了因火炮尺寸的限制而无法将其安装在封闭炮塔的情况。其次，坦克上另外装备突击炮也变得可行了。自从 1940 年法国战役以来，德军炮兵部队列装的突击炮的数量越来越庞大。最后，德军正在设计、生产新一代的坦克，其中包括有着更好防御能力、装备有 75 毫米口径最强火力坦克炮的豹式坦克[①]，以及装备有重型装甲和火力更强劲的 88 毫米口径火炮的虎式坦克。虎式坦克造价高昂、生产耗时漫长，而且这种坦克无法在部分桥梁上通行。

　　冬季期间，苏联军队在稳定了前线并对消耗的坦克进行补充后，认为自身实力已经足以在 1942 年春季发起攻势。这次攻势的目标是夺回哈尔可夫（Kharkov）。为此，苏军集结了包括 2 个坦克军、13 个坦克旅共 1200 辆坦克的 64 万兵力，由铁木辛哥元帅指挥。5 月 12 日，

---

① 豹式坦克（PzKw V Panther）：又称"五号中型坦克"，是 1941 年"巴巴罗萨"行动后德国为应对苏联 T-34 中型坦克而研发生产的新型坦克。——译者注

进攻开始，苏军在保卢斯①将军第6集团军镇守的前线战区打开了一处纵深14~20英里不等的缺口。铁木辛哥很清楚，克莱斯特集团军群已经在克拉马托尔斯克（Kramatorsk）附近集结，就位于包围圈南侧肩部以下几英里处。然而，苏联高层对克莱斯特集团军群构成的潜在威胁不屑一顾。

这一次，希特勒和他的参谋长弗兰茨·哈尔德大将的意见终于完全一致。此前，他们一直在谋划自己的攻势，代号为"弗里德里库斯"（FREDERICUS）。现在，他们决定，干脆决定立即启动该攻势。5月17日，克莱斯特以坦克4.4比1、步兵1.3比1和火炮1.7比1的局部优势，冲破了苏联突出阵地的南部壁垒。铁木辛哥仍未能正确解读这一处境，而是只派回了一个坦克旅来应对威胁。然而，一旦他开始意识到局势的严重性时，苏军的两个坦克军迅速跟了过去。第二天，铁木辛哥认识到，他已经进入了一个陷阱，便请求斯大林准许他取消对哈尔可夫的攻势。斯大林拒绝了，但为时已晚，接着他又于5月19日改变了主意，因为保卢斯指挥的从巴拉克列亚（Balakleya）向南进攻的德军第6集团军已经冲破了苏军突出阵地的北面壁垒。被包围的苏军奋力突围，但没有任何效果。当炮声沉寂后，苏军的军官丧生无数，包括西南方面军的副司令以及苏军第6、第9集团军的司令。此外，突出阵地内的苏联装甲部队全部被歼灭，25万名俘虏踏上了前往德国战俘营的旅程。更糟的是，苏联军队在过去6个月里苦心培养起来的脆弱的自信心，遭到了沉重打击。

4月，希特勒宣布了夺取高加索山区的迈科普（Maikop）、格罗兹尼（Grozny）和巴库这几处油田的意图。他谦虚地对哈尔德说，夺取

---

① 弗雷德里克·威廉·保卢斯（Friedrich Wilhelm Paulus，1890~1957年）：纳粹德国元帅，第二次世界大战期间历任德军第10集团军参谋长、德军副总参谋长和第6集团军司令。——译者注

这几处油田将重挫苏联的战斗能力，体现的是经济战的高明招数。不过，他也听取了国防军陆军总司令部的意见，从沃罗涅日（Voronezh）至伏尔加河畔的斯大林格勒，沿着顿河部署一道防守阵线，以保护深入敌方阵线的易受攻击的左翼。沿着整个阵线，德军唯一的另一个活动是包围列宁格勒。然而现在，他又盯上了另一座城市，执意要摧毁这座城市的工业生产能力，就因为这座城市是以他头号敌人的名字命名的。这座城市就是斯大林格勒。于是，正如前一年一样，希特勒再次犯了没能保持一贯的战斗目标的错误。他本能够占领斯大林格勒，也可以夺取高加索的油田，但两者不可兼得。然而，对他和德国而言，不幸的是，他两个都想要，却没有将两个同时拿下的实力，因而只能两头落空。希特勒的这个决定，将导致他本人和他打造的邪恶政府缓慢而稳定地走向毁灭。

为了这些共同目标，南方集团军群被一分为二。A 集团军群由陆军元帅西格蒙德·李斯特（Sigmund List）率领，将深入高加索地区。同时，B 集团军群将在病假归来的陆军元帅费多尔·冯·博克的指挥下，充当侧卫，沿沃罗涅日—斯大林格勒轴线建立计划中的防守阵线。

先前，德军利用一项欺骗计划，让苏联最高统帅部坚定地以为德军的目标是莫斯科。但是，当苏联方面在一架失事德国飞机中的参谋军官的遗体上发现了一系列德军真正的计划时，布良斯克方面军和西南方面军便在德军 B 集团军群的行进路线上部署了约 1200 辆坦克。一场坦克大混战便爆发了。战斗从 6 月 28 日打响，一直持续到 7 月。其间，两个方面军的指挥官不断地互相发号施令，直到上边下来一份不幸的命令，将装甲部队全交给一位指挥官指挥，其他部队交给另一位指挥官指挥，这让本就恶劣的局面雪上加霜。这样的安排，让除了两位指挥官以外的其他相关人员都感到难以接受。再加上苏军在装甲车的运用上不够灵活，败局已在所难免。当苏军的幸存者渡过顿河逃走时，希特勒怒不可遏，因为他认为，冯·博克不仅应该在指挥自己的装甲部队战斗时更具侵略性，以复制前一年占领了数不清的城镇的优异战果，而且他在占领沃罗涅日的行动上也耗费了太久的时日。至于冯·博克，他竟敢对国防军陆军总司令部的指令进行指责，被立即解职。他的职位则由冯·魏克斯（von Weichs）继任。

此时，希特勒再一次进行了灾难性的干预。霍特的第 4 装甲集团军原定作为攻打斯大林格勒的先锋。但是，7 月 17 日，希特勒决定让第 4 装甲集团军沿着顿河向南挺进，帮助冯·克莱斯特的第 1 装甲集团军拿下渡口，然后再开始大围剿之战，按照他的打算将苏联的南方方面军逼到河岸予以歼灭。

然而，这样的围剿战并没有打起来。苏联的南方方面军以尽可能快的行进速度撤出了包围圈，只留下了长长的不设防的河岸。因此，克莱斯特的工兵们在完成桥梁搭建期间并未遭到苏军的干扰，其余士兵则晒晒太阳，游游泳。但是，霍特的集团军突然到来了。两个装甲集团军拥有成千上万辆车辆，一下子造成了严重的交通堵塞，结果哪个集团军都得不到适当的补给。在北边，第 6 集团军被阻滞在顿河畔卡拉奇（Kalach），而此时第 4 装甲集团军本应在卡拉奇为第 6 集团军杀出一条通行的道路。这种局面一直持续到 7 月末才开始缓解。A集团军群开往了高加索地区，第 4 装甲集团军退回到 B 集团军群。然而，第 6 集团军越是逼近斯大林格勒，苏联的反抗越是激烈，直到 8月的第三个星期结束时，德军再也不能前进一步了。斯大林格勒的守军，是由瓦西里·崔可夫（Vasili Chuikov）将军指挥的苏联第 62 集团军。有些人可能会说，在成片的工业废墟中展开同归于尽式的战斗，这完全不符合战争理论中的任何规则，更不必说战场后方还有一条宽阔的河流。实际上，到了夜里，这条河便被用来往城里输送援军、弹药和物资，以及往城外撤离伤员。B 集团军群抵达伏尔加河就已经完成了使命，但不占领这座废墟城市，希特勒是不会满足的。保卢斯第6 集团军全员和第 4 装甲集团军的大部分兵力都被投入到了这场惨烈的战役中，本来准备输送给 A 集团军群的后备兵力和补给也被这场战役消耗掉了。这场在如山的角砾碎石和成片的残垣断壁间展开的战役，就是"凡尔登绞肉机"在第二次世界大战中的重演。

与此同时，A 集团军群正不断深入挺进高加索地区。8 月 9 日，第 1 装甲集团军抵达迈科普油田。8 月 25 日，莫兹多克（Mozdok）被占领。9 月 6 日，苏联在黑海的最后一个海军基地新罗西斯克（Novorossysk）沦陷。表面上看，苏联的全面战败似乎近在眼前。在这种形势下，实质性地占领斯大林格勒几乎没有任何意义。

但是，有人不这么认为。当 9 月突袭斯大林格勒的坚决尝试失败后，哈尔德向希特勒建议：在第 6 集团军北边掩护其侧翼的罗马尼亚第 3 集团军战线拉得过长，而且装备不足；在第 6 集团军南边掩护其侧翼的罗马尼亚第 4 集团军也面临着同样的困难；所以，第 6 集团军本身便深陷被包围的风险之中。

哈尔德被立即免除了职务，因为他显然没能领悟到希特勒的"英明"。他的继任者是库尔特·蔡茨勒（Kurt Zeitzler）将军。蔡茨勒原是一位参谋军官，能力出众，在对波兰和法国的战争中以及在"巴巴罗萨"行动中担任克莱斯特的参谋长期间表现出色。此时，第 11 集团军已经清除了克里米亚的敌军并占领了塞瓦斯托波尔（Sebastopol）。该集团军的司令曼施坦因对罗马尼亚军人的素质评价很低，而且他认为，对苏军而言，希特勒攻占斯大林格勒的执念已是明牌，他们很快就会利用这一点。

事实果真如此。这一具有决定性意义的行动代号为"天王星"（URANUS），行动的计划由格奥尔吉·朱可夫（Georgi Zhukov）元帅和亚历山大·华西列夫斯基（Alexander Vasilevski）元帅共同制订，于11月19日7点30分开始实施。在进行了飓风般猛烈的轰炸后，尼古拉·瓦图京（Nikolai Vatutin）将军的西南方面军突破了罗马尼亚第3集团军，将该集团军的5个师包围。国防军最高统帅部还未弄明白这种结局意味着什么，第二天早上，安德烈·叶廖缅科（Andrei Yeremenko）将军的斯大林格勒方面军便击溃、扫除了罗马尼亚第4集团军的抵抗。苏军的T-34坦克部队作为两支方面军进攻的先锋，在宽广的阵线上一往直前，无论是暴雪或是罗马尼亚士兵所能做的任何努力，都阻挡不住他们的前进。11月23日，这两支方面军在顿河畔卡拉奇实现了会师。

现在，第6集团军全军和第4装甲集团军的大部分兵力已经被完全包围。保卢斯申请突围，并得到魏克斯和蔡茨勒的支持。如果不是爱自吹自擂的戈林插话，希特勒也许就同意了保卢斯的申请。戈林承诺将通过空军为保卢斯提供所需的一切补给。这种无端的大话将带来可怕的后果，因为保卢斯每日补给的需求量为600吨，而德国空军的总运输能力只能达到这一半的量。最终，德军每日补给的物资平均不到100吨，尽管运输飞机返程时能够撤离一些伤员。

希特勒让现已升任陆军元帅的曼施坦因负责营救行动。曼施坦因费尽心力，算是集结了13个师的兵力，交于霍特负责战术指挥。霍特的任务是向敌占区突进75英里，同时被围困的驻军朝着霍特突进的方向突破。行动从12月12日开始，霍特创造了奇迹，突进到了距离斯大林格勒周边仅35英里处。但是，苏军的援军涌入霍特突进的路线上，令他无法继续向前。曼施坦因批准保卢斯开始突围，但保卢斯选择了服从希特勒新下达的让他守住阵地的指令。曼施坦因就算想帮他，也无能为力了。斯大林格勒战役注定要失败，总体的局势越来越糟糕。12 月 16 日，苏联调用西南方面军和沃罗涅日方面军，发起又一轮代号为"土星"（SATURN）行动的攻势。经过三天的战斗，意大利第 8集团军被歼灭，苏联的装甲部队开始向西开进。

仿佛这还不够糟糕似的，这些局势的发展导致 A 集团军群陷入了被孤立在高加索地区的威胁——除非曼施坦因的首要任务变为开辟一条逃生通道，可以让克莱斯特的大部分部队得以撤离。这绝非易事，需要应对苏军不断的进攻而展开一系列的机动作战。尽管如此，第 1装甲集团军仍然得以未受敌军侵扰地经由罗斯托夫（Rostov）而络绎不绝地撤出；同时，它在 A 集团军群的行动搭档第 17 集团军则退到库班半岛（Kuban peninsula），从那里由海路撤离至克里米亚。此后，A 集团军群和 B 集团军群合并为一支新的南方集团军群，由曼施坦因指挥。

1943 年 2 月 2 日，新被晋升为陆军元帅的保卢斯投降了。斯大林格勒战夺走了大约 12 万德军及其盟军士兵的性命。此外，9 万人走进苏联的战俘营，其中仅有 5000 人在战争结束多年后才再次看到德国。德军的物质损失包括 3500 辆坦克和自行火炮固定架、3000 架飞机、1.2 万门火炮和迫击炮，以及 7.5 万辆交通工具。希特勒下令，规定了一段时间为全国哀悼日，在此期间广播里播放着肃穆的音乐。希特勒坦率地承认，这场灾难的责任在他，同时愤怒地谴责：一位德国的陆军元帅竟然投降，这简直让人难以置信；保卢斯没有自裁，辜负了对他的提拔，是忘恩负义之举。

2 月 6 日，曼施坦因飞往希特勒的总部。希特勒仍然沉浸在斯大林格勒战役的惨败带来的震惊之中，但仍对曼施坦因保持了足够的敬意，同意了曼施坦因的建议——尽管心里不太情愿。曼施坦因的建议是，为了大局，要放弃罗斯托夫和顿河盆地，并在米乌斯河（Mius）的阵线建立新的防守肩角，以便南方集团军群躲在后边重新编组、重新部署。

曼施坦因的天才之处，部分在于他通常能够预知对手的意图，而且往往能够提前好几步。戈利科夫（Golikov）的沃罗涅日方面军和瓦图京的西南方面军持续向苏联南部挺进。随着时间一天天过去，他们最终的目标也越来越显而易见。戈利科夫的目标是哈尔可夫，而瓦图京将很快沿着第聂伯河左岸挥师南下，将南方集团军群孤立在背靠大海的巨大的包围圈内。然而，苏联军队的后勤基础设施是它的阿喀琉斯之踵。因此，曼施坦因准备拖延到苏联的两个方面军几乎耗尽补给之时，再发动反攻，这也是德军最后一次成功地应用歼灭战理论的一次反攻。只有等到那时，现在由埃贝哈德·冯·马肯森指挥的德军第1装甲集团军才会向北进攻，插入苏军的侧翼，将西南方面军赶回顿涅茨河（Donets）的另一边。接着，德军的两个装甲集团军将插入沃罗涅日方面军的侧翼，如果哈尔科夫已经落入戈利科夫手中，就将它再次夺回。攻势继续向北推进，将清除库尔斯克地区残余的苏军，并与中央集团军群适时投入到战斗中的、鲁道夫·施密特大将的第2装甲集团军实现会师。

2月16日，戈利科夫占领了哈尔可夫。翌日，希特勒飞到曼施坦因位于札波罗结（Zaporezh）的指挥部，要求了解究竟是什么状况。曼施坦因向他做了详细汇报，并指出他已实现了坦克7比1的局部优势，同时空军可以部署的飞机数量也达到了苏联空军的3倍。希特勒没更多可说的了，便于2月19日离开了。第二天，当瓦图京的坦克距离札波罗结仅20英里时，曼施坦因下达了发起攻势的命令。

在坦克畅通无阻的地区，马肯森的装甲部队直捣瓦图京方面军的侧翼。由于弹药严重短缺，苏军的抵抗过程非常短暂，那些因缺乏燃料而止步不前的纵队也被轻松碾压。到了月底，但凡能逃跑的苏军，都逃到了顿涅茨河的对岸，身后留下了 615 辆坦克、400 门火炮，2.3 万名牺牲的战友以及 9000 名俘虏。戈利科夫派出了大部分的装甲车辆去援助邻军，结果却被德国空军的地面攻击大队炸成一团团的废铁。戈利科夫拼尽全力，试图在哈尔科夫以南建立连贯的防线，但几乎立刻就被霍特的部队碾过了。3 月 11 日，哈尔科夫被孤立，4 天后再次落入德军手中。沃罗涅日方面军共计损失坦克 600 辆、火炮 500 门，死伤 4 万人。只有将道路变成又深又黏的泥淖的春雨，才能阻挡曼施坦因拿下所有目标。曼施坦因之所以能够取得如此彻底的胜利，一个重要的原因在于，他的反攻计划是在他自己的指挥部制订的。假若计划是在国防军最高统帅部制订的，那么苏联将会对计划的大部分细节都了若指掌。苏联能做到这一点，要多亏"露西"谍报网（Lucy spy ring）的一位线人。这位线人的身份至今仍然是"二战"未解之谜之一，但他能出现在国防军最高统帅部，说明他的级别非常高。

如果说这场胜利给了柏林庆祝的理由，那么来自北非的消息则冲淡了他们的喜悦。去年在北非旗开得胜的局面已经被逆转。1942 年 5 月 26 日夜里，隆美尔试图绕过英军在加查拉的防线南端，迂回攻击英军的防线。然而，隆美尔低估了新运抵的"格兰特"中型坦克的威力，在第二天的战斗中受到重挫，而且被逼到了自己的布雷区前边。所幸英军的指挥出现了严重失误，他才免受袭扰。然而，因为用光了水，他已经处于向敌人求和的边缘。就在此时，隆美尔的意大利盟军突破了布雷区，带来了新的补给。隆美尔在打退了敌方头一次不协调的攻击之后，成功突围，全面战胜了英军的装甲部队，并继续攻占了托布鲁克港，缴获了大量补给和军用物资。隆美尔因此被授予陆军元帅权杖。

此时，隆美尔赌徒的天性开始作祟。他将撤退的英军第8集团军一直追击至埃及，直到在距离亚历山大港60英里的阿拉曼，才停止追击。缺少燃料、连日鏖战让他们无法继续前进。此外，英军空降了新的指挥官伯纳德·蒙哥马利（Bernard Montgomery）。蒙哥马利接管了英军第8集团军，恢复了队伍的士气，重新确立了正统的战术。当隆美尔刚好积攒够燃料，准备在阿拉姆哈勒法（Alam Halfa）迂回攻击蒙哥马利的阵地时，蒙哥马利的一切努力便起到了令人头痛的效果。隆美尔被果断击退，损失惨重。

现在，隆美尔和他的军队实际上已经成为他们前期胜利的俘虏。他们在托布鲁克缴获的物资已消耗殆尽，而英国皇家空军又取得了绝对的空中优势，使德军从班加西（Benghazi）、德尔纳（Derna）、托布鲁克和巴迪亚（Bardia）这几个港口输送物资的想法几乎完全不可能实现。唯一安全的港口是远在1000英里以外的的黎波里（Tripoli），如此一来，运送至战场的燃料仅够支持日常运转。继续前进不现实，撤军便意味着要进入机动作战模式，而这种作战模式的消耗是轴心国军队根本承担不起的。

蒙哥马利深深了解这一点。而且，由于他的装甲车辆与隆美尔可调用的装甲车辆相比占有数量优势，他打算打一场"崩溃"战，先攻击一处，再换一处攻击，迫使隆美尔消耗宝贵的燃料，直至丧失作战能力。10月23日晚上，第二次阿拉曼战役打响，一直持续到11月4日。11月4日这天，隆美尔试图撤出机动部队的剩余兵力，而这一行动却因希特勒毫无意义的坚守命令而拖延了24小时。11月8日，当英美第1集团军在阿尔及利亚和摩洛哥登陆后，隆美尔所剩的唯一选择是经由利比亚撤退到突尼斯，行进 1500 英里，只在必要时进行一些顽抗行动。到了突尼斯，他可以躲在最初法国人为了抵御意大利人而修建的马雷特防线（Mareth Line）后边，争取一些时间。

如果隆美尔曾希望他的队伍或许能从突尼斯撤到欧洲，那他就大错特错了。希特勒和墨索里尼打算将突尼斯打造成轴心国的防守阵地，立即又派来一个装甲师，一个虎式重型坦克营，以及手边任何可以调用的步兵编队，包括一个惩戒营（penal battalion）。这些援军中，一部分是通过巨大的哥达滑翔机（Gotha gliders）飞到海峡对岸的。援军的指挥官是汉斯 - 于尔根·冯·阿尼姆大将。冯·阿尼姆是前近卫步兵军官，在苏联先后指挥过一个装甲师和一个装甲军。

在冬季的月份里，同盟国军队试图通过闪电奇袭夺取突尼斯的行动失败，随后双方陷入了僵局。在北方，2 月 23 日，冯·阿尼姆的部属被命名为第 5 装甲集团军。1943 年 2 月 14 日至 22 日，隆美尔担心同盟国军队会突入马雷特阵地的后方，便针对经验不足的美军第 2 军发起了重点攻击，突破了凯塞林山口（Kasserine Pass），成功击退美军第 1 装甲师零散的反击，重创了敌人。英美的援军抵达这一地区，阻挡住了隆美尔继续前进的步伐，隆美尔便撤回到了马雷特阵地。

2 月 26 日，轮到冯·阿尼姆的第 5 装甲集团军发挥了。该集团军攻击了突尼斯北部的几个英军阵地，虽然敌人的顽强抵抗令德军损失了大量装甲车辆，但仍然夺取了一些阵地。3 月 6 日，隆美尔率领三支装甲师倾巢出动，对英军第 8 集团军位于梅德宁（Medenine）的阵地发起重点攻击。英军将他们的反坦克炮一直隐藏起来，直到德军的装甲车辆进入近身射程内才开火。炮火齐发，集中打击在了停滞不前的进攻者身上，迫使德军撤退，留下 50 辆珍贵的坦克在战场上。

隆美尔也许容易冲动，但他是一个现实主义者。他明白，孤立无援的突尼斯战役不会有什么结果。他飞到希特勒的总部，要求将相关部队撤离。希特勒驳回他的请求，让他无限期地休了病假。冯·阿尼姆接管了在突尼斯德军的总指挥权，古斯塔夫·冯·韦尔斯特（Gustav von Vaerst）将军接管了位于突尼斯北部的第5装甲集团军，乔瓦尼·梅塞（Giovanni Messe）将军则负责指挥突尼斯南方的部队。从2月23日起，突尼斯南方的部队开始被称为意大利第1集团军。

经过一星期的鏖战，3月26日，蒙哥马利用计将意大利第1集团军诱出了马雷特防线，迫使它退到了下一个防御阵地阿卡利特河床（Wadi Akarit）。就在这场战役进行期间，乔治·史密斯·巴顿（George S. Patton）中将的美军第2军对马克纳西（Maknassy）发起攻击，力图切断乔瓦尼·梅塞将军的交通线，但被德军第10装甲师和一个虎式坦克连阻挡住了，损失了44辆坦克。随后，第10装甲师向位于盖塔尔（El Guettar）的美军第1步兵师发起反击，但进攻由于布雷区的阻碍而戛然中止，在遭到敌军的第899坦克歼击营炮兵集中火力的攻击后，被迫撤退。

4月6日，阿卡利特河床的防线遭到英军第8集团军的突袭。4月稍晚时候，丰杜克山口（Fondouk Pass）落入英军第9军的手中。现在，轴心国军队被困在了突尼斯东南角的飞地，在作为海岸平原内陆界线标志的山脉上背水一战。轴心国军队的指挥官以为这片地形是坦克攻不上来的。实际上，如果不是英国的"丘吉尔"坦克能攀爬斜坡地形，这场战斗可能就发展成了持久战。28日，由现有德、意两军各分队组成的一支合成战斗群设法再次占领了布奥卡兹山（Djebel Bou Aoukaz）这一关键地形，在与第24近卫旅展开激烈战斗后暂时守住了这一阵地。然而，这却是这支队伍最后的高光时刻了，他们已经战斗到了极限。不久之后，英军第6、第7装甲师便从梅杰达河谷（Medjerda valley）鱼贯而出，涌上海岸平原，继续朝突尼斯挺进。与此同时，被重新部署在同盟国军队阵线北端的美军第 2 军也已经取得突破，直奔比塞大（Bizerta）港口。

5 月 12 日，冯·阿尼姆投降。约 27.5 万人被俘，包括许多高级军官。从这方面来说，这场惨败已经可以与三个月前的斯大林格勒战役相提并论了。此外，它还令德军损失了三个装甲师。看来，战争的天平已经开始渐渐朝着不利于德国的方向倾斜。

同盟国军队不失时机，乘胜追击，于 7 月 10 日登陆西西里岛。岛上的德军顽固抵抗，但他们的努力却被充满厌战情绪、不愿继续战斗的意大利盟军拖了后腿。因此，德军不得不战术性撤离，于 8 月渡过墨西拿海峡（Straits of Messina），完成了一次熟练执行的撤退。

7 月 24 日，墨索里尼被赶下台。他的继任者巴多格里奥（Badoglio）元帅与同盟国开启了秘密磋商，希望对方能同意签订停战协议。9 月 3 日，同盟国同意了协议，将在 5 天后对外宣布。与此同时，出于对身处意大利的德军安全的考虑，希特勒开始往意大利北部调度援军，意图解除意大利军队的武装。同时，陆军元帅阿尔贝特·凯塞林[1] 认为，同盟国正在计划提前登陆，而登陆的地点很可能会是在萨勒诺（Salerno）。

9 月 3 日，英军第 8 集团军的分队在意大利地形脚趾位置的雷焦卡拉布里亚（Reggio Calabria）完成一次牵制性登陆，随后于 9 月 9 日在塔兰托（Taranto）完成第二次登陆，时机选择上与马克·克拉克（Mark Clark）将军的英美第 5 集团军在萨勒诺的登陆保持了一致。凯

---

① 阿尔贝特·凯塞林（Albert Kesselring, 1885~1960 年）：第二次世界大战期间纳粹德国空军元帅。1904 年以见习军官的身份加入巴伐利亚陆军，第一次世界大战期间曾在东西两线服役，战后留任德国陆军。1933 年凯塞林从陆军离职，赴任帝国航空部行政首长，1936~1938 年担任空军参谋长。在"二战"最后几天里，凯塞林还担任过德军西线总司令。——译者注

塞林立即做出反应，在萨勒诺的滩头堡周围部署了六个师的兵力，滩头堡上的每个细节都尽收四周山上德军炮兵部队的眼底。有了海军炮火、空中支援，再加上仓促赶来的援军，德军防线这才免于崩溃。然而，当英军第 8 集团军的先遣分队抵达滩头堡的南端时，凯塞林开始于 9 月 18 日向西北方向撤退。与此同时，意大利军队只进行了最低限度的反抗，就被迅速高效地解除了武装。大部分意大利军人或是直接回家，或是加入了山中的游击队。

现在，英美第 5 集团军在亚平宁山脉以西进发，于 10 月 1 日攻占了那不勒斯，一直到 10 月 8 日才因沃尔图诺河（Volturno）涨水，冲毁了所有过河的桥梁而受阻。英军第 8 集团军在亚平宁山脉以东挺进，于 9 月 27 日占领了福贾（Foggia）的大型空军基地，10 月 3 日抵达亚得里亚海岸的泰尔莫利（Termoli）。现在，意大利的这场战争的格局已经确定了。亚平宁山脉的东西两面，山脊都向着大海延伸，中间是陡峭的河谷。在一次进一步的两栖作战行动中，为了动摇坚不可摧的古斯塔夫防线，同盟国军队需要在安齐奥（Anzio）登陆，但是由于相关将军的怯懦，这一行动险些酿成灾难。因此，对于同盟国军队来说，每一道山脊和毗邻的如卡西诺山（Monte Cassino）这样的重要地形，都必须一一占领，这是一个代价高昂又耗时的过程。在这样的背景下，德军又是打造伪装防御区域以及设置各种巧妙的伪装地雷的高手。德军最新打造的给人"惊喜"的伪装防御区域，包括了将豹式坦克的炮塔埋进混凝土基座、炮塔的部位只有几英寸伸到地面上的防御区。此外，他们还是搞破坏艺术的专家，能够让道路长期无法通行。当然，这里本来也不是便于坦克通行的区域。坦克只能被双方用于支援步兵、补充炮兵火力、扰乱射击和远程狙击。

当然，对德军而言，同盟国军队也有给他们准备的"惊喜"。从东线调过来在意大利或西线战斗的老兵们，都被英美两国火炮的威力、准确性、灵活性和快速反应的敏捷性震慑到了。这些火炮可以在战场上随意地转移射击，是他们前所未见的。此外，同盟国军队的地面攻击飞行中队还总是等待着时机，用炸弹和火箭弹进行突袭。

对德国来说，意大利是第二战场。但是，当被问到为什么他们如此顽强地捍卫在意大利的阵地时，德军的战俘通常会给出两个理由。第一，他们这样做，是为了减少从东线调兵的需求，有助于祖国抵御苏联的入侵。第二，在诺曼底登陆日后，他们在意大利牵制同盟国军队，可以阻止他们转战法国。1945 年，意大利的德军最先投降，不过是承认了这场战争继续打下去已毫无意义罢了。

冯·曼施坦因 1943 年春的成功还击之后，德国的军事高层已经普遍接受了这样的事实，即想摧毁苏联已变成不可能的事。除此之外，有人认为，如果能够让红军再吃一次大败仗而被充分削弱，也许可以基于战前现状的基础上达成某种程度的和平谈判。

5 月 3 日，希特勒召集了一场会议，讨论苏联阵线的局势。会议的出席者包括希特勒的国防军最高统帅部参谋人员，陆军总参谋长蔡茨勒将军，分别指挥南方集团军群和中央集团军群的陆军元帅冯·曼施坦因和陆军元帅冯·克卢格，第 9 集团军司令莫德尔将军，3 月 1日起担任陆军装甲兵总监的海因茨·古德里安将军，以及装备部部长阿尔伯特·斯佩尔（Albert Speer）。希特勒拿出了蔡茨勒为他制订的一份计划。计划的目标是以库尔斯克为中心的一块突出阵地，阵地宽100 英里、纵深 70 英里。当春天冰雪消融阻滞了曼施坦因的反攻时，这块突出阵地还在德军的战线上。让南方集团军群和中央集团军群从这片阵地的侧翼对它进行集中攻击，可以消除这一阵地，包围苏军很多个师的兵力，从而显著削弱其实力。

大家意见分歧很大。曼施坦因觉得，这份计划在 4 月也许行得通，但目前他对此抱有严重保留态度。蔡茨勒认为，有虎式重型坦克和新型豹式坦克，保证能成功。古德里安更为现实。他说，豹式坦克还有一些初期问题有待解决；而且，不管战斗结果如何，不可避免的一点是，坦克的损失将是沉重的，而那时正是需要建造后备的坦克的时候，以应对预料中的同盟国军队在法国的登陆。斯佩尔支持这一观点。莫德尔指出，目标太显而易见了，苏军已经在广泛深入地加固该突出阵地的壁垒，还在适合的反攻区域集结了装甲部队。莫德尔已经很熟悉情况了，但他并不掌握苏军对该突出阵地的防御做到了多么完善的程度，因为"露西"谍报网已经让苏军对德军的意图掌握得一清二楚。最后，这片突出阵地的壁垒之外还将由三块纵深达 45 英里的防御区防护起来，覆盖着 2 万门火炮，其中三分之一都是反坦克武器，并且外围设置了布雷区，布雷区达到了每英里前线布设 2500 颗反步兵地雷和 2200 颗反坦克地雷的密度。

尽管遭到了严重反对，蔡茨勒的计划还是被会议通过，并被启动为"卫城"（ZITADELLE）作战计划。如果行动失败，对德国来说其后果将是灾难性的。即便会议结束一周后，希特勒还告诉古德里安，他一想起这个计划，胃里便会一阵翻腾。这表明，希特勒很清楚，当需要谨慎评估风险时，他们却选择了豪赌。在这场后来成为历史上规模最大的坦克大战中，德军部署了 2700 辆坦克和突击炮、1 万门炮兵武器、2500 架飞机和 90 万名士兵。苏军除了在炮兵方面占 2 比 1 的优势外，在其他方面的实力并不比德军有明显的优势。具体来说，苏军拥有 3300 辆坦克和突击炮、2650 架飞机和 133.7 万名士兵。苏军将这些资源部署在了三块防区上：突出阵地的北半边防区由康斯坦丁·罗科索夫斯基（Konstantin Rokossovsky）元帅的中央方面军镇守；

南半边的防区由沃罗涅日方面军守卫，戈利科夫在 2 月的灾难性事件之后被免职，现在沃罗涅日方面军便由瓦图京指挥；紧挨着上边两块防区的后方区域则由伊万·科涅夫（Ivan Koniev）的预备队方面军（Reserve Front）把守。预备队方面军又称草原方面军（Steppe Front）。

7 月 5 日，"卫城"行动开始。对豹式坦克过早投入使用的担心是完全有道理的。从兵站到行动集结区域的路上，到处是抛锚的豹式坦克，抛锚的主要原因是发动机起火和传动故障。在第一天的战斗中，更多故障和战斗损毁导致第 4 装甲集团军可以调用的豹式坦克的理论数量从 200 辆减少到了区区的 40 辆。随着战斗继续，这很快发展成为残酷的消耗战，科学的用兵之术在战役中没有任何用武之地。7 月 12 日，当拥有 700 辆坦克的第 4 装甲集团军与拥有 850 辆坦克的苏联第 5 近卫坦克集团军展开交锋时，战役也达到了高潮。德军的坦克在重炮火力方面占优势。为了抵消这种优势，苏军的坦克便开到自杀式的近距离射程内，甚至在普罗霍罗夫卡（Prokhorovka）附近展开的一次混战中选择与德军的坦克进行自杀式撞击。

最终，苏军撤退，抛下了 400 多辆坦克。德军第 4 装甲集团军损失了大约 300 辆坦克，包括 70 辆虎式坦克。当"卫城"作战正在进行时，同盟国军队在西西里登陆了。希特勒通知他的高级指挥官，意大利已经濒临崩溃，所以必须从东线撤出部队以支援意大利。与此同时，苏军动用瓦西里·索科洛夫斯基（Vasili Sokolovsky）将军的西方方面军和 M. M. 波波夫（M. M. Popov）中将的布良斯克方面军，向奥廖尔（Orel）突出阵地发起反攻。奥廖尔突出阵地是它北面紧邻着的库尔斯克突出阵地的对应体。在这次反攻中，德军第 2 装甲集团军遭到重创，以致曼施坦因不情愿地把几个装甲师抽调给克卢格，以便莫德尔的第 9 集团军能够得到充分的保护。"卫城"行动就这样失败了。7

月 17 日，希特勒承认了这一事实。这次行动造成了两个显而易见的直接后果。首先，双方各自损失了 1500 多辆坦克。但是，对苏军而言，这一损失并不那么严重，因为苏联军用物资的产量远远超过德国，而且不管怎样，他们都可以从战场上回收很多损毁的坦克。说到底，这些坦克还是他们的。但是，在当前局势下，德国却再也无法建立一支可以与之相提并论的装甲突击部队了。其次，同样激烈的空战在整个作战区域同时进行，却没有分出明确的胜负。德国空军总参谋长耶顺内克（Jeschonnek）大将为此感到非常沮丧，乃至自裁了。他一直是近距离战术空中支援的坚定拥护者。在这方面，他令人印象深刻，因为在他的继任者君特·科尔登（Günther Korten）将军的领导下，德国空军的首要任务变成了保卫本土，抵御英国皇家空军轰炸机司令部、驻在英国的美国第 8 航空队以及驻在意大利空军基地的美国第 15 航空队一次又一次的进攻。德国空军部队的稳步撤出，意味着德军地面部队将被迫在空中支援不断减少的情况下进行作战。不仅如此，由于数目庞大的 88 毫米口径防空炮要么从前线撤出，要么留在了国内进行防御，德军地面部队针对装甲部队攻击的防御能力也遭到了相应的削弱，因为 88 毫米口径防空炮在反坦克的作用上几乎没有其他武器可以与之相比。

每一位了解情况的德国将领都明白，随着"卫城"行动的失败，现在战略主动权已经不可挽回地转移到了苏军手中。正如冯·曼施坦因在《失去的胜利》（Lost Victories）一书中对这一时期所做的描述：

> 自此之后，南方集团军群发现，它自己发起的防御战，只不过是一套临时迎敌、仓促应对的作战方法而已。这场防御战的全部实质，就在于让自己留在战场上，尽最大可能地消耗敌人的进攻能力。

尽管曼施坦因擅长机动防御作战，希特勒仍然命令他在哈尔科夫坚守。8 月 3 日，当苏联的一次突破令曼施坦因集团军群的大部分兵力陷入被孤立、歼灭的危险时，他不顾希特勒的命令，通过巧妙的反击，有序地撤退至第聂伯河。出乎意料的是，尽管苏军一直承受着沉重的损失，他们仍然维持了整个秋季的攻势。当苏军的攻势最终于 11 月停下来时，他们已经把克莱斯特的中央集团军群逼退到普利佩特沼泽（Pripet Marshes）的边缘，重新占领斯摩棱斯克和基辅，夺得了第聂伯河上一处桥头堡，并截断了在克里米亚的德军第 17 集团军的退路。

地面一冻结实，苏军就在普利佩特沼泽和第聂伯河沿岸地区延续了之前的攻势，迫使曼施坦因撤退。在北方，在苏联列宁格勒方面军和沃尔霍夫（Volkhov）方面军的紧逼下，格奥尔格·林德曼（Georg Lindemann）将军的第 18 集团军不得不放弃对列宁格勒的围攻，并在撤离时险些被波罗的海第 2 方面军围剿。这些事态的发展迫使冯·屈希勒尔（von Küchler）将军命令他的北方集团军群开始全面撤退。1 月 31 日，沃尔特·莫德尔将军接替了屈希勒尔，他于 1944 年 3 月 1 日沿纳尔瓦—普斯科夫—波罗茨克（Narva-Pskov-Polotsk）一线阻滞了苏军的进攻，这一成就让他晋升为陆军元帅。

1 月 29 日至 2 月 17 日期间，在科尔松（Korsun）附近南方集团军群的战区，德军的两个集团军被分别由朱可夫和科涅夫指挥的乌克兰第 1、第 2 方面军所孤立。曼施坦因企图施以救援，但救援行动因一场暴风雪而阻延，之后又因为冰雪消融而搁浅。被困的集团军中，约 3 万名士兵设法突围了出来。据苏联方面估算，被围困的德军伤亡人数约为 7.5 万人。这一数字被认为是高估了。此后，苏军继续前进，渡过了布格河与德涅斯特河。

从 3 月 10 日开始，汉斯·胡贝将军的第 1 装甲集团军开始在苏军阵线的后方行动。他们的补给由空军提供，行动受曼施坦因指挥。胡贝破坏了苏军的交通线，然后采用被称作"移动的口袋"（travelling pocket）的战术进行突围。在这种战术中，前锋开路，两翼和后卫防守。4 月 16 日，胡贝的部队开始进入友军阵线。在这次的征途中，他们消灭了苏军不下于 337 辆坦克和 42 门自行火炮。4 月 20 日，胡贝被授予橡叶双剑钻石骑士铁十字勋章的荣誉。在整个"二战"期间，钻石骑士铁十字勋章的荣誉仅有 27 次，胡贝这次就是其中之一。然而，他在受勋后因空难而丧生。

3 月 30 日，曼施坦因和克莱斯特被召到希特勒面前。元首授予他们双剑骑士铁十字勋章，以感激他们的贡献，然后解除了他们的职务。曼施坦因确信，他被解职的原因之一是他在与希特勒的争论中能够占上风，而希特勒的亲信如戈林、希姆莱和凯特尔都对曼施坦因那种恃才傲物的态度表示不满。克莱斯特受到处罚，则是因为他允许自己的集团军群撤退，尽管他那时承受了来自朱可夫和罗季翁·马利诺夫斯基（Rodion Malinovsky）将军的两个乌克兰方面军的巨大压力。

6 月中旬，德军的高级指挥官中间就流传着同盟国军队在法国登陆的传言——尽管如果有人相信了戈培尔博士的宣传机器所散播的消息的话，入侵者们已经在海滩边被牵制住了。更让当地人关注的消息是，战争早期因德军进攻而未随大部队撤离的苏联士兵组成的游击队，几乎已经瘫痪了中央集团军群的后方交通。中央集团军群的指挥官恩斯特·布施（Ernst Busch）将军推断，他所在的战区将是敌人下一次重点进攻的目标。他请求希特勒允许他撤到贝尔齐纳河（river Berezina）之后。这样一来，苏军便会扑个空。布施还建议，在前沿阵地留一道前哨线，集团军群的大部分兵力则据守在前哨线之后 12 英里的主阵地上，保持在火炮的射程之外。布施认为，这样将扰乱苏军严格分阶段进行的进攻时刻表，在敌军的进攻梯队中间制造无序和混乱的局面，然后及时反攻，将获得可观的回报。希特勒对此丝毫不感兴趣，命令布施在当前的阵地坚守迎敌。

与中央集团军群对垒的是伊万·巴格拉米扬（Ivan Bagramyan）将军的波罗的海第 1 方面军、伊万·丹尼洛维奇切尔·尼亚霍夫斯基（I. D. Chernyakovsky）将军的白俄罗斯第 3 方面军（Third Belorussian Front）以及康斯坦丁·罗科索夫斯基元帅的白俄罗斯第 1 方面军。对阵的双方仅在兵力方面势均力敌。在其他方面，苏军拥有 2.86 万门火炮，德军拥有 1 万门火炮；苏军拥有 5300 架飞机，德军拥有 1300 架飞机。在装甲车辆这一核心要素上，苏军可以投入战场的坦克有 4000辆，而德军只能拿出来 900 辆。苏军还为 T-34 型坦克加装了 85 毫米口径的火炮，安装在这种坦克更为宽敞的炮塔里。此外，苏军还新装备了 IS 型坦克，即"约瑟夫·斯大林"重型坦克。这种坦克穿着厚厚的装甲，装备有 122 毫米口径的火炮。在突击炮和坦克歼击车方面，德军则略占优势。

苏联的攻势代号为"巴格拉季昂"（BAGRATION）行动，于 6 月22 日开始发起。发起的那天，正好是"巴巴罗萨"行动的三周年纪念日。在部署的火炮据估算达到了每英里 400 门的正面宽度上，苏军的炮兵部队提供了大规模的火力支持。在这种火力支持下，苏军在正面宽度达到了 350 英里的阵线上，沿着斯摩棱斯克—明斯克—华沙的轴线以排山倒海之势向前推进。德军的部队立即被装甲车辆的钢铁洪流所吞没。即使未被吞没，也会遭到苏军成群的对地攻击机的不断侵袭和牵制。苏军的进攻目标接二连三被双重包围，孤立起来。6 月 27日，维捷布斯克（Vitebsk）被孤立。第二天，莫吉廖夫（Mogilev）被包围。6月29日和7月3日，博布鲁伊斯克（Bobryusk）和明斯克分别被封锁。苏军不下于40个坦克旅和数不清的骑兵机械化作战群全速奔袭，穿过原为波兰东部的地区，于7月13日抵达维尔诺（Wilno），23日抵达卢布林（Lublin），28日抵达布列斯特-立托夫斯克。当这次的攻势最终在逼近维斯瓦河时停下来时，在四周的时间内，苏军挺进了450英里，在德军的阵线上撕开了一个250英里的缺口。苏军声称，他们消灭了德军25个师，造成德军被俘15.8万人，伤亡38.1万人，被摧毁或缴获装甲车辆2000辆、火炮1万门以及机动车辆5.7万辆。无论这些数字是否言过其实，但德军的中央集团军群遭到了致命的打击，这是毋庸置疑的。

1944年6月6日，英国、加拿大和美国的军队参加了史上规模最大的一次两栖作战，在诺曼底的海岸登陆。同盟国军队的登陆是预料之中的事，但希特勒以为，他们会在加来登陆。同盟国精心设计的骗局也让希特勒对自己的判断深信不疑，将装甲部队留在了这一区域，计划在这里挫败同盟国军队的"入侵"。尽管自法国被入侵以来，英吉利海峡海岸的其他地方都被设了重防，但布防的方方面面都是众所周知的，所以英国军队早已开发了一系列的装甲车辆，可以应对德军布防的各个方面，从而大幅避免了步兵无谓的伤亡。在编制上，这些装甲车辆隶属于第79装甲师，但在行动上它们是以团队作战，根据手头任务性质的不同而变化团队的组合。这些车辆包括水陆两栖坦克、架桥车、用于填塞反坦克壕沟的束柴运输车、扫雷车、过卵石滩时使用的路垫铺设车、拆除用途的工程车，后来又增加了几个团的喷火坦克。

德军在法国共有54个师，包括10个装甲师。步兵师的素质参差不齐，很多师的兵力不足，一些士兵的忠诚度令人质疑，尤其是波兰和苏联的战俘，其中大多数很少或者根本不会说德语。时机一到，那些波兰人便迫不及待地加入与英军并肩作战的本国同胞，即加拿大第1集团军编制下的波兰装甲师。西线总司令一职由冯·伦德施泰特担任。理论上，冯·伦德施泰特可以控制隆美尔的 B 集团军群（第 7、第 15 集团军）和约翰内斯·布拉斯科维茨（Johannes Blaskowitz）大将在法国南部的 G 集团军群（第 1、第 19 集团军）。隆美尔认为，无论敌人在哪里登陆，都应该坚决迎敌，在海边就将敌人击溃。正如古德里安指出的，他与冯·伦德施泰特两人的观点与隆美尔截然相反：

> 我们的意见是，一切都取决于我们是否准备好了充足的装甲师与装甲掷弹兵师的后备力量；这些兵力必须驻扎在内陆，与所谓的"大西洋壁垒"保持足够的距离，这样一旦确认了敌军主要的入侵地点，就可以轻而易举地将兵力调过去迎敌。

到了 6 月 6 日午夜，由伯纳德·蒙哥马利将军指挥的约 7.5 万名英国和加拿大军人以及 5.75 万名美军登陆了。他们立即投入到连接五个滩头堡的任务中。到了 6 月 12 日，这项任务就已经完成了，在敌人面前打造了一条 50 英里长的坚固战线。然而，同盟国军队的诺曼底登陆虽然令德军完全措手不及，但他们在内陆还是要付出代价的。诺曼底大部分地区被一种称为"波卡基"（bocage）的乡村地形所覆盖，这种地形由被深埋入土堰中的树篱分隔成的小块田地和狭窄的阡陌组成。这种地形不利于坦克通行，但利于防御，同盟国军队的步兵因而伤亡惨重。同盟国军队的战略目标，是要把德军的装甲部队诱到英军的战区，同时美军准备好从战线的南端突破。蒙哥马利通过发动一系列具有潜在危险的装甲作战行动，特别是在卡昂地区代号为"埃普索姆"（EPSOM）和"古德伍德"（GOODWOOD）的行动，从而实现了这一目标。在这些行动中，同盟国军队在德军坦克、突击炮、坦克歼击车和反坦克炮从隐蔽位置发射的集中火力的打击下，因伤亡惨重而没能进一步前进。但是，他们的确达到了目标，因为同盟国联合起来的工业生产能力非常强大，即便消灭敌人一辆坦克就需要付出四五辆坦克的代价，也没有多大妨碍。毕竟，这些坦克损失了，立刻就会有新的补充上来。

除此之外，诺曼底的德军在对面海军支援炮火、精确空中打击和集中的炮兵火力的联合攻击下，同样损失惨重。7月1日，伦德施泰特与国防军最高统帅部的凯特尔通了电话。苏联和法国的当前局势让凯特尔完全不知所措。"我们该怎么办？我们该怎么办？"他反复地问道。伦德施泰特的回答简单干脆、一针见血："讲和吧！你们这些蠢货！不然还能怎么办？"凯特尔或希特勒没料到伦德施泰特会给出这样的回答，也不想听到这样的回答。第二天，一位名叫海因里希·伯格曼（Heinrich Borgmann）的上校来到伦德施泰特的巴黎总部，向这位陆军元帅递交了两样东西。一样是为他骑士铁十字勋章加的银橡叶，一样是解职信。海因里希·伯格曼告诉他，冯·克卢格元帅将接替他的职位。尽管极为恶劣的局势还在继续恶化，希特勒仍然发布了又一项"不撤军命令"。7月17日，同盟国军队一架在空中徘徊的战斗轰炸机突袭了隆美尔的指挥车，令形势进一步恶化。隆美尔伤势严重，被撤离至德国。于是，冯·克卢格将隆美尔的职责也揽了过来。多月以来，德军的高级将领们便心知肚明，希特勒正带领德国走向惨败。他们酝酿了多次谋杀希特勒的行动，结果都无疾而终。但是，7月20日，一枚被安放在希特勒位于东普鲁士总部情报室的炸弹爆炸了。虽然希特勒被炸伤，但却没被炸死。事后他对密谋者疯狂报复，手段残忍得令人难以置信。

7 月 25 日，美国人开始了代号为"眼镜蛇"（COBRA）的突破行动。首先，美国陆军航空队用 4200 吨的高爆炸药对德军的阵线进行地毯式轰炸，炸出了一条通道。这次的轰炸极为有效，但约有 500 名美军因"近距离"轰炸而阵亡或负伤。此后，奥马尔·布莱德雷（Omar Bradley）将军的第 1 集团军于 7 月 28 日通过缺口一路杀进库坦塞斯（Coutances），第 1 集团军的装甲部队作为先锋于 31 日抵达阿夫朗什（Avranches）。第二天，乔治·史密斯·巴顿将军的第 3 集团军穿过阿夫朗什缺口。此前，这支集团军的出现一直保持着高度机密。在接下来的两周里，巴顿的装甲部队将敌人从布列塔尼（Brittany）杀退，然后调转向南，一直挺进到卢瓦尔河（Loire），再调转向东前进。同时，巴顿的步兵部队直奔勒芒（le Mans）。即便希特勒也能看出，如果美军第 1、第 3 集团军调转向北，桥头堡对面的德军部队就在劫难逃了。他命令克卢格集结 8 个装甲师进行反击。克卢格是专业的。他建议，应该利用这些装甲师形成一道护盾，让军队其他兵力可以躲在护盾后边，撤到塞纳河的对岸。这一明智的建议被当场否决。与之相反，希特勒下令通过莫尔坦（Mortain）向阿夫朗什发起大规模反攻，达到孤立巴顿集团军的效果，一旦巴顿集团军的补给被耗尽，他们就构不成威胁了。这种战术的选择完全是从地图出发，丝毫没有考虑前线的实际情况，特别是空中优势方面。同盟国军队预料到了希特勒这招。作为应对，英军第 2 集团军发起了代号为"蓝衣"（BLUECOAT）行动的攻势，进攻目标定为蒙特潘松（Mont Pinçon）和维尔河（Vire river）。这就确保了那些希望加入莫尔坦反攻行动的德军部队要赶更远的路，很可能无法及时抵达集结区域。事实上，白天任何时候行军都会吸引同盟国军队对地攻击战机的注意。因此，克卢格只集结了 4 个装甲师，共计拥有 185 辆坦克和突击炮。

8月7日早晨，在恶劣的飞行条件的助攻下，德军的反攻开始。德军第2装甲师设法前进了7英里，但随后被美军第3装甲师打得停滞不前。莫尔坦被德军占领，但从附近的317号山丘上，美军能够集中炮火对被阻滞的德军纵队实施打击。到了中午，天空放晴，英国皇家空军致命的"台风"战斗机成群结队地抵达，肆意对德军轰炸、扫射。到了8月9日，德军的反攻部队又退回到起点。

与此同时，8月8日至16日期间，加拿大第1集团军沿卡昂—法莱斯（Falaise）公路稳步挺进，并在两次行动中插入了德军滩头堡防线的右翼，这两次行动的代号分别为"总计"（TOTALIZE）行动和"温顺"（TRACTABLE）行动。同时，8月10日，巴顿的集团军已经开始调转向北。德军的三大兵团，即第7集团军、第5装甲集团军和埃贝尔巴赫装甲集群，北边承受着英军和加拿大军的火力，西边和南边承受着美军的打压，被死死困在了一个25英里长、15英里宽的包围圈里。

这个包围圈不断缩小。到了17日晚上，唯一的逃生路线只剩一条6英里的缺口了。逃亡者、各种机动车辆、马车和火炮都通过这条缺口向东逃生，其间还要承受同盟国空军和炮兵的猛烈攻击。21日，当这个缺口被封死时，包围圈里据估计的10万德军中，只有4万人成功逃脱。8月15日，在一次持久的空袭期间，冯·克卢格被迫躲进一条战壕里，因此在几个小时的时间里脱离了指挥部。此时，已经不信任任何人、任何事的希特勒认为，冯·克卢格一定是在和同盟国军队谈和，于是将他免职。在7月的炸弹谋刺事件中，冯·克卢格这位陆军元帅扮演了不主动不拒绝的"共谋者"角色，他有理由确信盖世太保知道这件事，于是便自杀了。当亚历山大·帕奇（Alexander Patch）中将率领的美军第7集团军在法国南部海岸登陆，沿着罗讷河谷（Rhône Valley）向上巧妙地进攻到孚日山脉时，一片新的战场又被开辟出来了。

帕奇中将的部属包括一支法国部队，这支法国部队后来扩充为法国第 1 集团军。从 9 月 3 日起，同盟国军队的指挥结构便发生了一些变化。同盟国军队最高统帅德怀特·戴维·艾森豪威尔（Dwight D. Eisenhower）将军抵达法国，蒙哥马利放弃了对地面部队的控制。现在，蒙哥马利指挥北边的第 21 集团军群，奥马尔·布莱德雷将军指挥中央的第 12 集团军群，雅各布·M. 德弗斯（Jacob M. Devers）将军指挥阵线南端新组建的第 6 集团军群。法国境内的残余德军不是被困在英吉利海峡的几座港口，就是撤退到了低地国家或齐格菲防线（Siegfried Line）那支离破碎的防御工事之后。希特勒试图为这混乱的局势恢复一些秩序，于 9 月 5 日重新任命冯·伦德施泰特为西线总司令。

9 月，艾森豪威尔接受了蒙哥马利的计划，打算在德军阵线的后方投下三个空降师，以占领埃因霍芬（Eindhoven）处默兹河上、奈梅亨（Nijmegen）处瓦尔河（Waal）上与阿纳姆（Arnhem）处莱茵河上的桥梁。随后，英军第 2 集团军将沿着这条"空降地毯"，依次接防这三个空降师，然后包抄齐格菲防线的北端。同盟国在埃因霍芬和奈梅亨取得了成功，但这次行动的阿纳姆端却以英勇的失败收场，这主要是因为德军的装甲部队从诺曼底的折磨中恢复了过来而做出了迅速的回应。不过，10 月和 11 月，同盟国军队在一系列的两栖作战行动中清除了斯海尔德河河口（Scheldt Estuary）的敌军，缓解了补给问题。

重组后的德军苦守齐格菲防线，阻止同盟国军队逼近莱茵河左岸。他们的坚守让希特勒积累了足够的后备力量，利用装甲部队经由阿登高地插入敌军，发起反攻。希特勒希望，通过这次反攻可以摧毁安特卫普—布鲁塞尔—巴斯托涅（Bastogne）一线以北的全部同盟国军队。反攻的成功，将取决于占领巴斯托涅、圣维斯（St Vith）并控制同盟国军队的油料补给，而这几件事都不太可靠。"'这该死的行动'一点也靠谱！"冯·伦德施泰特审阅作战计划时这样评论道。

阿登高地位于美军的战区之内。美军相信，这应该是一片平静的战区。新抵达的兵团刚刚开始在这里体验前线的环境。这片高地云雾笼罩，常被雨雪覆盖，能见度低，无法进行空中行动。因此，在战术上是能够做到完全出其不意的。12月16日，美军的两个师，即缺乏经验的第106师和刚恢复元气的第28师，被德军打败。穿着美军制服、讲着英语的德国人在美军阵线的后方引起了骚乱和恐慌。布莱德雷急忙向这一地区派遣了两个美军装甲师作为增援，艾森豪威尔批准了从战区预备役中投放第82和第101空降师。其中，第101空降师在安东尼·麦考利夫（Anthony McAuliffe）准将的指挥下，对巴斯托涅进行了漫长而艰难的防御，中断了德军第5装甲集团军的前进。同样，在保卫圣维斯的过程中，R. W. 哈斯布鲁克（R. W. Hasbrouck）准将的第7装甲师也让党卫军第6装甲集团军耗费了宝贵的时间。蒙哥马利控制了后来被称为"突出部"（Bulge）的北边的狭长港湾，并调动英军在默兹河上提供兵力支撑。与此同时，巴顿带领第3集团军向左调转90度，插入了围攻巴斯托涅的德军左翼。12月26日，天空放晴，同盟国的空军开始猛轰德军的纵队。冯·曼特菲尔的一些坦克几乎开到了默兹河边，但在交火中被打退了回来。在其他地方，德军没能拿下一处完整的油料库，意味着这次行动已经失败。截至1945年1月16日，同盟国军队的数次反攻已经彻底肃清了"突出部"的德军。希特勒的豪赌让德国付出了沉重的代价，造成德军伤亡或失踪12万人，损失600辆坦克和突击炮、1600架飞机以及6000辆车辆。同盟国军队的损失包括阵亡7000人，负伤3.34万人，失踪2.1万人，损失坦克或坦克歼击车730辆。

盟军重新开始清理莱茵河的左岸，他们在变化无常的天气中渐渐完成了这项任务。3月7日，美军第9装甲师意外地发现雷马根（Remagen）的鲁登道夫铁路大桥完好无损。他们闪电奇袭，占领了大桥，并立即开始渡河，攻占莱茵河东岸的高地。德国人吓坏了，开始想尽一切办法摧毁这座大桥。为此，他们甚至从荷兰发射了V-2火箭弹。美军在受损的大桥旁边又搭建了一座新的桥梁。这样一来，当旧的大桥坍塌到河里时，士兵和车辆仍然可以不受干扰，继续渡河。

3月22日，美军第5师在奥本海姆（Oppenheim）出其不意地渡过了莱茵河。他们在奥本海姆和博帕德（Boppard）都架设了桥梁，巴顿的集团军开始穿过这些桥梁，涌入德国中部。23日，英军第2集团军在3000门火炮的火力支援下，拉开了20英里宽的阵线进行渡河。紧随其后，美军第9集团军在丁斯拉肯（Dinslaken）渡河。此外，德军的抵抗仅剩一些狂热分子还在坚持。大多数德国人似乎在"庆幸"开进他们领土的是英军和美军，而不是苏军。

在东线，一切都乱了。德国的罗马尼亚和保加利亚盟友已经与它反目，军队从巴尔干地区撤回似乎也没了多大意义。现在的苏军兵力庞大、装备充足，横扫中欧和波兰，开进了德国东部。在波罗的海沿岸，德国海军从库尔兰（Kurland）撤回了150万逃亡者和4个陆军师，包括15.7万名伤员。随后，德国又从但泽、格丁尼亚（Gdynia）、柯尼斯堡、皮拉乌（Pillau）和科尔贝格撤回军队。4月22日，柏林被科涅夫和索科洛夫斯基的两个方面军包围。最近几个星期，希特勒很少在公众场合露面。现在，他只剩一具蹒跚的躯壳。希特勒信誓旦旦，说事态最终会朝着有利于他的方向发展，就像腓特烈大帝曾经看似要全盘皆输时所出现的情况那样。他给已经不复存在的军队的指挥官下达命令，发现没人回应时，就声嘶力竭，大骂德国民众不配拥有他这样的元首。最终，希特勒回到地堡，和情妇举行了婚礼仪式，然后在火光四起、垣壁倾颓、爆炸声不绝于耳的景境中，举枪射杀了情妇，然后自杀。此时，地堡外，苏军正杀向他的帝国总理府。这不是北欧神话中所说的"诸神的黄昏"（Götterdämmerung），而只是标志了迄今为止整个德国历史上最黑暗一章的悲惨终结。

参考书目

◇──◇

Adair, Paul, *Hitler's Greatest Defeat: The Collapse of Army Group Centre, June 1944* (Arms & Armour, London, 1994)

Belfield, Eversley and Essame, H., *The Battle for Normandy* (B. T. Batsford, London, 1965)

Carver, Michael, *Dilemmas of the Desert War* (B. T. Batsford, London, 1986)

Chandler, David G., *Jena 1806: Napoleon Destroys Prussia* (Osprey, London, 1993)

Chandler, David G., *Dictionary of the Napoleonic Wars* (Wordsworth, Ware, 1999)

Cooper, Matthew, *The German Army 1933–1945: Its Political and Military Failure* (Macdonald, London, 1978)

Elliott-Wright, Philipp, *Gravelotte-St Privat: The End of the Second Empire* (Osprey, London, 1993)

Erickson, John, *The Road to Berlin* (Weidenfeld & Nicolson, London, 1983)

Farrar-Hockley, A. H., *Ypres 1914: Death of an Army* (Pan, London, 1970)

Forbes, Archibald et al, *Battles of the Nineteenth Century* (Cassell, London, 1986)

Guderian, General Heinz, *Panzer Leader* (Futura, London, 1974)

Hamilton-Williams, David, *Waterloo: The Great Battle Reappraised* (Arms & Armour, London, 1993)

Howard, Michael, *The Franco-Prussian War* (Routledge, London, 1988)

Kluck, Alexander von, *The March on Paris, 1914* (Frontline, London, 2012)

Kurowski, Franz, *der Kampf um Kreta* (Efstathiadis, Athens, 1977)

Laffin, John, *Jackboot: The Story of the German Soldier* (Cassell, London, 1965)

Larianov, V., et al, *World War II: Decisive Battles of the Soviet Army* (Progress, Moscow, 1984)

MacDonald, Charles B., *The Battle of the Bulge* (Weidenfeld & Nicolson, London, 1984)

McCarthy, Chris, *The Somme: The Day-by-Day Account* (Arms & Armour, London, 1993)

Mellenthin, Major General F. W. von, *Panzer Battles* (Futura, London, 1977)

Mitcham, Samuel, *Hitler's Legions: German Army Order of Battle World War II* (Leo Cooper, London, 1985)

Moltke, Field Marshal Helmuth von, *The Franco–Prussian War 1870–71* (Greenhill, London, 1992)

Perrett, Bryan, *A History of Blitzkrieg* (Robert Hale, London, 1983)

Perrett, Bryan, *Knights of the Black Cross: Hitler's Panzerwaffe and its Leaders* (Robert Hale, London, 1986)

Pitt, Barrie, *1918: The Last Act* (Corgi, London, 1965)

Playfair, I. S. O. and Molony, C. J. G., *History of the Second World War: The Mediterranean and the Middle East, Vol IV* (HMSO, London, 1966)

Richardson, William and Freidlin, Seymour (eds), *The Fatal Decisions: First Hand Accounts by Hitler's Generals* (Pen & Sword, Barnsley, 2012)

Ste Croix, Philip de (ed), *Airborne Operations* (Salamander, London, 1978)

Seaton, Albert, *The German Army 1933–45* (Sphere, London, 1983)

Summerville, Christopher, *Napoleon's Polish Gamble: Eylau and Friedland, 1807* (Pen & Sword, Barnsley, 2005)

Terraine, John, *Mons* (B. T. Batsford, London, 1960)

Whiting, Charles, *Death of a Division* (Arrow, London, 1979)

Whiting, Charles, *Siegfried: The Nazis' Last Stand* (Pan, London, 2003)

Zhukov, Georgi, et al, *Battles Hitler Lost* (Jove, New York, 1988)